Skilled Human Capital Empowers
the Transformation and Upgrading of Manufacturing Industry

技能型人力资本赋能制造业转型升级

谢嗣胜 著

中国科学技术大学出版社

内 容 简 介

本书为国家社科基金项目研究成果,研究技能型人力资本深化、职业迁移与制造业转型升级三者的互动循环关系,涉及多学科知识的融合创新。技能型人力资本积累具有溢出效应和局部均衡报酬递增效应,是制造业转型升级核心动力的重要来源。全书围绕制造业低端锁定、劳动者技能短缺问题,以技能型人力资本深化为研究起点,通过职业迁移的优化配置,揭示促进制造业转型升级的理论机制和路径选择。选题拓展现有的分析框架,提出人力资本、职业结构匹配制造主导产业的公共政策建议。可供劳动经济学、人力资源管理和先进制造等领域的科研工作者、教师以及研究生阅读。

图书在版编目(CIP)数据

技能型人力资本赋能制造业转型升级 / 谢嗣胜著. -- 合肥：中国科学技术大学出版社，2025.1. -- ISBN 978-7-312-06131-8

Ⅰ. F426.4

中国国家版本馆 CIP 数据核字第 2024TY1039 号

技能型人力资本赋能制造业转型升级
JINENGXING RENLI ZIBEN FUNENG ZHIZAOYE ZHUANXING SHENGJI

出版	中国科学技术大学出版社
	安徽省合肥市金寨路 96 号,230026
	http://press.ustc.edu.cn
	http://zgkxjsdxcbs.tmall.com
印刷	安徽国文彩印有限公司
发行	中国科学技术大学出版社
开本	710 mm×1000 mm 1/16
印张	18
字数	353 千
版次	2025 年 1 月第 1 版
印次	2025 年 1 月第 1 次印刷
定价	80.00 元

前　　言

制造业是国民经济的支柱。新一代信息技术与制造业深度融合，正在引发影响深远的产业变革。发达国家纷纷实施再工业化战略，如德国"工业 4.0"、美国"先进制造业国家战略计划"等，一些发展中国家也积极参与全球产业再分工，承接产业及资本转移，全球产业竞争格局正在发生重大调整。因此，我国制造业面临"双向挤压"，加上国际贸易面临单边主义和保护主义等外部经济环境挑战冲击，制造业转型升级势在必行。过去数十年，人口红利是中国经济高速增长的重要推动力，但长期以来加工贸易过度依赖劳动力低成本投入，忽视了劳动者技能培养与开发，一度带来制造业"低端锁定"。随着出生率的降低，技能劳动者总量短缺，结构不合理，已成为制造业发展的瓶颈。

特别是近年来人工智能等新兴技术在工作场所的广泛应用，"机器换人"问题再度引起热议。例如，ChatGPT、Amazon Q 等生成式人工智能产品，不仅能通过对话理解人的问题和指令，而且在各个领域展现了快速解决问题的能力，在可执行任务方面不断向纵向延伸和在应用领域方面不断向横向拓展，进一步改变了传统的生产模式和工作模式，促进实体经济与人机交互技术的深度融合。在国家社会科学基金面上项目（16BJL067）、江苏省人才工作领导小组办公室、江苏省哲学社会科学联合会项目（16SRB-2）、中国学位与研究生教育学会基金项目（2017Y0602）、南京市发展和改革委员会项目（KFA20530）以及南京航空航天大学学术出版基金支持下，我们对工业 4.0 背景下技能型人力资本深化、职业迁移及制造业转型升级等问题进行了初步研究。

技能型人力资本积累具有溢出效应和局部均衡报酬递增效应，是制造业转型升级核心动力的重要来源。另外，人口流动、职业迁移带来人力资本积累，提升区域人力资本存量，可以优化区域人力资本结构。因此，本书将技能型人力资本积累、职业迁移配置与制造企业转型升级等概念纳入统一分析框架，围绕制造业低端锁定、劳动者技能短缺问题，以技能型人力资本深化为研究起点，探讨构建与制造业发展相适应的技能型人才供给体系，通过职业迁移的优化配置，揭示促进制造业转型升级的理论机制和选择路径，为实践提供决策依据，旨在实现经济增长与人的全面发展。

研究的总体设计可以概括为立足于两个现状：制造业低端锁定与劳动者技能短缺；研究两个转化：促进技能型人力资本的生产力转化与职业迁移配置释放制造业结构潜能转化；提出两项建议：技能型人力资本、职业结构匹配制造主导产业政策建议；实现两个目的：近期服务制造业转型升级与最终实现人的全面发展。

主要研究成果包括：① 分析了工业4.0时代技能人才能力异质性特征和开发的实践性做法，定量分析职业结构、教育层次结构协同演化效应，为产业结构转型升级的背景下职业结构高级化、教育层次结构体系设置等提供建议；② 构建技能型人才区域流动的非对称进化博弈模型，实证分析了职业流动意愿、城市迁移吸引力评价，以及贸易格局变化带来技能结构变化；③ 运用系统动力学方法，仿真分析技能型人力资本与制造业转型升级的互动关系，对技能型人力资本与制造业升级省际的协调发展性进行测度，并且检验耦合协调度对制造业结构合理化、高级化的影响效应；④ 提出技能型人力资本深化与制造业转型升级良性互动的建议与措施，主要有消除先赋性障碍，推动技能型人力资本深化；⑤ 打破结构性障碍，实现技能型人力资本转化；⑥ 跨越"竞争力陷阱"，人力资本红利驱动转型升级；⑦ 全要素协同作用，促进制造业合理化、高级化转变。

现有文献对制造业转型升级的研究主要在技术进步和创新、资源与能源节约、制度与管理变革、组织方式变化、生产形式改变和产业融合等方面，从技能型人力资本要素禀赋、职业迁移配置角度研究制造业转型升级较少。本书构建"技能型人力资本-职业迁移-制造业转型升级"综合研究系统，丰富了制造业转型升级的理论内涵，具有较强的多学科交叉特色。从应用层面来看，本书全面认识技能人才-制造行业间的协同关系，为政府倡导建立与产业发展相匹配的技能人才供给体系的公共政策提供建议；总结典型企业高技能人才培养成功实践，对企业、院校和社会机构等创新技能型人才培养方式具有重要参考价值；也对技能劳动者职业能力提升、自我价值实现及社会公平有一定的促进作用。同时，研究成果为江苏省人力资源和社会保障厅提供决策咨询建议，获"江苏省社科应用研究精品工程"奖项，指导学生团队参与社会调查，获"挑战杯"科技作品大奖赛国家奖项。多名国际留学研究生也参与研究，为"一带一路"国家技能人才培养提供有益的借鉴。

本书由谢嗣胜进行总体框架结构设计，研究成员还包括杨俊玲、林雅静、华雪、汤小文、杨景壹、郑天宇、杨洁菲、Nobukhosi Mitchel Dube、Guseinova Lamia 等。本书在写作过程中，得到了国家社会科学基金委员会、江苏省人力资源和社会保障厅、南京航空航天大学科学技术研究院以及经济与管理学院人力资源研究所等部门的大力支持与帮助。在此表示衷心感谢！

谢嗣胜

2024年5月18日

目　　录

前言 ･･ （ⅰ）

第一章　绪论 ･･･ （1）
第一节　研究背景、问题及意义 ･････････････････････････････････ （1）
第二节　研究思路、框架及主要内容 ･････････････････････････････ （3）
第三节　研究方法与技术路线 ･･･････････････････････････････････ （6）
第四节　创新之处 ･･･ （8）

第二章　理论基础和文献综述 ･･･････････････････････････････････ （9）
第一节　理论基础 ･･･ （9）
第二节　文献综述 ･･ （16）
第三节　研究述评 ･･ （18）

第三章　技能型人力资本特征研究 ･･････････････････････････････ （19）
第一节　工业4.0时代技能型人力资本内涵及其要素结构 ･･････････ （19）
第二节　技能型人力资本特点 ･･････････････････････････････････ （22）
第三节　技能型人力资本存量与胜任力关系研究 ･････････････････ （24）

第四章　技能型人力资本工作绩效：基于胜任力模型感知影响的实证研究 ･･･ （31）
第一节　引言 ･･ （31）
第二节　研究综述及相关理论基础 ･･････････････････････････････ （36）
第三节　研究模型构建 ･･ （54）
第四节　实证研究设计 ･･ （60）
第五节　数据分析 ･･ （64）
第六节　结论与建议 ･･ （84）

第五章　技能型人力资本深化：职业结构-教育层次结构的协同演进与互动效应分解 ･････････････････････････････････････ （88）
第一节　引言 ･･ （88）
第二节　职业结构-教育层次结构的协同演进与互动效应研究 ･･････ （89）

第三节 企业技能型人力资本开发:"国家高技能人才振兴计划"
企业调研 ……………………………………………………… (102)

第六章 技能型人力资本区域流动:紊流与层流的进化博弈分析 ………… (125)
第一节 引言 …………………………………………………………… (125)
第二节 紊流与层流:技能型人力资本区域流动复杂化 …………… (126)
第三节 进化模型的构建 ……………………………………………… (127)
第四节 稳定均衡分析 ………………………………………………… (129)
第五节 结论与建议 …………………………………………………… (134)

第七章 技能型人力资本职业流动意愿:人力资本异质性构成要素的视角 ……………………………………………………………………… (136)
第一节 引言 …………………………………………………………… (136)
第二节 理论假设与研究设计 ………………………………………… (137)
第三节 结果与分析 …………………………………………………… (138)
第四节 讨论与结论 …………………………………………………… (143)

第八章 技能型人力资本城市迁移:基于VIKOR法的城市吸引力评价研究 …………………………………………………………… (144)
第一节 引言 …………………………………………………………… (144)
第二节 理论基础与文献综述 ………………………………………… (149)
第三节 长三角副中心城市技能型人力资本现状分析 ……………… (161)
第四节 技能型人力资本城市吸引力评价模型的构建 ……………… (166)
第五节 长三角副中心城市技能型人力资本吸引力测算与比较分析 … (174)
第六节 结论与建议 …………………………………………………… (189)

第九章 劳动力技能结构变化:来自贸易格局变化的影响 ………………… (196)
第一节 引言 …………………………………………………………… (196)
第二节 中国国际贸易格局的特征分析 ……………………………… (197)
第三节 模型设定和数据说明 ………………………………………… (199)
第四节 实证分析 ……………………………………………………… (201)
第五节 结论与建议 …………………………………………………… (204)

第十章 技能型人力资本积累、职业迁移与制造企业转型升级的系统动力学仿真分析 …………………………………………………… (206)
第一节 引言 …………………………………………………………… (206)
第二节 文献综述与因果关系分析 …………………………………… (207)
第三节 建模 …………………………………………………………… (209)
第四节 模型仿真及结果分析 ………………………………………… (216)
第五节 结论 …………………………………………………………… (223)

第十一章 技能型人力资本与制造业升级耦合关系的省际差异分析……（225）
  第一节 引言……（225）
  第二节 耦合测度方法……（227）
  第三节 技能型人力资本与制造业升级耦合协调性测度……（230）
  第四节 技能型人力资本与制造业升级耦合测度的结果分析……（233）
  第五节 结论与建议……（239）

第十二章 技能型人力资本深化与制造业转型升级互动发展的政策建议……（241）
  第一节 制造业转型升级对技能型人力资本的需求分析
    ——以"江苏制造2025"为例……（241）
  第二节 技能型人力资本投资促进制造业发展的国际经验借鉴……（248）
  第三节 技能型人力资本深化与制造业转型升级良性互动的建议
    与措施……（258）

参考文献……（261）

第一章 绪 论

第一节 研究背景、问题及意义

一、研究背景

"十三五"时期,我国工业增加值由23.5万亿元增加到31.3万亿元,占世界制造业比重近30%。在此期间传统产业转型升级加速,绿色制造体系初步形成;战略性新兴产业加快发展,高技术制造业和装备制造业成为引领带动产业结构优化升级的重要力量;产业创新能力明显增强,一批关键技术和产品取得重大突破。实际上,从2010年以来,中国已连续十多年成为世界上最大的制造业国家。

但是也应清楚地看到,中国高端产品自主创新能力不足、核心零部件受制于人、产业结构不合理,以及发展质量效益不高等问题存在,要成为真正的制造业强国还有一定的差距。① 新一代信息技术与制造业深度融合。随着工业4.0时代到来,如物联网、云计算、大数据等基于"互联网＋"协同制造技术,正在引发影响深远的产业变革,形成新的生产方式、产业形态、商业模式和经济增长点。② 全球产业竞争格局正在发生重大调整。发达国家纷纷实施再工业化战略,如德国"工业4.0"、美国"先进制造业国家战略计划"等,一些发展中国家也积极参与全球产业再分工,承接产业及资本转移,我国制造业面临"双向挤压"。③ 新的形势下经济面临持续下行压力。当前我国经济已进入高质量发展阶段,但国际贸易面临单边主义和保护主义等外部经济环境挑战增多,尤其是受新冠肺炎疫情冲击,投资、消费、出口拉动经济增长和带动就业能力下降,给一些地区和领域的就业带来负面影响。④ 人口红利消失和要素成本全面上升。随着人口老龄化进程加快,劳动力供给不仅增速下降,规模也开始出现减少。年龄16～59岁劳动人口从2012年开始减少,这一趋势还将持续,2020年后减幅加快;随着人工成本不断上升,过去长期依赖的劳动力比较优势逐渐减弱。⑤ 技能劳动者总量短缺,结构不合理,成为制造业发展的瓶颈。长期以来加工贸易带来制造业"低端锁定",过度依赖劳动力低成本投入,忽视劳动者内在技能培养与开发。在经济结构调整、产业转型升级过程中,结构性就业矛盾进一步凸显,突出表现为"招工难"与"就业难"并存。⑥ 机器换人引发就业挑战。人工智能广泛应用给就业市场带来的影响引发社会高度关注和担忧,简单的重复性劳动将更多地被替代。麦肯锡全球研究院预测到 2055 年,自动化和人工智能将取代全球 49% 的有薪工作,其中印度和中国受到的影响可能会最大。一方面,中国具备自动化潜力的工作内容达到 51%,相当于 3.94 亿全职人力工时会受到冲击。另一方面,从长远发展来看,人工智能通过技术创新带动产业规模扩张和结构升级,高质量技能型岗位被大量创造,形成新的工作需求。

国务院发布《中国制造 2025》,第一次从国家战略层面描述建设制造强国的宏伟蓝图,并把人才作为建设制造强国的根本,对人才发展提出了新的更高要求。制造强国一定是人才强国。党的十九大报告中指出:"从二〇二〇年到本世纪中叶可以分两个阶段来安排。第一个阶段,从二〇二〇年到二〇三五年,在全面建成小康社会的基础上,再奋斗十五年,基本实现社会主义现代化。第二个阶段,从二〇三五年到本世纪中叶,在基本实现现代化的基础上,再奋斗十五年,把我国建成富强民主文明和谐美丽的社会主义现代化强国。"新时代需要新的人力资本积累和释放形式,以孕育出新的发展机会与发展模式。

二、研究问题

工业 4.0 对劳动者素质提出了更高要求,如何实施技能培养、提升现有劳动力效率,同时加强劳动力创新管理已经是当前一大挑战。一方面,劳动力短缺,伴随着科技进步,内生人力资本产生深化成为可能,而人力资本深化又必然提高人力使用技术的能力,再通过职业迁移的优化配置,进一步推动生产力发展;另一方面,生产力进步和经济发展所带来的结果要求不断增加人力投入与之匹配,这种匹配包括劳动力数量和质量投入,当数量投入不足时,人力资本深化势必成为引致需求。本书深入研究技能型人力资本深化、职业迁移与制造业转型升级的互为因果、相互促进的互动关系原理,以及促进制造业转型升级的实现途径。通过研究,本书试图回答以下几个基本问题:

(1) 工业 4.0 背景下技能型人力资本胜任能力特征是什么?

(2) 技能型人力资本深化的主要途径与积累模式如何选择?

(3) 技能劳动者职业迁移的人力资本因素有哪些?职业结构的行业变化和空间差异情况怎样?

(4) 技能型人力资本深化、职业迁移促进制造业转型升级的机理与途径是什么?

(5) 先进制造业技能型人力资本承载力现状如何?与制造业转型升级的匹配程度怎样?

(6) 技能型人力资本深化与制造业转型升级互动发展的政策建议有哪些?

三、研究意义

（1）丰富和发展了技能型人力资本深化、职业迁移与制造业转型升级互动机制的研究内容和研究方法。将技能型人力资本深化、职业迁移与制造业转型升级三个问题纳入统一的框架体系下分析，研究三者间的互动循环机制，即正向促进作用，反向引致需求，丰富了制造业转型升级的研究内容；通过定性分析和定量分析相结合，构建各学科知识融合的研究体系，采用计量经济、管理模型、社会调查等多种研究方法，具有一定的理论意义与现实意义。

（2）为工业4.0背景下技能型人力资本深化、职业迁移配置促进制造业转型升级的路径选择提供理论指导和思路借鉴。在工业4.0背景下，研究劳动力短缺、技能稀缺等现实问题，围绕技能型人力资本的形成途径与积累模式选择，推进人力资本深化，在通过职业迁移的优化配置，对制造业升级过程中的人力资本承载力、人力资本结构的匹配度以及产业-职业间的协调关系有一个较为全面的正确认识，为制造业转型升级的路径选择提供理论指导和思路借鉴。

（3）为打破职业迁移障碍，实现技能型人力资本的制造业生产力转化提供政策建议。研究技能型人力资本深化、职业迁移与制造业转型升级互动循环关系，主要为各级政府确定制造业主导产业选择，制定制造业结构优化升级的公共政策，提供建议。此外，经济社会发展的目的是人的价值实现，技能型人力资本深化和职业迁移体现了教育培训机会均等，保障个人职业发展和个人价值实现的公平，也是经济增长和社会发展的根本目的。

第二节　研究思路、框架及主要内容

当前新一轮科技革命冲击，全球产业格局调整，中美贸易争端加剧，国内资源、成本等约束趋紧，制造企业又较多存在低端锁定与劳动者技能短缺等严重问题，因此，未来一段时间制造业面临的挑战巨大。针对这一基本现实，本书在工业4.0背景下，以技能型人力资本深化为研究起点，通过职业迁移的优化配置来探讨促进制造业转型升级的问题，揭示促进作用的理论机制和路径选择，为指导实践提供决策依据，最终目的是实现经济增长与人的全面发展。

一、基本思路

"人力资本、职业变迁与制造业转型升级"三者存在互动关系机制，可以将三个问题纳入统一框架体系下分析，并且将分析的逻辑起点定位在技能型人力资本。

一方面,劳动力短缺,且伴随着科技进步,人力资本产生深化的可能,人力资本深化提高人力使用自然和改造自然的能力,通过职业迁移的优化配置,又推进生产力发展;另一方面,生产力进步和经济发展所带来的结果必然要求不断增加人力投入与之匹配,这种匹配包括劳动力数量投入和质量投入两个方面,当数量投入不足以满足要求时会进一步要求劳动力质量提高,即人力资本深化,从而进一步提高技能型劳动者职业迁移能力。

二、总体框架

研究立足制造业低端锁定、劳动者技能短缺现状,紧紧围绕工业4.0下深化技能型人力资本、优化职业结构来促进制造业转型升级这一中心问题展开。总体框架可以概括为:立足于两个现状——制造业低端锁定与劳动者技能短缺;研究两个转化——促进技能型人力资本的生产力转化与职业迁移配置释放制造业结构潜能转化;提出两项建议——技能型人力资本、职业结构匹配制造主导产业政策建议;实现两个目的——近期目的服务制造业转型升级与最终实现人的全面发展(图1.1)。

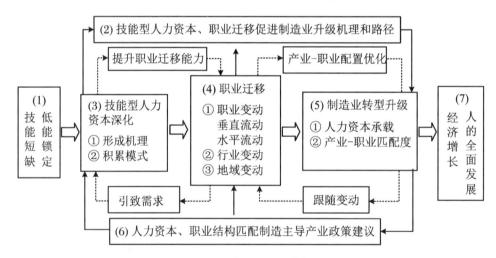

图1.1 研究思路与总体框架

三、主要研究内容

1. 制造业低端锁定,劳动者技能短缺的现状、原因及两者关联性分析

首先,分析制造业发展面临的形势和环境,如工业4.0时代到来,美国等发达国家实施再工业化战略等,而我国制造业一直处于价值链低端,固化现象严重。其次,分析技能短缺问题,随着人口老龄化程度不断加深,劳动力成本上升,加上制造业"低技术均衡"影响,技能劳动者成长和储备不足,劳动力比较优势锐减。最后,是两者的关联性分析,制造业转型升级势在必行,而人力资本是技术进步和创新的载体,所以必须注重人力资源的开发利用,以适合未来产业升级与经济结构调整需要,两者匹配才能实现"人口红利"转向"人力资本红利",经济步入良性增长轨道。

2. 技能型人力资本深化、职业迁移配置促进制造业转型升级的机理和路径分析

主要分析技能型人力资本深化、职业迁移与制造业转型升级三者互动循环关系的机理和路径。一方面,新古典主义、创新学派认为劳动者存量增加和素质提升是经济发展的重要因素,结构主义认为产业结构调整也同样可以促进经济发展;另一方面,经济发展总是伴随着技术进步,使新兴产业不断发展,由此又引发产业结构升级,并且创造新的就业机会。从人力资本理论来看,技能型人力资本深化是人对自身进行人力资本(即职业能力)投资的重要渠道,不仅提升人力资本的质量,而且增强劳动者职业迁移能力,直接推动经济发展;反过来,经济发展又对终身职业培训体系建设具有引致作用,对劳动者素质和职业迁移能力提出更高的要求。

3. 技能型人力资本的形成机理与积累模式研究

首先分析技能型人力资本形成机理,依据人力资本理论,对技能型人力资本的异质性、影响技能型人力资本形成的因素,以及技能型人力资本形成和积累的路径三个方面来分析技能型人力资本形成和积累的过程,从而归纳出技能性人力资本的形成机理。其次是技能型人力资本积累模式研究,根据制造业转型升级的目标和技能人才自身的需要,比较发达国家技能型人力资本积累模式,借鉴技能人才成长的一般规律,界定中国技能型人力资本积累的目标模式。

4. 人力资本对技能型劳动者职业迁移的影响机制以及职业迁移的行业变化与空间差异研究

首先,考察人力资本对技能型劳动者职业迁移的影响机制,通过问卷调查数据,检验人力资本因素与职业结果之间的关系。其次,分析行业从业人员的职业分布与变化趋势。最后,分析职业迁移的空间差异,由于各地区之间社会经济发展的速度不一致,因此职业迁移呈现出明显的空间差异。

5. 制造业结构升级的技能型人力资本、职业结构匹配基准研究

本书主要研究三个问题:一是从技能型人力资本存量上,对先进制造业技能型人力资本承载力评价进行分析;二是从技能劳动者职业结构上,运用灰色系统理论分析制造业结构与职业结构协调性,提出解决错位的政策建议;三是在文献研究的基础上,提出科学合理的先进制造主导产业选择的技能型人力资本匹配基准,以便在区域主导产业选择时理性抉择,才能实现技能型人力资本积累与制造业结构升级的同步和有效互动。

6. 人力资本、职业结构匹配制造主导产业的公共政策分析

在制造业转型升级过程中,考虑到一方面企业和劳动者个人对职业能力都具有迁移压力和提升需求,另一方面由于成本压力,加之人力资本稳定性低、流动性

高,个人和企业都尚不具备长远的投资意识。但是从人力资本投资具有正向社会外部性和公共产品效应角度出发,各级政府必须加强职业教育与培训市场培育和引导,通过公共投资带动社会投资,大量培养高端制造业、新兴产业、现代服务业等发展所需的技能劳动者。

7. 经济增长与人的全面发展

经济社会发展的目的是人的价值实现。完整的人首先是职业人,然后是社会职业人,具有社会交往能力和自我发展能力,最后是自我实现的人。技能型人力资本深化、职业迁移等不仅能完善能力,还能完善人格,丰富精神世界,使人为理想工作和生活,不断自我完善,实现自身的价值,最终实现社会发展的根本目的。

第三节 研究方法与技术路线

一、研究方法

技能型人力资本深化、职业迁移与制造业转型升级研究涉及经济学、管理学、人口学、社会学等多学科的研究方法。具体而言,本书重点运用文献检索、调查研究、统计分析对制造业低端锁定、劳动者技能短缺的现状、原因及两者关联性分析;重点运用系统分析方法、耦合度模型分析技能型人力资本、职业迁移促进制造业转型升级三者互动循环关系;重点运用调查研究、比较研究、结构方程模型分析技能型人力资本的异质性、影响、因素和形成途径,比较国际模式,界定目标模式;重点运用实证描述、统计归纳、Logistic 回归考察人力资本对技能型劳动者职业迁移的影响机制,分析职业迁移的行业变化与空间差异;重点运用灰色关联分析、结构协调系数测算技能型人力资本承载能力,分析制造业与技能型人力资本协调性,提出主导产业选择的人力资本、职业结构匹配基准;重点运用多元标准决策方法提出公共政策建议(图1.2)。

二、研究的技术路线

当前,制造业面临新一轮科技革命、全球产业格局调整、中美贸易争端,以及国内劳动力要素供给趋紧、技能短缺等变化,本书通过对技能型人力资本深化、职业迁移配置促进制造业转型升级进行研究,对"中国制造2025"战略目标实现具有重要的理论意义和现实应用价值,在选题上具有可行性。

第一章 绪 论

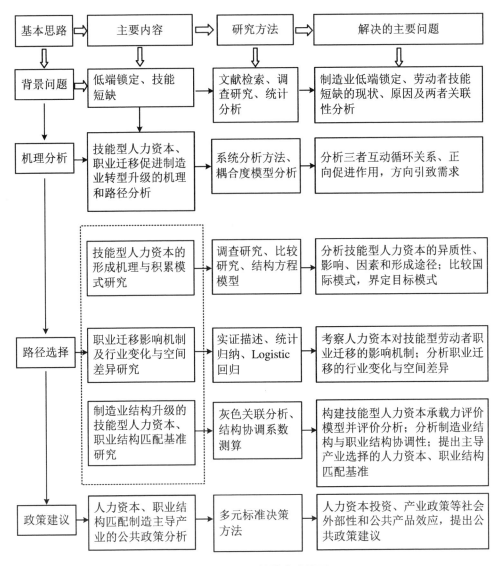

图1.2 本课题的技术路线图

研究内容翔实,立足于现实中的基础问题和重大问题;研究背景把握全面,思路清晰;研究框架合理,研究目标具体明确;研究方法具有科学性和针对性,在研究内容和研究方法上具有可行性。

第四节 创 新 之 处

1. 拓展已有的分析框架,构建多学科知识融合创新的综合研究体系

现有文献从技能型人力资本要素禀赋、职业迁移配置角度研究制造业转型升级还比较少,即便考虑人力资本对制造业转型升级的影响,也很少深入技能型异质性人力资本、职业变动对制造业转型升级的影响效应分析。将"技能型人力资本、职业迁移与制造业转型升级"三者纳入统一的分析框架,研究三者互动循环关系,涉及多学科知识的融合创新。

2. 丰富本领域研究内容,提出新的观点

研究"技能型人力资本、职业迁移与制造业转型升级"互动循环关系,需要系统思考,三者间具有正向促进作用,如技能型人力资本深化提升职业迁移能力,职业迁移优化产业-职业配置,释放产能,促进转型升级;反向具有引致需求,制造业转型升级使职业结构发生跟随变动,职业变动又对技能型人力资本深化产生引致需求。

3. 面对研究问题的复杂性,探索新的思路

现有文献对制造业转型升级的研究主要是在技术进步和创新、资源与能源节约、制度与管理变革、组织方式变化、生产形式改变和产业融合等方面,本书探索新的思路,从技能劳动者素质提升、职业迁移的角度研究促进制造业转型升级问题。

4. 立足社会应用,给出新的举措

通过对先进制造业技能型人力资本承载力现实评价,以及先进制造业结构与技能劳动者职业结构协调性的现状分析,提出科学合理的先进制造主导产业选择的技能型人力资本匹配基准,以及实现技能型人力资本积累与制造业结构升级同步和有效互动的政策建议。

第二章 理论基础和文献综述

第一节 理论基础

一、人力资本概念

Walsh(1935)在《人力资本观》一文中首次提出人力资本概念,指出人力资本是一种具有经济价值的资本,但它与物质资本不同,它是凝结在劳动者身上的技能和知识以及所表现出来的能力。Mincer(1958)则将人力资本分为两类,包括通过正式的学校教育、家庭教育获得的人力资本以及非正式的在劳动力市场上培训、工作过程中习得的人力资本。在学校受教育获得的知识累积称通用人力资本;在特定工作岗位习得的经验则转化为专用人力资本。Schultz(1960)进一步明确了人力资本的概念,人力资本是指劳动者所获得知识、技能等有用的能力。Psacharopouios(1985)认为人力资本是劳动者的技能、知识和健康的综合。Becker(1962)认为人力资本是由于增加人的资源并影响未来货币收入的投资而形成的,投资方式包括教育支出、在职培训、卫生保健以及劳动流动。Bellante(1979)用受教育程度年限、年龄和种族的差异来分类异质性人力资本。李忠民(1998)在Schultz划分的基础上,区分了一般型、技能型、管理型和专家型四种不同类型的人力资本。Caselli 和 Coleman(2006)根据劳动力受教育程度,将人力资本分为初级人力资本、中级人力资本和高级人力资本。Pennings 等(2007)依据人力资本的所有者类型将人力资本划分为雇员人力资本和企业家人力资本。罗勇(2013)对异质性人力资本进行界定,认为受过高等教育的就业者拥有的人力资本是异质性人力资本。梁文群(2016)认为受教育程度越高,作用越大,由于异质性人力资本的分布差异,东、中、西部地区的人力资本创新效应存在显著的异质性。

Becker(1962)从资本使用性质的角度将人力资本划分为两类,包括通用性人力资本和专用性人力资本,两者主要体现在资本的生产过程中。前者由劳动者自主投资,在自我控制的状态下完成;后者主要在"干中学"的过程中累积形成,具体包括企业培训和专门岗位的工作经验。在学校受教育获得的通用人力资本越高,劳动者专用技能水平的提升空间越大。职业流动会中断专用性人力资本的积累，而专用性人力资本越高也意味着劳动者迁移成本的增加，进一步削弱劳动者职业流动的动机。Williamson(1996)认为，资产专用性特指如果一种仅适合于某种用途的资产被转作其他用途，那么这项资产的价值就会大大贬低。小盐隆士(2002)将人力资本分为通过学校教育得到的、通用性较强的一般性人力资本和在工作岗位实践获得的、专业性较强的特殊人力资本。Lamo(2011)认为，人力资本存量包括固有存量和专用性存量两个部分，固有存量特指劳动者就业前已经获得的人力资本存量，而专用性存量则是适用于某些专门岗位、任务而形成的人力资本，人力资本累积的存量越多则专用性越强。区别于一般的技工，高级工掌握专门技能和特殊技能，是在企业特定的工作环境和工作条件下，适用于特定的工作岗位，通过外部的职业培训或在自身的工作实践过程中习得。从资本专用性质的角度来看，高级技工属于专用性人力资本。

国内外学者对人力资本的研究已有较长的历史，在不同的时代背景下，人力资本内涵被不断丰富，相关理论也趋于完善。首先，对人力资本概念取得了相对一致的见解：人力资本是体现在劳动者身上的知识、技能和健康的能力总和，是具有经济价值的资本，人力资本的异质性体现在劳动者受教育程度、年龄、技术水平、种族等差异上。其次，关于人力资本的分类方式亦有较多研究，大体上根据使用性质、要素等级或者所有者等进行划分，多数研究以资产使用类别为划分依据，即人力资本分为通用性人力资本与专业性人力资本两类。总的来说，关于人力资本的研究已经相对成熟且全面，但是还可以进行更深入、细致的研究，例如，针对工业4.0时代背景下的技能型人力资本的专门研究，探讨技能型员工的人力资本现状及特性。

二、异质型人力资本理论

技能型员工所从事的职业对技术、技能有一定的要求和标准，其人力资本具有区别于其他群体的异质性特征。在工业4.0时代，企业工作方式团队化、工作对象智能化、工作流程数字化，从而决定了技能员工的劳动任务是操作和管理智能化、一体化的生产系统。新型技能人才的劳动内容及内涵发生深刻变化，技能型人力资本异质性特征更为明显。当代人力资本理论以构建技术内生化增长模型为中心的差异化人力资本理论，由此形成异质型人力资本理论。该理论体系主要建立在以下思想基础之上：

1. 分工理论

异质的研究思想起源于经济学研究的鼻祖亚当·斯密的研究成果，他认为一些劳动者在生产的过程中获得职业培训的机会，因而具备了不同于未获得相同培训的生产者的生产技能，这些技能形成了异质性人力资本，这是人力资本思想的雏形，也是异质性人力资本概念的起点。亚当·斯密认为劳动者在从事生产过程中生产率的提高以及对某一特定工作的操作、技巧、判断有了更深入的认识，或更加熟练都是由劳动分工导致的。由于劳动分工的不断精细，劳动者都获得了专攻某项工作的机会，这就为各项创新发明的出现提供了土壤，也使得后来的理论得到了补充，劳动者的供给能力也不断提高。对劳动者而言，在特定岗位的工作机会，无论是主动参加职业培训还是在"干中学"中积累经验从而转换为专用性人力资本，这些都将最终转化为劳动者应对工作中复杂问题的能力。

2．异质性假说和比较优势原理

Machery 等(2009)认为，劳动者作为一个个特殊的个体，他们的天赋和选择偏好有着天然的差异，所以理性的劳动者会通过比较自身的优势的结果来选择自己最擅长的工作。同样地，劳动者在进行自主投资时也会根据比较优势以寻求最佳的人力资本回报，并且形成特殊的投资存量分布，最终劳动者的人力资本也会形成各种层次。

3．劳动要素的准固定成本假说

劳动者是企业人力资源的重要组成部分，企业通过职业培训等对劳动者进行人力资本投资，这一类的人力资本最终凝聚成劳动者的专用理论知识和技能，形成固定成本。对于企业而言，当劳动者生产的产业价值超过了其用工成本，那么企业将基于经济理性而继续雇佣劳动者，因为辞退员工意味着企业将在未来支付更多的投资成本。对企业而言，对劳动者的异质型人力资本投资的数量越多，则劳动者的职业流动概率越小。

4．不确定性理论

当进行人力资本投资的领域比较广泛时，人力资本往往表现出同质性；相反地，当人力资本投资的领域较为有限且数量具有一定规模时，那么形成异质型人力资本的概率更高。一般而言，高层次的人力资本意味着专用性和特定性，往往在特定岗位上有较为突出的生产率，但是鉴于市场的激烈竞争以及信息时代下更新速度的加快，异质型人力资本对某一岗位的专用性也面临着更多的挑战。不断更新的环境，要求人力资本作出快速响应，因而之前形成的异质型人力资本的投资回报减少，所以劳动者对高层次人力资本的投资偏好也减弱。

5．新增长理论

新古典理论是人力资本新理论的重要组成部分，该理论重点突出的是人力资本对国家或者地区经济增长的贡献。该理论将人力资本设定为独立的投入要素，并且引入生产函数以表明两者之间的直接关系；同时，Lucas(1999)认为人力资本通过提高国内研发水平和技术从内在到外在来推动经济的发展，内在效应就是指通过正式的学校教育、家庭教育构成的差异性人力资本，劳动者的理论知识、通用技能提高则劳动生产率得到改善，因而产出提高。外在效应则多指非正式的职业培训、在"干中学"的过程中累积形成的差异性人力资本，劳动者的专用知识和技能的精进使得人力资本存量提升,促进了物质资本使用效率的提升。

综合上述理论,可以得知异质型人力资本理论从人力资本理论衍生而来,异质型人力资本的形成过程既寓于各行业、企业对劳动者的专门培训或技能训练中,又受到劳动者个人的兴趣及能力偏好的影响,最终形成了适用于专门任务的能力或技能。鉴于其专门性,异质型人力资本的效率也取决于该项人力资本的使用情境,若匹配度高,则外部投资者和劳动者个人都能够同时受益,但是进行这项投资的企业也面临着风险,因为异质型人力资本的投资会降低人力资本的收益。总的说来,异质型人力资本存量的提升,使得劳动者的人力资本存量提升,对企业的生产贡献增加,员工的职业稳定性也加强;相应地,当员工的异质性人力资本提高,而经济收入、职业发展空间没有得到有效保障而发生职业流动时,劳动者的异质性人力资本也将中断,企业的投资效益也会下降。

三、人力资本深化理论

资本深化是指在经济增长的过程中,人均储蓄超过资本广化,使得人均资本上升。人力资本深化的核心是提高人口质量,教育培训等是人力资本深化的主要途径。

Schultz(1963)对人力资本深化与经济发展的关系进行了充分的论述,他指出人力资源是一切资源中最主要的资源,在经济增长中,人力资本的作用大于物质资本的作用。经济发展是生产力进步的集中表现,人力资本深化提高了人力使用自然和改造自然的能力,是对生产力发展的根本推进。但应指出,人力资本作用的凸显集中在技术革命之后,人力资本超过物质资本对生产的贡献也是在此之后。许崇正(2007)则从个人生产力与社会生产力的内在统一性论证了个人发展是社会发展的决定力量。人力资本深化就是发展个人生产力,就是对社会生产力的推动。

在解释人力资本积累机理时,G.S.Becker 和 R.Barro(1985)构建了家庭生育率和人力资本投资之间的相互关系,解释了生育率的内生决定问题,为内生增长理论构建了新的分析框架。人力资本的积累和生育决策都与家庭有关,是家庭决策的最优化过程,决定了人力资本水平和生育率水平。

一个社会中教育可分为公共教育和私人教育两种,儿童人力资本水平依赖于公共教育投资 μ,父母对子女的私人教育投入 e_t,以及 t 期的社会平均人力资本水平 $\bar{h}_t = \int h_t dF_t(h)$,则子女人力资本形成函数可以表示为 $h_{t+1} = f(\mu, e_t, \bar{h}_t)$。模型含义为:子女人力资本水平是公共教育投资、私人教育投资和社会平均人力资本水平的增函数;公共教育投资和私人教育投资可以完全替代,遵循边际收益递减规律;即使没有接受任何教育,由于社会平均人力资本的溢出效应,个人也可以获取社会平均人力资本水平,而且社会平均人力资本会随着时间的推移而逐渐增加。

四、职业迁移理论

现代微观经济学将劳动者视为独立的经济个体,研究其个体行为的内在机理。对劳动者个人而言,职业迁移行为的决策依赖个体特征和外部环境,在不同的条件下会产生不同的决策偏好。职业迁移的决策是劳动者基于个体理性的经济行为,受到国内外学者的广泛关注,他们基于不同的理论从不同的角度,对劳动者的职业迁移行为进行了大量的研究。

1. "推-拉"模型

Bggue(1949)等人提出"推-拉"理论来分析人口流动的原因,即迁入地的积极因素形成"拉力",而迁出地的消极因素形成"推力",两者相互作用并影响着劳动者的最终决策。在工业经济迅速发展的时代,农村走向衰退,由于就业机会缺失、耕地不足,加上基础设施缺乏以及自然灾害等因素。这些因素形成了刺激农村剩余劳动力向城市转移的推力;而城市经济发展迅速,就业机会更加丰富,更好的经济收入为生活质量提供保障,加上更完善的基础设施;等等。这些因素也是引致农村剩余劳动力向城市转移的拉力。

2. 古典二元经济结构理论

Lewis(1954)提出二元经济理论,将发展中国家的经济分为农业与工业两个部分并基于此来构建系统的理论模型以分析发展中国家的经济问题。就农业部门而言,该部门内有大量的剩余劳动力,他们往往有较低的甚至为零的边际生产率,因而农业部门能够向工业部门提供大量的劳动力。工业部门发展迅速,对劳动力数量有较大的需求以实现扩大生产、积累资本的目标。农业部门与工业部门之间形成了稳定的循环,直到农业部门的剩余劳动力消失,而在此过程中的农业部门由于技术进步和产业变革,生产率提高,最终实现了经济一体化,一元经济替代了二元经济。

3. 人力资本理论

Schultz(1960)首次提出人力资本,是人力资本理论的奠基者。"量"和"质",是人力资本的两个方面:"量"指工作的人口总量、人口结构以及工作经验和实践;"质"则体现在技能、知识等关系到劳动生产率的方面,包括教育程度、职业培训、工作经验以及健康等方面。人力资源的"质"组成了人力资本,是劳动者获得未来收入的保障。劳动者通过正规教育、在职培训、保健以及流动进行人力资本投资。一方面,流动是投资人力资本的一种重要渠道,是个人和家庭谋求更好的经济效益和生活水平的手段,劳动者的人力资本在职业流动过程中获得累积;另一方面,人力资本也为有效的职业流动设置了障碍。

4. 托达罗模型

Todaro(1969)以发展中国家普遍存在职业流动的现象为基础建立模型,从经济个体的角度,强调环境和条件的差异、流动者个体特征的异质性对个体转移行为的偏好有影响,基于此提出了预期收入理论。该理论认为流动者迁入较低层次的部门,由于竞争小,能够获得较多的就业机会,提高了预期收入,因而刺激更多的潜在流动者。预期收入理论认为,流动者在进行职业流动时不能只考虑预期收入,还必须考虑迁入职业的规模及其就业机会,劳动者流动的规模、速度以及职业分布等因素。

5. 劳动力市场分割理论

Doeringer 和 Piore(1971)提出的二元劳动力市场分割理论,该理论认为劳动力市场分割成两大部分,包括初级劳动力市场和次级劳动力市场。初级劳动力市场上的企业存续期长,能够为劳动者提供比较稳定的工作和比较良好的工作环境,确保劳动者获得较为满意的经济收入和职业发展空间,劳动者的职业流动频率低;相对地,次级劳动力市场仅能提供较不稳定的工作和较差的工作环境,员工的经济收入有限且职业发展路径不明晰。劳动力市场分割理论认为,初级劳动力市场与次级劳动力市场之间存在壁垒,这种壁垒使得在次级劳动力市场就业的劳动者难以进入初级劳动力市场,只能在相同层次的职业之间游离。

6. 劳动流动新经济学

Stark(1985)提出从家庭层次来分析劳动力转移的机制,认为流动行为是家庭集体决策的结果。劳动者个人的职业行为是出于提高家庭整体收入的考量,通过最大化配置资源来作出职业流动决策。因此,经济学家提出新职业迁移模型来解释职业流动行为。该模型设定家庭内部的所有成员被视为一个整体,而这个整体就是经济个体的基本单位。研究结果表明,发展中国家的家庭倾向于以家庭为单位来进行职业流动的决策,在这种情况下,家庭的决策流动会同时考虑最大化的经济收入和最小化的家庭经营风险。

7. 组织生态学理论

彭璧玉(2007)从生物学角度,基于组织生态学理论来研究组织增长和衰退、组织设立和死亡、合并以及重组等生态过程中如何通过创造新职位和消除旧职位来影响职业流动的方式。Soresen(1975)引入空缺-链、空缺-竞争链模型来解释产业动态与个体流动率之间关系。在组织设立过程中,新建组织的规模越大以及新组织所处产业中技术的专业化技术越强,组织设立对组织间职业流动的直接影响就越大。组织的解散从两个方面影响雇员的职业流动:一方面,组织解散会增加劳动力的供给并因此直接增加未解散组织的进入率。另一方面,解散减少了工作职位的攻击并关闭了部分空缺链。因而,组织解散的越多,提供给产业中雇员的职位越少,减少了产业中为解散组织中雇员的流动机会。组织的合并必然导致企业间面临不同控制系统、操作标准、组织结构的磨合,所以合并会增加合并后组织的雇员进入和退出率。Takako Fujiwara Greve(2000)的研究着重分析外部性机会对职业流动的影响,他认为组织生态很大程度上决定了外部性机会组成的最终分布。

不同企业生存发展的环境构成等都受到组织生态的影响,通过行业分布、行业互补性与替代性强弱、企业组织数量与规模等对雇员职业流动的影响,但 Takako Fujiwara Greve 的研究大致上着力于外部机会对职业流动的影响,对职业流动的研究局限在对单个静态的组织生态的分析,从而忽视了现有环境也会对职业流动造成的深远的影响。

综合上述理论,可以发现关于职业迁移的理论颇丰,其中二元劳动力分割市场理论占较大比重,即探讨劳动者在乡村与城市间、农业与工业之间、初级与次级劳动力市场之间的流动问题,主要解决的问题是劳动者职业迁移的机理。本书关注的技能型员工,大多处在制造企业,该群体所在的劳动力市场相对一元化,因而刺激他们职业迁移的更多是人力资本、预期收入、家庭以及行业背景。人力资本的累积程度决定了劳动者的职业转换能力,另一方面劳动者在职业迁移的过程中也习得了更多的知识、技能,从而提升了人力资本。同时,劳动者所处的行业性质也决定了他们的职业迁移偏好,例如技能型劳动者所处的制造企业存续期较短,就业门槛低,因而预期收入的实现会刺激该职业群体流动频繁。

五、制造业转型升级理论

对制造业转型升级的研究,学者通常将制造业转型升级建立在产业转型升级研究的基础之上。从不同角度来看,学术界对制造业转型升级的定义并不相同,没有形成统一的结论。总结起来,可以分为以下几种思路:① 从产业结构升级的角度出发,制造业转型升级就是产业结构向着更有利于经济、社会发展的方向发展,产业朝着技术结构水平更高的方向演化。② 从全球产业链的角度出发,制造业转型升级就是从价值链低端向价值链高端攀升。③ 从产业发展方式转型的角度出发,制造业转型升级是产业发展从追求数量扩张转为追求质量的提升,从出口导向转为内需拉动,从要素驱动转为创新驱动,从粗放型的发展方式转为集约型的发展方式,从高投入高消耗高污染转为高产出高效益低污染。以上分析都是从产业转型升级的宏观方向去把握的,并运用到制造业中。但都没有从制造业转型升级的本质,即制造业本身去把握转型升级(李安,2020)。

制造业仅是第二产业中的一类,相对于全产业来说具有其特殊属性。中国是制造业大国,拥有完整的产业链供应体系,但中低技术制造业占有了大量的比重,与高技术制造业共同承担了制造业的组成部分。所以,中国制造业转型升级应该立足于产业自身进行转型升级,充分理解转型升级主体的急迫需求。制造业转型升级应该包括两个基本方面:一是制造业不同行业的本身性质不改变,保持门类齐全的特征。二是产业自身发展绩效得以提高。为了更好地生存或者更好地发展,通过生产经营方式的转型以及生产效率的提升,提高本行业在价值链上游的控制能力,最终实现由低附加值向高附加值转化。

制造业转型升级的相关理论主要有：① 产业结构理论,其中具有代表性的理论有配第-克拉克定理、库兹涅茨产业结构论、霍夫曼定理、钱纳里的工业化阶段理论。大部分学者研究产业转型升级也是基于产业结构理论。② "雁行形态"理论（赤松要,1935,1956）。"雁行形态"是针对发展中国家提出的,其主旨是发展中国家通过引进发达国家的技术和产品,进而可以发展本国产业。如果发展中国家善于把握好时机,就能在进口→生产(进口替代)→出口的循环中实现工业化,提高国际竞争力（车维汉,2004）。③ 价值链理论(迈克尔·波特,2014)。随着全球化的不断推进,全球产业价值链上的分工越来越细化,各个环节的竞争力和利润存在很大的差异。著名的"微笑曲线"理论和"武藏曲线"理论是价值链理论的延伸。在价值链相关理论中,利润的获取是关注的焦点。发展中国家制造业需要从全球价值链低端向高端的转移,才能获得更高的附加值。

本书重点关注技能型人力资本深化、职业迁移,对制造业转型升级的影响,为各级政府确定制造业主导产业选择,制定制造业结构优化升级的公共政策,以及企业人力资本投资等提供建议。

第二节　文　献　综　述

一、技能型人力资本深化与积累模式

Schultz(1975)提出人力资本概念时并没有直接将人力资本分类,但区分了五类具有经济价值的人类能力,并以此作为划分人力资本层次的标准。Becker(1962)、Lucas(1990)、Johanes M. Pennings(1998)等也根据研究不同,划分成不同类型。国内学者李忠民(1999)在 Schultz 划分基础上,区分了一般型、技能型、管理型和专家型四种不同类型的人力资本。李建民(1999)依据人力资本的形式差别,将人力资本分为教育资本、技术与知识资本、健康资本以及迁移与流动资本。此外,国内学者还区分同质性与异质性人力资本(丁栋虹,1993);通用性、专用性和准专用性人力资本(朱明伟和杨刚,2001);显性与隐性人力资本等。技能型人力资本形成途径主要观点有学校教育性开发、企业技能培训或产教结合的方式(杨伟国,2007;马振华,2007;艾明晓,2010;等等)。技能型人力资本积累模式是指人力资本积累过程中诸要素构成样式与运行方式。德日和英美在长期的发展过程中,形成了两种不同的发展路线。Green(2001)提出现代社会维持高技能发展路线的制度化框架;Philip Andrew Stevens(2005)认为技能人才的开发是一个系统工程,构建起一个政府、企业、职业教育的综合技术培训体系。

二、职业迁移规律研究

人力资本投入是职业迁移的关键因素,增加投入能发展职业专长,提高工作效能,因而能得到经济回报与职位提升(Wayne et al.,1999)。教育水平反映人力资本的投入程度,职别和任期是人力资本投入的另一种形式,与职业迁移正相关(Mehra,2001;Powell et al.,1994)。此外,年龄与人力资本并非简单线性关系,年龄与职业迁移的关系可能受到多重效果的相互影响而不显著(Pennings et al.,1998)。职业变迁基本情况研究有的比较注重职业地位的取得(李若建,1991;陈婴婴,1995;等),有的强调宏观的职业结构改变(李若建,1999;田大洲 等,2013;等),有的比较区域流动的空间特征(黄翔,敖荣军,2009;等)。职业和产业研究早期是分离开来进行独立分析,但只有将两者结合起来研究才能更全面地揭示变迁规律的本质。Singelmann(1978)对1960—1970年美国产业就业结构演变和职业就业结构变动相互影响进行综合研究,发现产业变动效应和职业变动效应两种力量在结构转换中的作用方向和强度具有多样性,不同职业类别中的主导效应也不尽相同;Castells(1994)分析了西方七国在经历工业化以及步入后工业社会过程中产业、职业就业结构的发展规律。国内学者陈凌等(2008)用Castells-Singelmann六部门分类法替代三次产业分类法对中国经验数据进行分类,通过构造"职业-产业就业结构模型",研究中国职业-产业就业结构的长期演变趋势;梁文泉、陆铭(2015)研究不同技能劳动者的城市空间集聚和互补问题。

三、人力资本与产业发展、结构升级

人力资本积累带来人口质量提高可以促进经济的增长(Schultz,1961;Lucas,1988;Becker,Murphy,Tamura,1990;Canning,2007;等)。人力资本投资能够提高劳动生产率,进而促进产业发展。厉以宁、任远(2013)提出我国经济发展的三个新动力,即人力资本红利、资源红利和改革红利,而将人口红利转变为资本红利的关键就是要提高劳动生产率;蔡昉(2010)认为提高劳动者素质,促进技术进步和提高劳动生产率,是推动我国制造业升级,创造新比较优势的途径;黄乾(2008)采用中国制造业数据分析了全球化、技术进步与就业技能结构问题;何菊莲等(2015)对人力资本价值提升推动产业结构优化升级进行了实证分析。人力资本投资与生育率存在替代效应。随着我国生育率的不断降低,加大人力资本投资力度和提高人力资本积累水平可以促进经济增长、产业发展。李建民(1999)、蔡昉(2009)、王德文(2007)等也认为生育率降低和老龄化程度的加深,提高劳动力素质是促进产业结构转型升级、技术吸收和创新的关键;孙树强(2013)还发现虽然我国生育率不断降低,但技术劳动力比重在提高,可以通过提高人力资本投资来产生新的人口红利效应;Anderson(2001)也认为人口的自然结构变化可以通过人力资本的变化来影响经济。产业结构升级与人力资本匹配性角度分析,认为在产业间自由流动和配置的高人力资本能更有效地促进产业结构升级,发现东西部地区的人力资本水平差距较大,但西部地区人力资本水平有较大的上升空间(杨爽,范秀荣,2010);刘军等(2013)对我国高新技术产业人力资本承载力评价进行实证研究。

四、人力资本约束下主导产业选择基准研究

W. W. Rostow(1960)提出主导产业概念、产业扩散效应理论和主导产业选择基准。此后,众多学者对主导产业的选择基准做了进一步深入研究,并提出了一些新的准则。周振华(1989)曾指出当时的经济发展应当采用"增长后劲基准""短缺替代基准""瓶颈效应基准"。于华钦等(2006)、邵宇开等(2009)提出区域主导产业选择的人力资本匹配基准,并以统计数据给予实证分析。高艳(2015)认为作为知识载体的人力资本是制造企业转型升级的重要战略条件,通过对制造企业的转型升级路径研究,表明制造企业转型升级在不同发展阶段具有明显不同的特征,其核心人力资本类型和重要性也各不相同。针对制造企业转型升级不同阶段的特点,提出了其人力资本契合要求及其策略。

第三节 研 究 述 评

长期以来,很多学者一直关注人力资本理论、人力资本与经济增长、人力资本与产业结构升级、产业-职业就业结构变迁等方面的研究,成果也很丰富,但是直接研究工业 4.0 下技能型人力资本、职业迁移与制造业转型升级三者互动关系的文献很少,主要表现在以下几个方面:

(1)"技能型人力资本深化、职业迁移与制造业转型升级"三者存在互动循环机制,正向具有促进作用,反向存在引致需求,可以将三个问题纳入统一的框架体系下分析,并且将分析的逻辑起点具体定位在技能型人力资本短缺。

(2)技能型人力资本从体量上来说也是制造业劳动投入的主体,现有文献多从总量短缺、结构性短缺和地区性短缺以及职业教育、培训等方面进行了研究,对技能型人力资本异质性、专用性特征,以及从企业和产学研角度的终身职业培训体系构建研究较少,对概念、能力、评价、培养和激励等问题的理论研究还需提高。

(3)职业迁移现有研究关注了职业流动的人力资本与工作特征因素、产业间与产业内的行业职业分布,以及农民工的空间变化,但对新兴产业、先进制造业、现代服务业等领域的职业迁移配置的合理化和高级化研究不足。

(4)制造业转型升级研究文献丰富,而从技能型人力资本承载力、产业-职业匹配性来研究制造业主导产业选择基准,也是一个有意义的新视角。

第三章 技能型人力资本特征研究

第一节 工业4.0时代技能型人力资本内涵及其要素结构

一、技能型人力资本概念

国内学者李忠民(1998)最早提出"技能型人力资本"概念,他认为技能型人力资本是指具有某项特殊技能的人力资本,具有完成特定意义工作的能力,在资源约束条件下,加工、生产某种物品或者服务,是具有特殊效用的能力。马振华(2007)认为技能型人力资本是在某领域掌握核心技能及专业能力,并能够运用掌握的知识完成某一特定任务的人力资本总和,在各个总和能力中比较注重操作技能的人力资本,在企业中对应的是高级工、中级工、初级工。耿洁(2010)认为技能型人力资本是按照能力构成的差异将人力资本分类之后的一种类型,既具有人力资本的一般属性,又具有自身的独特性。技能型人力资本是通过专门教育或培训形成的具有特殊知识、技术和技能的人力资本,对应的社会角色是各级各类专业技术与技能人才。艾明晓(2010)从技能型人力资本的载体出发,认为技能型人力资本是指一线工人,他们往往具有熟练的操作技能,能够解决制造型企业产品生产过程中的问题,为企业创造价值。韩衍顺(2017)概括高技能人力资本为通过企业和个体的教育、培训、学习、锻炼等方面的投资,而凝聚在具有一定专业技术职称的员工身上,可以为企业和个人带来经济利益的资本。汤海明(2019)将技能型人力资本界定为企业员工通过专业职业培训、"干中学""迁移"等方式,形成的具有特殊专业知识技能与创新实践能力,能够独立解决企业关键性问题的能力,对应的社会角色是企业的各类专业技能人才。

技能型人力资本主要通过职业培训、"干中学"和"迁移"累积。职业培训是指企业员工通过参加系统性、专业性、先进性的培训学习,不断掌握企业生产所需的特殊知识和技能,以提升创造性独立解决关键性问题的能力。"干中学"是指企业员工通过劳动和作业,在劳动中模仿或接受其他人的示范、教导、帮助而获得人资本积累,以提升人力资本水平。"迁移"是人力资本积累的重要方式,是指劳动者通过在不同地域、产业以及企业之间的工作、生活、学习、交流,以更新产业知识,掌握更先进的技术技能。

二、技能型人力资本内涵及历史演变

技能型人力资本所对应的社会角色是技能工人,是指在生产、运输、服务等领域一线岗位上的从业者中,掌握一定的专门知识和技术,具备特定的操作技能,并在工作实践中能够运用自己的知识和技能进行实际操作的人员,主要包括初级工、中级工、技师、高级工和高级技师,以及具备相应技能的人。工业4.0时代,基于物联信息系统(cyber-physical system),通过数据自动有序的流动技术,从规模经济转向范围经济,以同质化规模化的成本,构建出异质化定制化的产业。一方面,智能辅助系统让工人从单调、程序化的工作中解放出来,能把精力集中在创新和增值业务上。另一方面,生产方式的变革也对技能型人才提出更高的能力素质要求。

1. 工业革命历程与技能型人才能力素质要求

工业革命(industrial revolution)开始于18世纪60年代,发源于英格兰中部地区,以蒸汽动力取代人力,自此进入工业1.0时代。大规模工厂化生产取代个体工场手工生产,出现早期的工厂制度,但制造业的生产组织方式仍以手工工场为主,主要采取单件生产方式。劳动者分工程度低,要求是手脑一体的全能工,拥有工业价值链再造需要的全部职业能力。

从19世纪下半叶至20世纪初,电力的广泛运用,标志着工业2.0时代的到来,出现电力驱动的大规模生产,制造业主要采取大批量流水线生产。以泰罗科学管理思想为典型,复杂、完整的劳动内容被分解为简单重复的工位操作,以提高劳动生产率,技能型工人单纯接受指令,掌握单工种重复操作技能,不需要产品设计、生产和检验等相关的知识和能力。

从二战后至20世纪70年代,以计算机、原子能、航空航天、遗传工程为代表,标志着人类进入信息时代,也标志着工业3.0时代的到来。电子信息技术快速发展极大地提高了生产自动化水平,福特式大规模流水线生产转向定制化规模生产。企业主要采取多品种、小批量的精益生产方式。精益生产方式综合了单件生产与大批量生产的优点,对劳动技能的要求出现融合趋势,需要掌握大工种操作技能,如从车削工、铣削工、磨削工等单一工种转变为复合的机床切削工,需要具备跨专业知识,如机和电、技术与经济等,同时拥有社会交往和协作能力,尤其需要拥有面对生产任务的不断变化而具备的灵活性以及自我组织、终身学习和创新能力等。

2. 工业4.0时代的新型技能型人才

工业4.0一词最早是在2011年的汉诺威工业博览会上提出。在2012年10月由罗伯特博世有限公司的Siegfried Dais及德国科学院的Henning Kagermann

组成的工业4.0工作小组,向德国政府提出了工业4.0的实施建议。21世纪以来,网络资源、信息、物体和人之间能实现物联网及服务互联网,迅速扩展至工业领域,并与自动化技术深度融合,形成智能制造技术,这种技术演化可以描述为工业4.0。

(1) 工业4.0时代企业的生产特征

工业4.0时代,自动化和信息化深入发展,形成高度自动化和高度信息化,同时还将各种设备和系统实现联网,具有高度网络化的特征。工业4.0时代这些独有的技术特征,加上市场的个性化需求的双重推动,企业的生产组织实现分布式生产,能够通过制造在地理位置分散的位置创造价值的能力。网络技术的广泛应用把设备、生产线、工厂、供应商、产品和客户紧密地联系在一起,可以实时感知和监控产品、设备、研发、工业链、运营、管理、销售、消费者等海量数据,同时传感器、嵌入式中端系统、智能控制系统、通信设施等通过CPS形成一个智能网络,使人与人、人与机器、机器与机器以及服务与服务之间,能够形成互联,实现横向、纵向和端到端的高度集成,使得智能生产、网络协同制造、大规模个性化制造成为新的生产模式。

对于传统制造业来说,企业转型升级实际上是从2.0、3.0的工厂转型到4.0的工厂,整个生产形态上,从流水线式的规模化制造转向精益生产的大规模定制,实现整个生产过程更加柔性化、个性化、定制化。工业4.0的实施过程将是制造业创新发展的过程,从技术创新到产品创新,到生产模式创新,再到业态创新,最后到组织创新与变革。

(2) 工业4.0时代新型技能人才的劳动内容及内涵

从人类工业化进程(工业1.0至工业4.0)来看,可以将不同工业阶段、生产方式、劳动分工程度、技能工作岗位劳动特征及技能劳动者特征概括如表3.1所示(师慧丽,2017)。

通过比较可以清楚地看到,工业4.0时代企业的工作方式团队化、工作对象智能化、工作流程数字化,决定了技能员工的劳动任务是操作和管理智能化、一体化的生产系统。具体劳动内容要求他们能根据生产需要,灵活地处理生产线上的多项任务,执行带有参数的操作流程任务,分析、整合和记录生产数据,分析、监控、优化和改进生产网络和系统,使用IT支持下的帮助和诊断系统,进行设备故障排除、维护等,包括设计、规划、控制、操作多个层面的复杂工作任务,专业知识和技能要求均需要相应拓宽。

工业4.0时代生产特征要求技能员工必须还是知识型员工,是融技术、技能于一身的新型技能人才,单纯的以隐性智慧技能和显性动作技能等为特征的单一技能型人才将难以胜任工作需求。新型技能人才不仅要懂得机械操作与维修技能,还要懂得软件和无线网络等技术,能够使用复杂数据,具备一定的产品设计与创新能力,能够进行团队合作、跨文化交流与协同等。

表 3.1 工业 1.0 至工业 4.0 生产方式和技能工作岗位劳动特征一览表

工业阶段	生产方式	劳动分工	技能工作岗位劳动特征					技能劳动者特征
			劳动内容	劳动工具	劳动组织	产品特征	技术革命	
1.0	单件生产	没分工	设计制造全过程	手工工具	脑手一体,自我负责	主观标准	优化革新工艺流程	全能工
2.0	大规模标准化生产	分工精细	单一工位操作	机械化工具	计划与生产,管理层级复杂	标准化	无	技能型、专项任务
3.0	小批量柔性化生产	有限分工	多个工位、大工种操作	机械化、电动化工具	模块任务,垂直管理,层级减少	多样化	部分工艺革新	多样化、多项任务
4.0	个性化定制化生产	专业化分工	一体化的生产系统	计算机、机器人、数控机床等	供应链范围内扁平网络结构	智能化	完整模块构件的工艺革新	丰富化、个性任务

第二节 技能型人力资本特点

一、工业 4.0 时代技能型人力资本能力结构要素

为适应工业 4.0 时代要求,新型技能人才需要融技术、技能于一身,培养内容与路径需要突破专业设置界限,重新布局专业结构,培养跨学科跨专业能力,借鉴 KOMET(学生)职业能力测评模型的结构,师慧丽(2017)构建了面向工业 4.0 的新型技能型人才能力模型(图 3.1),包括三个维度,即职业专业、职业素养和职业行动三维度。

职业专业维度,主要有通识知识、智能化知识技术、工业生产链知识、职业专业领域的知识技能等四个方面。从培养角度来看,需开设与工业 4.0 相关的专业和课程,对机械制造、生产运作与管理、计算机与网络、通信、电子信息等专业课程进行整合,满足智能制造对技能人才的跨学科专业能力的要求。

职业素养维度主要有职业操守、决策能力、创新精神和社交能力等。一是敬业、有职业操守作为一种最基本的职业素养,仍然是工业 4.0 时代新型技能人才的

基本职业能力的核心要素;二是随着智能化生产,简单的重复工作逐渐减少,能动性岗位变多,需要结合个人责任和分散领导下的自治管理,员工需要创新意识,且有更多的自由做决定;最后,工业 4.0 时代劳动组织的扁平网络化、液态化,要求新型技能型人才的工作态度趋于合作性、效率感,要有全局意识,具有与多样化价值观人群合作的涵养和技巧,有契约精神与时间观念等。

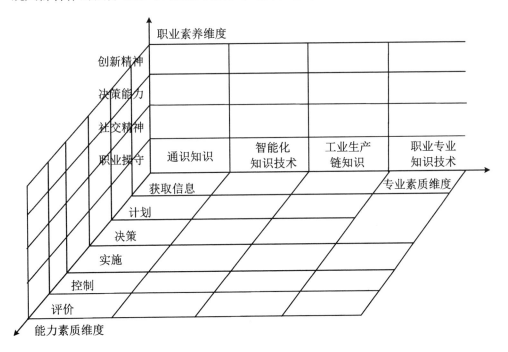

图 3.1 面向工业 4.0 的新型技能型人才能力模型

职业行动维度,按照德国职业院校和企业培训中普遍使用的六步学习法,主要包含获取信息、计划、决策、实施、控制、评价等六个方面,是培训技能人才行动能力的一种教学方法,强调学生是学习过程的中心,让学员"独立"完成其工作任务,教师是学习过程的组织者与协调人,逐步培养学生独立学习专业知识、掌握职业技能的能力,从而构建属于自己的知识、经验和能力体系。

二、技能型人力资本特点

综合现有研究,本书归纳技能型人力资本特点如下:

1. 依附性较强

人力资本不能脱离其载体而独立存在,对于企业而言,技能型员工可以"垄断"其拥有的人力资本,并依赖个人的状况得到发挥和运用。在实践操作中,员工需要在不同的工作情境下灵活变通,其变通能力取决于其人力资本存量的累积。为了提高生产率,制造企业对技能型员工进行大量的职业培训,这些人力资本投资会转移到员工身上,形成自身的无形资产。因此,技能型员工的流失会使得企业的人力资本投资收益降低,对企业造成损失。

2. 资源投入量大

技能型人力资本作为资本的一种形态,其存量高低取决于资源投入量的多少。与普通人力资本相比,技能型人力资本需要更大的教育和职业培训投入。尤其是面对复杂多变的外部环境,技能型人才需要通过更多的投资,不断地学习、积累和更新自身的知识,以适应发展的需要。

3. 流动性较强

技能型员工经过大量的培训并在工作中积累了实际经验,技术水平提升,工作转换能力提高。加上多数制造企业处于次级劳动力市场,工作环境差,待遇低,为了寻求更好的收入和工作机会,技能型员工会进行频繁的职业流动。技能型员工的稳定性影响了企业的生产经营,技能型员工的频繁流动,不仅降低企业人力资本投资效率,还会加剧企业破产风险。

4. 可替代性较低

技能型员工拥有特定职业技能和专业知识,在企业生产、服务和管理等领域发挥着关键作用。其人力资本具有专用性特点,包括独特性、难以复制性和不可替代性。这种人力资本的形成需要大量的时间和精力投入,但一旦形成,将成为企业的核心竞争资源,为企业带来长期稳定的发展优势。

总之,由于研究的视角不同技能型人力资本尚未有明确定义,既可以界定为人力资本的特定类型,即掌握某一领域必备的理论知识,具备较高的技术水平和实际操作能力的人力资本总和;又可以指技能型人力资本对应的社会角色,即具备相应能力的专业技术人才和熟练操作技能的一线工人等。另外,较多的研究成果表明技能型人力资本的累积方式比较明确,技能型员工主要通过职业培训、"干中学"和"迁移"来提高自身的理论知识和实际操作能力。但是上述研究成果大多基于理论推演和归纳,均为定性研究,缺乏关于技能型人力资本水平的实证分析。

第三节 技能型人力资本存量与胜任力关系研究

一、人力资本存量

综合各学者对人力资本存量的定义,可将人力资本存量的概念归纳为:人力资本存量是一个经济体中对人的长期在人力资本方面的投资,具有一定的潜在经济价值,是在某个时间节点上个人知识、素质能力和健康状况这些人力资本的量的总和。汪运波(2014)用公式表示:人力资本存量＝知识存量＋能力存量＋健康存量。

企业的人力资本存量具有个体特征,也具有群体特征。在个体特征方面,不同个体的人力资本间具有相互替代性、互补性和互动性;在群体特征方面,企业的人力资本存量不能以简单的个体人力资本存量相加的方式衡量,因为企业的人力资本存量它既包括人力资本的数量,还包括人力资本的质量,人力资本的构成结构决定了企业人力资本的质量,如性别、年龄、学历、技能等,不同个体的人力资本进行整合所形成的存量具有一定的经济价值,能够为企业绩效带来积极作用。

二、胜任力

自从 Taylor 的"管理胜任力运动"开创了对胜任力研究的先河,尤其是美国哈佛大学教授 McClelland 使胜任力研究进入实质性阶段以来,Boyatzis、Spencer、Parry、Klemp、时勘、王重鸣等国内外学者都从不同角度对胜任力进行了大量研究,并提出了多种定义。目前,被理论界广泛接受的胜任力定义是 1994 年由 Spencer 提出的,即认为胜任力是能将某一工作(或组织文化)中卓越成就者与表现平平者区分开来的个人的潜在特征,它可以是动机、特质、自我形象、态度或价值观、某领域知识、认知或行为技能——任何可以被可靠测量或计数的并能显著区分优秀与一般绩效的个体特征。

这一定义说明,胜任力具有下述重要特征:与工作绩效关系密切;与工作情景相关联;能够区分优秀业绩者与普通业绩者。由此可见,胜任力的研究使人力资源管理的焦点从员工是否能够适应特定岗位要求的"人岗匹配",转变为员工是否能在变化的工作情境中真正具有成为一名业绩优秀者素质的"人能匹配",这无疑使组织的人力资源管理活动向着真正能够提高在不断变化着的环境中工作的员工工作绩效方向发展,并最终促进组织发展,从而做到"人与组织在动态发展中的匹配",这是提高现代人力资源效能的根本。

三、"人力资本存量"和"胜任力"概念区别与联系

田野(2018)经过实证研究,讨论"人力资本存量"和"胜任力"两者概念的区分度,主要有四个方面:

第一,胜任力是与某项特定的岗位或任务相联系的,也会因组织情境的不同而不同,而员工的人力资本存量是不与特定的岗位或任务相联系的,它是员工自身人力资本的量的客观反映,具有一定的绝对性。

第二,员工的人力资本存量主要是通过教育、培训、健康保健等投资活动形成的,个体人力资本存量的增加,意味着其人力资本能力的提高,意味着员工自身素

质的提高,这便为员工某些胜任力特征的发挥奠定了基础。

第三,人力资本在人力资源开发活动中起关键作用,面对日益激烈的竞争环境,企业越来越关注人力资本的获得与发展。人力资本是通过学习和经验积累形成一些特殊知识和能力,具有价值性,而只有个体的人力资本与企业文化、企业流程、企业规章制度等相适应后,才开始对企业产生相关价值,也开始对员工的胜任力产生影响作用。

第四,员工人力资本存量的影响因素是固定的,即个体的受教育程度、工龄、年龄、健康状况、技术环境,而员工胜任力的影响因素是不确定的,根据岗位或任务的不同,个体胜任力的影响因素包括学历、性别、工作经验、性格特质、企业所处发展阶段、企业文化等,人力资本存量不受性别影响。

另外,"人力资本存量"和"胜任力"也存在一定的相似性。首先,较高的人力资本存量和胜任力均能够与组织目标产生匹配性,也均对企业的绩效会产生积极影响;其次,个体的人力资本存量和胜任力均受技术环境影响。

四、基于绩效特征的技能型人力资本胜任力识别

根据产业结构和人才结构的关联性,产业结构的升级伴随着人力资本质量的提升,制造业强国建设催生了对技能人才质和量的需求,不仅要关注技能人才数量,更要关注技能人才质量提升带来的人才红利,因此在制造业强国背景下,探究技能人才要具备的胜任特征要素,构建制造行业技能人才的胜任特征模型,提升技能人才的职业能力,为制造业转型升级提供基础的人才支撑,对制造强国建设具有迫切而重大的现实意义。

民用航空制造被称为制造业皇冠上的明珠,承载、体现着人类在科技创新、生产组织模式创新等方面的最新成果。工业4.0将极大地改变航空制造业的价值链构成,促进航空制造业的革命性发展。具体来说,创新模拟和设计方法的开发验证对飞机制造商至关重要,对整个价值链来说,开发验证是整个产业链在智能化网络设计、制造和维修过程中能力的扩展。作为中国经济转型升级的一项重要内容,目前正在大力发展民用飞机制造业。本研究在对中国商用飞机有限责任公司的"大国工匠"调研项目基础上,收集技能型员工的相关数据资料,采用基于绩效特征的灰色关联评估法来构建民用航空企业工程维修部门技能人才的能力特征模型,实现对新型技能人才评价的科学性,从而提高人才开发和使用的效能。

1. 灰色关联评估法

胜任力识别常用方法主要有行为事件访谈法、问卷调查法、专家讨论法等,本书采用基于绩效特征的能力识别方法——灰色关联评估法。这是一种基于灰色关联度理论对影响事物的多种灰色因素所进行的综合评价,就是通过计算系统特征

变量数据序列与相关因素变量数据序列之间的灰关联度,建立起灰关联矩阵,利用优势分析原则,得出各影响因素的顺序,最终确定主要影响因素。其具体分析过程如下:

首先建立因子空间,设原始序列 $\mu_i = (\mu_i(1), \mu_i(2), \cdots, \mu_i(n))$ 为参考系列;$\omega_j = (\omega_j(1), \omega_j(2), \cdots, \omega_j(n))$ 为比较系列。两个序列进行无单位处理后,可以建立因子空间。这里对数据采取均值化处理,即通过均值化算子 $D_\mu = \frac{1}{n}\sum_{k=1}^{n}\mu(k)$ 和 $D_\omega = \frac{1}{n}\sum_{k=1}^{n}\omega(k)$ 的作用求得各变量数据序列的均值相,则因子空间为

$$Y \cup X = \{y_i, x_j | i \in I = \{1,2,3,\cdots,m\}, j \in J = \{1,2,3,\cdots,s\}\}$$

这里

$$y_i = \left[\frac{u_i(1)}{D_u}, \frac{u_i(2)}{D_u}, \cdots, \frac{u_i(n)}{D_u}\right] = (y_i(1), y_i(2), \cdots, y_i(n))$$

$$x_j = \left[\frac{\omega_j(1)}{D_\omega}, \frac{\omega_j(2)}{D_\omega}, \cdots, \frac{\omega_j(n)}{D_\omega}\right] = (x_j(1), x_j(2), \cdots, x_j(n))$$

计算灰关联系数和灰关联度,公式分别如下:

$$\gamma(y_i(k), x_j(k)) = \frac{\min_i \min_j \min_k |y_i(k) - x_j(k)| + \xi \max_i \max_j \max_k |y_i(k) - x_j(k)|}{|y_i(k) - x_j(k)| + \xi \max_i \max_j \max_k |y_i(k) - x_j(k)|}$$

$$\gamma(y_i, x_j) = \frac{i}{n}\sum_{k=1}^{n}\gamma(y_i(k), x_j(k))$$

式中,$k = 1, 2, \cdots, n$;ξ 为分辨系数;灰关联系数 $\gamma(y_i(k), x_j(k))$ 是指比较比较序列对参考序列在 k 点的关联水平。

建立灰关联矩阵,进行优势分析,利用 $\gamma(y_i, x_j)$ 计算出灰关联度,得到灰色绝对关联矩阵:

$$\gamma = \begin{pmatrix} \gamma(y_1, x_2) & \gamma(y_2, x_2) & \cdots & \gamma(y_1, x_s) \\ \gamma(y_2, x_1) & \gamma(y_2, x_2) & \cdots & \gamma(y_2, x_s) \\ \cdots & \cdots & & \cdots \\ \gamma(y_m, x_1) & \gamma(y_m, x_2) & \cdots & \gamma(y_m, x_s) \end{pmatrix}$$

当 $j \in J = \{1,2,3,\cdots,s\}$,满足 $\gamma(y_i, x_i) > \gamma(y_i, x_i)$,其中 $i \in I = \{1,2,3,\cdots,m\}$,则认为对系统特质变量 y_i 来说,因素 x_i 优于因素 x_j;若对任意的 $j \in J = \{1,2,3,\cdots,s\}$ 都有 x_i 优于 x_j,则 x_i 为最有因素。若不存在最有因素,必然存在 $j \in J = \{1,2,3,\cdots,s\}$ 满足 $\sum_{i=1}^{m}\gamma(y_i, x_1) \geqslant \sum_{i=1}^{m}\gamma(y_i, x_j)$,那么因素 x_i 优于因素 x_j。若对任意的 $j \in J = \{1,2,3,\cdots,s\}$,$x_i$ 均准优于因素 x_j,则称 x_i 为准优因素。

2. 民机航空制造企业技能人才胜任力的模型构建与评估

现代民机产业全寿命周期服务已提升到核心竞争力地位,制造商与市场客户全面对接,服务增值功能也作为利润中心为实现民机项目的商业成功发挥重要的作用。工程维修部门从提升与优化客户服务价值增值的角度出发,构建客户技术服务支持的技能人才体系。特别是要把客户接受、使用、维修等要求列为重要的工作流程及标准来研究,作为指导服务支持的技能人才体系建设的基本思路,以便为大型客机从技术成功走向市场成功提供重要的客户服务支撑,从而不断提高客户满意度。本书以民用航空企业工程技术部技术-客户序列技能人才为例,构建民机航空企业技能型人才胜任力指标。

经过调查统计,初步确定了以下 16 个胜任特征指标,编码为 $\omega_1 \sim \omega_{16}$(表 3.2)。通过灰关联评估法研究,对 16 个胜任特征指标与被考核者绩效密切相关的指标进行实证分析,选出最终的指标。即通过计算系统特征变量数据序列(绩效)与相关因素变量数据序列(胜任特征初选指标)之间的灰关联度,建立起灰关联矩阵,利用优势分析原则,得出各影响因素的顺序,从而确定出主要影响因素,即最终的胜任特征指标,并运用实证的方法进行分析。

表 3.2 胜任特征指标

职业素养		能力特质(职业行动)		专业素质(职业专业)	
ω_1	创造性思维	ω_7	重视次序、品质与精确	ω_{14}	客户服务导向
ω_2	诚信	ω_8	人际理解力	ω_{15}	专业知识
ω_3	主动性	ω_9	信息搜集	ω_{16}	公司运营流程
ω_4	自我控制	ω_{10}	分析式思考演绎		
ω_5	团队合作	ω_{11}	风险评估		
ω_6	组织承诺	ω_{12}	应变能力		
		ω_{13}	问题解决/决策		

以工程技术部技术-客户序列技能人才为样本,选择 20 人按照已确立的胜任特征指标进行评估,各项指标得分及当年度任务绩效和周边绩效考核均值如表 3.3 所示。

表 3.3　胜任力指标及绩效考核指标

样本	胜任特征指标																绩效	
	ω_1	ω_2	ω_3	ω_4	ω_5	ω_6	ω_7	ω_8	ω_9	ω_{10}	ω_{11}	ω_{12}	ω_{13}	ω_{14}	ω_{15}	ω_{16}	μ_1	μ_2
1	86	80	90	90	80	80	75	80	80	80	90	0	80	80	50	85	76	70
2	85	70	50	80	85	80	50	60	85	80	70	0	80	80	80	60	72	78
...	...	...	...	...	...	...	...	...	...	...	...	...	...	...	...	...	...	...
20	80	80	50	70	70	50	40	65	70	70	55	80	70	60	60	60	65	70

把绩效作为参考序列,胜任特征指标作为比较序列,建立因子空间如下:

$$y_i = \begin{pmatrix} 1.000 & 0.912 \\ 0.947 & 1.016 \\ \cdots & \cdots \\ 0.855 & 0.912 \end{pmatrix}$$

$$x_i = \begin{pmatrix} 1.132 & 1.053 & \cdots & 1.118 \\ 1.118 & 0.921 & \cdots & 0.789 \\ \cdots & \cdots & \cdots & \cdots \\ 1.503 & 1.503 & \cdots & 0.855 \end{pmatrix}$$

根据计算 $\gamma(y_i(k), x_j(k))$,得到灰色关联矩阵:

$$\gamma = \begin{pmatrix} 0.8953 & 0.8624 & \cdots & 0.7321 \\ 0.8918 & 0.7216 & \cdots & 0.5768 \end{pmatrix}$$

由灰色关联矩阵得出:因素变量中客户服务导向、专业知识、创造性思维、重视次序、品质与精确、自我控制、信息寻求、分析式思考演绎对综合绩效而言排在一至八位,影响因子都在 1.6 以上,所以最终确定这八个指标为关键胜任特征指标(表3.4)。

表 3.4　关键胜任特征八项指标

	γ_{i1}	γ_{i2}	...	γ_{i15}
任务绩效 γ_{1j}	0.8953	0.8624	...	0.7231
周边绩效 γ_{2j}	0.8918	0.7216	...	0.5768
求和 $\sum_{i=1}^{2} \gamma_{ij}$	1.7871	1.584	...	1.2999
排序	3	9	...	14

根据指标体系,构建胜任力评估模型为

$$S = \frac{1}{n} \sum_{i=1}^{n} \sum_{j=1}^{s} \omega_j x_{ij}$$

其中，S 为平均加权评分和，n 为专家数，ω_j 为第 j 个胜任特征的权重，x_{ij} 为第 i 个专家对第 j 个特征的评分值。具体胜任力指标权重可以由专家打分确定，最终胜任力评估等级，可以参照所在单位绩效评价等级划分并确定得分区间，如优秀、良好、中等、合格和不合格。

3. 结论与建议

灰色系统理论中的关联度分析是分析系统中多因素关联程度的方法，该方法可以减少决策过程中的随机性、参评人员主观上和认识上的不确定性，一般不会出现量化结果与定性分析结果不符的情况。本书首先从个体层面出发，以技术-服务支持的序列技能人才为例，采用基于绩效的灰色关联分析方法，构建客服技能人才胜任力模型，识别八项胜任素质，并给出评估办法，从而有利于客服企业进行人才盘点，明晰目前能力储备与未来要求之间的差距，建立一套标杆参照体系，实行人员分类管理，帮助企业更好地选拔、培养、激励，以及有效地组合专业技术人才，为建立一流民用航空企业技能型人才队伍服务。

第四章　技能型人力资本工作绩效：基于胜任力模型感知影响的实证研究

第一节　引　　言

一、问题的提出

工业4.0时代来临,新一代信息技术和制造业技术深度融合,传统制造业受到冲击,智能制造引发影响深远的产业变革;我国人口红利逐渐消失,要素成本上升,制造业原有优势不再;我国先进制造业高端技能型人才匮乏,结构不合理,成为其发展的障碍。我国已有多家先进制造业基地,在一些产业与技术方面处于世界领先水平,但先进制造业的"先进"不仅应体现在产业和技术方面,还应体现在管理方面。面对技能型人才匮乏的现状和对管理先进性的要求,先进制造企业应针对技能型员工的特点探索先进的人力资源管理模式,其中,根据岗位特征、员工能力素质而构建的胜任力模型在企业中的应用十分广泛。随着全球化进程的加快和信息技术的飞速发展,传统的以工作分析为核心的人力资源管理模式已难以维持企业的发展,而经过理论界和实践界双重验证的胜任力模型逐渐被应用于人力资源管理实践。目前,全球已有超过一半的500强企业将胜任力模型应用于人力资源管理,而美国薪酬协会的调查报告也显示在美国有75%～80%的企业在管理实践中应用过胜任力模型,中国也早已有了以胜任力为基础的国家职业资格标准和技能标准。

自1973年美国著名学者McClelland提出胜任力的概念以来,有关胜任力的理论和实践便风靡全球学术界和实践界。目前,学术界对胜任力的概念界定还未形成统一的观点,McClelland(1973)最初将胜任力定义为"与工作、工作绩效或生活中其他重要成果直接相似或相关的知识、技能、能力、特质或动机";Spencer(1993)对胜任力的解释为"个体潜在的与在一项工作或一定条件下的标准相符合的有效或杰出绩效具有因果关系的特征,主要包括知识、技能、自我概念、特质和动机"。这一定义得到后来胜任力研究者的广泛认可与采用。

近几年，国外有学者提出胜任力模型感知（Perceived Competency Model）的概念，将其定义为员工对胜任力模型与组织战略、个体的相关性和胜任力模型公平性的感知，并且表明员工对胜任力模型的感知与其工作结果相关，员工胜任力模型感知对工作绩效、组织公民行为、可雇佣性均有正向的影响，交换关系在员工胜任力模型感知与工作结果之间起中介作用（Elizabeth Redmond，2013）。在组织行为学中，MARS模型指出动机、能力、角色感知和情境因素会影响工作中的个体行为和绩效，而其中角色感知指人们对分配到的任务或被期望的工作职责（角色）的了解程度，角色感知明晰的员工不仅能够与同事和其他利益相关者保持较好的合作关系，还会有较高的工作动机，其表现形式之一是当员工能够利用已有知识和技能，以多种方式去完成一项任务时，角色感知明晰的员工知道哪种方法是组织所青睐和需要的。本章中的胜任力模型感知即属于角色感知范畴，对胜任力模型感知程度较高的员工对自身的角色感知也较为清晰，对自身有较为明确的胜任力定位，能够以公司战略和个人职业发展目标为出发点采取相应的行为。

胜任力模型在最初使用时，就与工作绩效紧密相关。20世纪90年代，胜任力的概念被引入我国，胜任力的相关理论和胜任力模型开始被应用于我国企业人力资源管理实践。在先进制造型企业中，虽然公司管理层积极推进胜任力模型的开发与实施，但因公司技能型员工多为基层员工，他们可能并不了解公司及自身所在部门、岗位的胜任力模型，对自身在公司中所处的位置也没有明确的定位，甚至对胜任力模型持无所谓的态度，认为胜任力模型与工作无关，并未意识到自身对胜任力模型的感知会对工作绩效产生影响，因此公司无法了解员工对胜任力模型的感知和看法，更无法评估胜任力模型的实施效果。因国内外环境差异、企业文化差异、员工心智结构差异等，员工对胜任力模型的感知及其影响等相关研究不可照搬国外研究结果，本章将研究先进制造企业技能型员工胜任力模型感知与工作绩效之间的关系。

虽然组织支持感知作为中介变量已被国内外学者多次研究，将其作为中介变量、工作绩效作为结果变量的研究已有很多，但将胜任力模型感知作为前因变量的研究却较少。职业承诺是个人对专业或职业所表现出来的态度，因技能型员工的职业特殊性，他们所从事的职业对技术、技能有一定的要求和标准，那么他们的职业承诺是否会影响胜任力模型感知与工作绩效间的关系还需进行更深入的探索与研究。因此，本章分别将组织支持感知和职业承诺作为胜任力模型感知与工作绩效间的中介变量与调节变量进行研究。

综上所述，本章的研究问题如下：

（1）胜任力模型感知对工作绩效的影响。在中国情景下，以先进制造企业技能型员工为调研对象，探索技能型人力资本胜任力模型感知及各维度对工作绩效的影响。

(2)组织支持感知在胜任力模型感知与工作绩效间的中介作用。企业针对岗位特征实施胜任力模型是组织支持的一种表现形式,探索性地以组织支持感知为中介变量,研究技能型人力资本在胜任力模型感知与工作绩效间的中介作用。

(3)职业承诺在胜任力模型感知与工作绩效间的调节作用。制造型企业技能型员工所从事的职业具有特殊性,员工的职业承诺水平参差不齐,职业承诺水平对胜任力模型感知与工作绩效关系的影响还未可知,因此,本章研究职业承诺在技能型人力资本胜任力模型感知与工作绩效间的调节作用。

二、研究的意义

虽然有关胜任力模型的研究已持续几十年,并获得大量的研究成果,为胜任力模型的进一步研究奠定了深厚的基础,但有关胜任力模型感知的国内外研究相对较少,国内有关这方面的研究几乎没有。在中国情境下,先进制造企业对胜任力模型的应用程度如何、员工对企业及岗位的胜任力模型感知程度如何以及其会产生怎样的结果值得探讨。本章以先进制造企业技能型员工为调研对象,探索技能型人力资本胜任力模型感知对工作绩效的影响,并检验组织支持感知的中介作用和职业承诺的调节作用,具有一定的理论与现实意义。

在国外胜任力及胜任力模型的理论基础之上,国内学者构建了医生、护士、公务员等岗位的胜任力模型,研究了创业者、技能人才、中高层管理者等胜任力构成维度,但对制造行业技能型人才及制造企业技能型员工的研究较少。此外,有关胜任力模型感知的国内研究几乎没有。员工对胜任力模型的感知和组织支持感知涉及认知等心理因素,因国内外文化差异、组织文化差异,中国先进制造企业员工的心智结构不一定与国外相同。基于心理学理论以及国外对胜任力模型感知、组织支持感知、职业承诺与工作绩效的研究结论,本章将国外较为成熟的理论与研究结论应用于中国先进制造型企业中,并通过实证分析验证理论与研究结论在中国情境下的适用性。因此,既是对胜任力模型感知的补充研究,又是对国内胜任力模型感知研究的初步探索,为中国先进制造企业中胜任力模型感知的相关研究奠定了理论基础。

构建胜任力模型是组织中人力资源管理实践的一种方式。就员工个人而言,本研究将有助于员工加深对企业及岗位胜任力模型的理解,促使其明确自身在企业及岗位中的定位,在工作中采取既符合企业战略又兼顾自身职业发展要求的行为,提高自身的工作绩效。就企业而言,促进企业管理层了解胜任力模型的实施效果,进而指导人力资源管理实践,并且通过提升员工绩效进而提高企业整体价值。从更深层次来看,可促使企业调整和改善胜任力模型中的具体内容,使之既有益于实现企业整体的战略目标,又符合员工对岗位工作内容和薪酬福利等方面的诉求。此外,通过研究组织支持感知、职业承诺在胜任力模型感知与工作绩效间的作用,从组织和心理层面研究员工的个人感知与个人绩效间的关系,对先进制造企业有针对性地管理技能型员工具有一定的指导意义。

三、研究内容

本章在借鉴国内外有关胜任力模型感知、组织支持感知、职业承诺和工作绩效的研究成果的基础上,以中国先进制造企业技能型员工为研究对象,以组织支持感知为中介变量、职业承诺为调节变量,研究员工胜任力模型感知对工作绩效的影响,构建概念模型,运用实证研究的方法对其进行检验,并逐一对研究结果进行分析,最后针对研究结果提出先进制造企业技能型员工的管理建议。研究内容主要包括以下几个部分:

第一部分是研究综述及相关理论基础。通过对国内外相关文献进行分析和总结,对本章所涉及变量如胜任力模型相关性与公平性感知、组织支持感知、职业承诺和工作绩效的概念界定、国内外研究现状及进展进行综述,并对胜任力模型感知、组织支持感知、职业承诺与工作绩效间的关系的研究成果进行归纳总结,另外还概述了本研究所涉及的相关理论基础。

第二部分是研究模型构建及各变量量表设计。基于前文的相关研究综述和理论,提出有关四个变量之间关系的研究假设,并根据研究假设构建概念模型。根据概念模型和理论基础,在借鉴国内外胜任力模型感知、组织支持感知、职业承诺及工作绩效成熟量表的基础上,对其进行修改,形成本章所用的胜任力模型感知、组织支持感知、职业承诺及工作绩效的初始量表。

第三部分是胜任力模型感知、组织支持感知、职业承诺与工作绩效之间的关系的实证分析。运用 SPSS 22.0 和 AMOS 21.0 统计软件对问卷调查所得数据进行信效度分析和回归分析,检验胜任力模型感知与工作绩效的直接关系、组织支持感知的中介作用和职业承诺的调节作用。

第四部分是先进制造企业技能型员工管理建议研究。根据研究结果提出先进制造企业技能型员工的管理建议,将研究结果应用于实践,以期为先进制造企业的人力资源实践提供指导。

四、研究方法与技术路线

1. 研究方法

本章运用实证研究的方法,基于胜任力模型感知、组织支持感知、职业承诺和工作绩效的相关文献,通过设计、发放与收集问卷获得论文所需的相关数据,并运用统计分析的方法研究胜任力模型感知、工作绩效、组织支持感知与职业承诺这四个变量之间的关系。

(1) 文献研究法。首先,综述胜任力模型感知、组织支持感知、职业承诺与工作绩效相关文献;其次,对相关文献进行研究述评,总结国内外相关研究成果,提出现有研究存在的问题与缺陷;最后,基于对相关研究的总结与分析,构建概念模型。

(2)问卷调查法。本章所用量表大部分来源于成熟量表,量表的内部一致性得到了国内外学者的高度认可。现有胜任力模型感知的量表是在国外已有量表的基础上,结合我国先进制造企业实情进行修改而形成。对南京、上海等地规模以上的先进制造企业技能型员工发放问卷进行调查,收集胜任力模型感知对工作绩效影响的相关数据。

(3)实证研究法。本章所用问卷中的胜任力模型感知、组织支持感知、职业承诺和工作绩效量表全部采取员工自评的方式。采用 SPSS 22.0 和 AMOS 21.0 软件进行实证研究部分的统计分析:采用 SPSS 22.0 对各变量量表进行信度、效度检验,对调研数据分别进行描述性统计分析与 Pearson 相关性分析,并运用回归分析法检验变量间的关系、组织支持感知的中介作用以及职业承诺的调节作用;采用 AMOS 21.0 对量表进行验证性因子分析,形成正式量表。

2. 技术路线

按照理论支撑、研究内容、研究方法、研究步骤、研究成果之间的逻辑关系,形成技术路线图(图 4.1)。

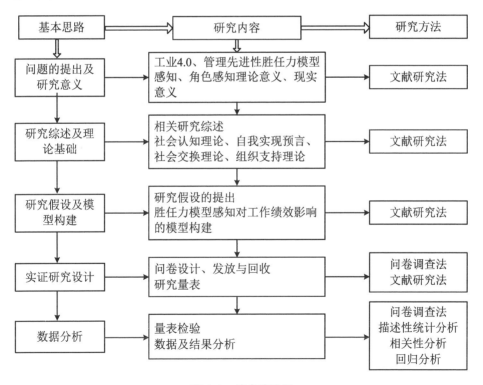

图 4.1 技术路线图

五、研究的创新之处

本章构建了在中国情境下胜任力模型感知、组织支持感知、职业承诺与工作绩效间的概念模型,分维度研究胜任力模型感知对工作绩效的影响及组织支持感知与职业承诺在两者之间的作用机理。本研究的创新点如下:

(1) 在新情境下研究技能型人力资本胜任力模型感知与工作绩效间的关系。目前有关胜任力模型感知及其结果变量的研究成果均来自国外文献,国内还未有学者研究胜任力模型感知及其与其他变量之间的关系。本章在中国情景下研究以组织支持感知为中介变量、以职业承诺为调节变量的胜任力模型感知对工作绩效的影响,为胜任力模型感知在不同文化背景下的研究做了有益的补充,填补了国内有关胜任力模型感知研究的空白。

(2) 创新性地对技能型人力资本胜任力模型感知进行维度划分。胜任力模型感知是本研究的核心变量之一,然而有关该变量的文献研究较少。在对有关文献进行梳理之后,发现多数研究将该变量作为单维度进行研究,还未形成成熟的测量量表,因此,本章根据相关文献中的关键内容,从感知视角出发将胜任力模型感知划分为相关性和公平性两个维度。在维度划分的基础上,借鉴已有量表的内容,形成本章所使用的胜任力模型感知量表。

(3) 探索性地研究组织支持感知的中介作用和职业承诺的调节作用。国外有关胜任力模型感知与工作绩效间关系的研究多是以交换关系为中介变量,还未有以组织支持感知为中介变量的研究,但已有文献指出未来胜任力模型感知的研究方向之一是以上司支持作为胜任力模型感知及其结果变量间的中介变量。因此,本章探索性地研究组织支持感知的中介作用。以职业承诺为中介或调节变量的研究不胜枚举,但未有将其作为胜任力模型感知与工作绩效间的调节变量的研究,本章从先进制造企业技能型员工的职业特征出发,探索性地研究职业承诺的调节作用。

第二节 研究综述及相关理论基础

一、胜任力模型感知研究综述

1. 胜任力的概念界定及胜任力模型相关研究

早在"胜任力"(competency)被作为一个概念提出之前,就有学者对工作中的能力构成进行了识别。"科学管理之父"Taylor(1911)发现在同为工程师的员工中,能力最差和能力最强的员工完成工作的方式存在很大的差别,为识别能力最强员工的能力构成,他建议工厂的管理者在科学准则的基础上进行"时间-动作研究"(time and motion studies)以明确最能干的员工所具备的"胜任力",通过这项研究,他认为管理者应能够通过将能力分类化、表格化、简化成准则、公式等来识别员工的能力构成,以能力描述为出发点,管理者可通过举办系统化的技能培训和能力发展活动来提高员工的"胜任力",进而使员工产量和组织效率得到提升。在20世纪70年代之前,人们通常通过智力测试来衡量一个人的各项能力,而McClelland于1973年创新性地提出采用"胜任力"指标来克服人才测量与选拔机制的缺点,并将其作为预测工作绩效的工具,他还将"胜任力"定义为"与工作、工作绩效或生活中其他重要成果直接相似或相关的知识、技能、能力、特质或动机"。这一研究标志着"胜任力运动"正式拉开帷幕,开启了胜任力在管理中的系统化运用。Boyatzis(1982)对"胜任力"解释为"能够满足组织环境内工作需求的个体所固有的能力",Spencer(1993)在Boyatzis(1982)研究的基础上,将胜任力定义为"个体潜在的与在一项工作中或一定条件下的标准相符合的有效或杰出绩效具有因果关系的特征,主要包括知识、技能、自我概念、特质和动机"。Sandberg(2000)认为"胜任力"是人们在工作中所运用的知识和技能,它不是一组特定特征的集合,相反,知识、技能等特征都是基于人们对工作的自我概念,正是自我概念的基本意义结构构成了胜任力,即人们对工作的独特概念定义了人们在工作时所需要的胜任力。

目前,学术界对胜任力的概念界定仍未统一,学者们对胜任力的定义主要提出三种观点。第一种观点认为胜任力是特征,以McClelland、Boyatzis和Spencer为代表,他们认为胜任力是个体外在的知识、技能和个体潜在的动机、特质等特征,将是否能够区分绩效高低作为判断是否为胜任力特征的主要依据,更倾向于挖掘胜任力中能够影响绩效的个体潜在的个性特征;第二种观点认为胜任力是行为,以Fletcher和Maher为代表,他们认为胜任力是在工作过程中表现出来的、决定员工能否产生高绩效的行为;第三种观点认为胜任力是特征与行为的结合,以Ledford为代表,他们认为胜任力既包括特征维度,又包括行为维度,应结合前两种观点来界定胜任力的概念。综合三种观点来看,胜任力以工作绩效为导向,无论将其看成特征还是行为,都具有可观察性、可辨别性。

胜任力模型(Competency Model)指为了完成某项特定的工作任务或实现某一特定的绩效目标,某一特定的任务角色所需具备的一系列不同胜任力的组合。从1970年开始,Mcber咨询公司和美国管理协会在五年时间内对1800名管理者进行研究,在分析与总结的基础上,得出优秀管理者所具备的五大重要胜任力,并将其命名为专业知识、心智成熟、人际成熟度、企业家成熟度、在职成熟度。Mclagan(1980)创新性地将胜任力与组织绩效相联系,认为胜任力模型是员工招聘、绩效评价、职业培训、员工个人发展等诸多工作的核心,非常有希望能够成为通用的组织人力资源管理工具之一。1982 年,Boyatzis 的著作《能够胜任工作的管理者:优秀绩效模型》问世,该书结合个人胜任素质、组织环境和工作需要三个方面的因素,构建了胜任力模型,将"可测量"的胜任力进行抽象化和概念化,基于行为观察但并不止于此,还提出关键行为能够通过培训而获得。此外,通过对就职于私营企业和非营利机构的 2000 多名管理者进行研究,总结得出管理者所需具备的 19 项通用胜任力,从而构建了通用的管理者胜任力模型。Boyatzis(1982)还通过评价在 12 个组织内 41 个不一样的岗位上工作的 2000 人的 21 个特征,得出包含 6 项胜任力的杰出绩效模型,这 6 项胜任力分别为行动和目标管理、专业知识、人力资源管理、领导、指导下级技能与自我控制。Olesen 等(2007)运用行为事件访谈法,在分析微软实施未来战略和成功迎接未来挑战所需具备的组织属性的基础上,形成了微软的领导胜任力模型,由基本胜任力、鉴别胜任力和未来导向胜任力构成。M-Touron(2009)在法国 Lemma 公司采用观察、半结构化访谈等方法,以多重聚焦视角为出发点,并结合该公司的组织文化当前发生的变化,对该公司原有的领导胜任力模型进行修改,形成包括企业愿景、领导质量、以变革和顾客为导向、变革管理和企业价值观五个维度的新的领导胜任力模型。Patterson 等(2013)研究称英国医疗卫生服务行业的程序和政策变化极大地改变了总体实践角色的工作职责,通过对总体实践从业者的访谈、行为观察和调查研究,确定了 11 个维度的胜任力模型,其中同理心、换位思考、沟通能力、临床知识和技能、职业操守是最重要的胜任力。Salleh 等(2015)通过调查研究,并借助美国社会培训和发展模型,确定了马来西亚人力资源发展从业者认为其在组织中所需要具备的胜任力,评估了这些胜任力的重要性。研究发现,马来西亚人力资源发展从业者认为只有 25 项胜任力是重要的,某些胜任力在当前看来是重要的,而其他胜任力在未来会显露出重要性。Chapman 和 Lovell(2017)研究发现,澳大利亚度假和旅游产业中有关资格认证的胜任力培训体系极大地排除了核心能力和有竞争力的绩效所需要的态度因素,却强调绩效最低水平中的限制性程序能力,由于产业的复杂性和高人员流动率,需要采取更有力的方法来审核和培训劳动力。

国内对胜任力及胜任力模型的研究始于 20 世纪 90 年代末和 21 世纪初,起步较晚,主要代表人物有时勘、王重鸣等。最早将胜任力概念引入国内的学者是王鹏、时勘(1998),他们指出基于胜任力的分析方法在改进培训需求评价的过程中十分重要,有助于改进其内容结构设计。时勘等(2002)运用行为事件访谈法,以我国通信业高层管理者为访谈对象,最终构建了这一对象的胜任力模型,包括影响力、组织承诺、资讯收集等 10 项胜任力。王重鸣、陈民科(2002)以胜任力为基础,采用职位分析法,构建了针对中高层管理者的胜任力模型,并构建结构方程模型来验证该胜任力模型。最终研究发现,中高层管理者胜任力模型包括管理素质和管理技能两个维度。在胜任力被引入国内的最初阶段,学者主要对管理者的胜任力模型进行研究,随着研究的深入,学者开始将研究内容从通用的管理者胜任力模型转向对其他行业领域和岗位的胜任力模型研究。王莉(2009)采用行为事件访谈法和德尔菲法对国有中型制造业中层管理者进行研究,构建了包括管理能力、个人特质、影响力等7个维度,正直诚信、灵活性、领导能力、责任心等17个因子的胜任力模型。王桢等(2011)研究发现临床医学学科带头人的胜任力模型包括个性特征、知识技能、管理能力三大维度和事业心、公心等18项胜任力。许冬武等(2016)以"冰山模型"为基础,结合农村医务人员职业要求,从知识、技能、社会角色、自我概念、人格特质和动机六个维度构建了农村"订单式"医学生岗位胜任力模型,包含医学学科专业知识、临床技能、职业认同感、价值观、职业兴趣动机等16个特质。

胜任力理论及模型研究始于西方,如今已被许多大型企业应用于人力资源管理的绩效考核、员工招聘等模块中。因此,胜任力模型研究完成了从理论探索到实践应用的跨越。虽然国外有关胜任力的研究已较为成熟,但国内学术界和实践界在应用胜任力理论及模型时,仍要结合具体国情、组织环境和岗位特点,不能完全照搬国外已有的研究成果。从国内对胜任力模型的研究现状来看,通用胜任力模型不再是理论与实践研究的首选,对特定行业和特定岗位胜任力模型的研究逐渐成为热点,主要集中于企业中高层管理者和特定岗位工作者,缺乏对基层人员和不同行业领域的研究。

2. 胜任力模型相关性与公平性感知的内涵

Bowen 和 Ostroff(2004)研究发现人力资源管理通过表明组织中什么是被期待的、被支持的和被奖励的来影响员工行为,他们提出人力资源管理系统中有助于强化氛围感知的九大特征,其中"可见性""权威的合法性""相关性""媒介""公平性"指的是员工对人力资源管理实践的感知。"可见性"指的是人力资源实践的显著性和易于观察的程度,如员工对具体的人力资源管理实践的了解程度和亲身感受程度;"权威的合法性"具体指员工对人力资源管理实践中规定的行为的合法性的感知程度;"相关性"具体指员工是否能感知到人力资源管理实践对达成组织和个体双重目标的重要性;"媒介"指员工对人力资源管理实践所要求的行为的可能结果的预期程度,是行为与结果之间的媒介;"公平性"指员工对人力资源管理实践是否公正的感知(Bowen,Ostroff,2004;Redmond,2013)。构建组织及岗位胜任力模型是人力资源管理实践的一种方式,因此从理论意义及心理学角度来看,以上特征为胜任力模型感知提供了一个概念化的框架,而特征中所蕴含的不同感知也为人力资源管理实践与行为之间提供必要的联系。

已有研究表明,对相关性和公平性的感知是评估胜任力模型时的两大指标。Lawler(1994)认为基于胜任力的组织形式会激发员工有关组织义务的期待,特别是就工作安全感和晋升机会而言,而且作为等级职业道路缺失的替代品和频繁工作转变的补偿,奖励在基于胜任力的组织中是必要的。Hayton 和 McEvoy(2006)

经实证研究发现对胜任力模型的焦虑是由员工对管理战略的不信任或对自身在胜任力框架中所处的位置的不理解而造成的。胜任力模型可将公司战略转化为行为,以使员工能够理解战略以及依据战略采取行动(Sanchez,Levine,2009)。在前人理论及实证研究的基础上,Redmond(2013)首次对"胜任力模型感知"进行明确的概念界定,他从个体心理层面出发,以相关性和公平性为核心,将其定义为在胜任力模型与组织战略、个体相关的层面以及因表现出胜任力模型所要求的行为而受到公平奖励的层面上,员工对组织胜任力模型的感知程度。

本章主要结合 Bowen 和 Ostroff(2004)以及 Redmond(2013)的研究成果,从相关性和公平性出发,将胜任力模型感知定义为员工对企业及岗位的胜任力模型与企业战略目标、个体目标的相关性和胜任力模型的公平性的感知程度。就先进制造企业技能型员工而言,相关性感知指其对企业及岗位的胜任力模型与企业业务结构优化升级和先进产业可持续发展等战略目标、个人专业技能提升和职业生涯发展等个体目标的相关性的感知;公平性感知指其是否感知到企业及岗位所应用的胜任力模型及相关措施的公平性。

3. 胜任力模型感知的结果变量

目前,学者对胜任力模型感知的研究主要是将其作为前因变量,探究其与员工工作结果之间的关系。Redmond(2013)对挪威4家企业中278名员工进行调查研究发现,员工胜任力模型感知与员工工作绩效中的工作努力、组织公民行为和可雇佣性正相关,交换关系在胜任力模型感知与工作努力、组织公民行为间起完全中介作用,社会交换关系在胜任力模型感知与可雇佣性间起部分中介作用。Serim 等(2014)以伊斯坦布尔在银行、电信、保健、航空和食品行业的175名员工为研究对象,研究胜任力模型感知对可雇佣性和组织公民行为的影响,实证结果表明员工胜任力模型感知对可雇佣性和组织公民行为均有正向影响,社会交换在胜任力模型感知与可雇佣性、组织公民行为间起调节作用。Ürü Sanı 等(2016)以 Serim 等(2014)的研究为基础,发现胜任力模型感知对内部、外部工作满意度均有正向影响,社会交换在胜任力模型感知与内外部工作满意度之间起部分中介作用。

二、组织支持感知研究综述

1. 组织支持感知的概念界定

根据社会交换理论,个人与组织建立起关系是为了实现利益最大化,个人通过努力工作和对组织忠诚等以获得组织给予其的物质奖赏和精神激励,当组织愿意并且能够对个人的工作努力和忠诚等给予相应的回报,个人也会为组织利益考虑,从而更加努力工作。在这一理论的引导下,早期的研究大多偏向于员工对组织的承诺,认为员工对组织负有责任,却未关注组织对员工的承诺和组织应承担的对员工的责任。Eisenberger 等(1986)的研究补充了这一方面的不足,他们率先提出

"组织支持感知"(perceived organizational support)这一概念,将其定义为员工对组织重视其贡献和关注其幸福感的全面看法,员工通常会在工作过程中产生和形成有关组织对他们所做的贡献如何评价和组织是否真正关注员工幸福的综合性认知,当员工感知到来自于组织的支持,即感知到组织在物质和精神方面对其给予关心与支持时,他们会积极地投入工作中,从而有很好的工作表现。Shore 和 Tetrick (1991)将组织支持感知定义为员工对于因看见组织关心他们的真实举动而产生的对组织态度的判断的感受。组织支持感知还可以理解为员工感知到的来自组织的保证,即为当员工为高效执行工作和应对压力情景时,他能够从组织中能够获得帮助(George et al., 1993)。从 Eisenberger 等(1986)的研究开始,国外学者大多将组织支持感知看作单维度变量,认为其主要是员工对组织一系列行为、措施、制度等方面的看法和感受。

国内进行组织支持感知相关研究起步较晚,主要是在国外研究的基础上对这一概念进行解释,但创新性地提出多维结构。徐晓峰等(2004)对 Eisenberger 等(1986)的概念进行深入剖析,认为它包括员工对组织是否重视其贡献和组织是否关注其幸福感的感受这两个关键点。凌文辁等(2006)基于激励理论,将组织支持感知定义为:员工知觉到的组织对他们的工作支持、利益关心和价值认同,认为组织为员工提供物质保障,满足了员工精神方面的需求(被认同与被尊重、自我实现),同样,员工会以更积极投入工作来回报组织所给予的支持,表现出更多的利组织行为和组织忠诚。他们还编制了组织支持感知的三维度量表,共包含 36 个题项,得到国内相关研究者的广泛使用。

自组织支持感知被提出以来,国内外相关研究主要集中于三个方面:组织支持感知的影响因素(即组织支持感知的前因变量)、组织支持感知对组织和员工的作用(即组织支持感知的结果变量)以及以组织支持感知为中间变量(即以组织支持感知为中介或调解变量)。

2. 组织支持感知的前因变量

影响组织支持感知的因素即组织支持感知的前因变量。Rhodaes 和 Eisenbgerer (2002)在组织支持理论和对组织支持感知的各类研究进行回顾的基础上,通过元分析总结出三类影响组织支持感知的因素,即"程序公正""上级支持""组织奖赏和良好的工作条件",其中,"程序公正"的影响因子最大,"组织奖赏和良好的工作条件"的影响因子最小。

"程序公正"包含结构方面和社会方面的公正,结构方面包括正式规则和与影响员工的决策有关的政策,如在决策被实施之前充分告知员工、准确的信息以及在决策过程中的员工参与;社会方面的程序公正也叫互动公正,包含资源配置中人际关系的质量,尊重员工以及为员工提供与决策相关的信息。Shore 和 Shore(1995)的研究表明与公平的资源分配决策对组织支持感知有强烈的累积性影响。Allen

等(2003)的研究认为决策参与、奖励公正和发展机会有助于组织支持感知的形成。Cheung等(2008)认为互动公平能够正向预测组织支持感知。

"上级支持"即上级重视员工所做的贡献并关心其幸福感。就员工认知而言，上级代表组织，承担着引导员工行为和评估员工绩效的责任，那么，上级对自己的评价极有可能成为组织对自己的评价，从而员工将上级对自己的态度与评价看作是否能够得到组织支持的表现。因此，上级支持对组织支持感知具有预测作用(Kottke,Sharafinski,1988;Shore,Tetrick,1991)。有关上级负面对待对下属组织支持感知影响的研究相对较少。Mindy和Eisenberger等(2013)的研究认为，辱虐式管理与组织支持感知负相关。

"组织奖赏和良好的工作条件"包括认同、晋升与奖赏、工作安全感、自主性、角色压力、在职培训、组织规模等。Shore和Shore(1995)通过研究发现，在人力资源实践中，组织对员工贡献的认可与员工的组织支持感知之间呈正相关关系。Eisenberger等(1999)经研究发现，当组织信任员工能够做出明智的决策和员工执行工作的方式时，即组织赋予员工的自主性能够增强组织支持感知能力。Wayne等(1997)研究表明职业培训能增强组织支持感。

除以上三类前因变量之外，一些学者还提出员工特征会影响组织支持感知，如员工个性和人口统计学特征。员工个性通过影响其行为和组织而因此给予其的待遇对组织支持感知造成影响(Aquino,Griffeth,1999)。为了排除一些可能对组织支持感知与其前因变量之间的关系产生影响的因素，人口统计学特征通常被看作控制变量，包括年龄、性别、受教育程度和组织内工作年限等。比如，组织内工作年限较长的员工会对组织的各个方面有更加全面的认识，因此相对于其他员工而言，他们具有更高的组织支持感知能力。几乎在所有的组织支持感知的相关研究中，人口统计学特征都被作为控制变量。

近年来，"组织政治"(organizational politics)成为组织行为学研究领域的一大热点问题，它指的是一种不公平的组织对待。Ranida B. Harris(2007)认为，当组织内成员的组织政治感知(perceptions of organizational politics)较高时，其对组织将会有较大的不确定性感知，因其对自己表现出什么样的行为将会被组织奖励或惩罚不甚了解，故而，组织政治感知负向影响组织支持感。

王辉等(2000)采用行为事件访谈法，对来自中国四地区约75家企业的166名员工所提供的体现企业重视员工贡献与关心员工福利的关键事件描述进行分析，将这些关键事件描述主要分为与员工健康福利相关、与员工成长发展机会相关等五大类，最后，通过归纳法得到了中国特定文化背景下员工感知到的组织支持的可能原因。荣海(2004)在王辉等(2000)研究的基础上，开发了组织支持感知的前因变量中与人力资源管理实践相关的测量量表，并运用此量表对来自中国各类企业的149名员工开展问卷调查，研究人力资源管理中的哪些具体实践对组织支持感知产生影响,最终得出了六个对中国员工组织支持感知产生影响的与人力资源管理实践相关的前因:对员工精神方面的关怀、对员工物质方面的关心、良好的工作环境、稳定的工作保障、获得职业培训和职业发展的机会。凌文辁等(2006)通过实证研究发现,程序公平会对组织支持感的形成产生影响。苏文胜(2010)以事业单位员工为研究对象,研究结果表明,员工的薪酬满意度、领导成员关系、员工对所在单位职业发展机会的理解、员工所认为的单位提供的工作家庭支持与组织支持感知呈显著正相关关系。陈建安等(2017)以71家企业的347名员工为样本,研究组织实施的支持性人力资源实践形成组织支持感的内在机理,他们认为从组织实施的支持性人力资源实践到员工组织支持感的形成要经历感觉和知觉两个阶段,其中员工感知的支持性人力资源实践在组织实施的支持性人力资源实践与员工组织支持感形成之间起完全中介作用,组织主人翁氛围在组织实施的支持性人力资源实践与员工感知的支持性人力资源实践之间发挥负向调节作用,而主动性人格则在员工感知的支持性人力资源实践与组织支持感形成之间发挥负向调节作用。

3. 组织支持感知的结果变量

Rhodaes 和 Eisenbgerer(2002)在组织支持理论和组织支持感知的相关研究的基础上,总结出组织支持感知的结果变量主要有组织承诺、工作相关情感、压力感、绩效、离职倾向等。回顾国内外有关组织支持感知影响的研究文献,本章主要将结果变量分为五类:组织承诺、情感承诺,工作相关情感(工作满意度、工作态度、积极情绪、敬业度等),压力感,绩效以及离职倾向。

(1)组织支持感知与组织承诺。Armeli 等(1998)认为通过满足员工对从属关系、情感支持等社会情感需求,员工的组织支持感知越高,其情感承诺也会越高。员工强烈的组织归属感一部分源于其社会情感需求的满足,在这种强烈的归属感的驱动下,员工将工作与自身的社会定位结合起来,因此,员工的组织支持感知水平越高,组织归属感越强,组织承诺水平越高。基于互惠原则,组织支持感知会促使员工关心组织利益(Elisenberger et al.,2001)。基于组织拟人化的设定和社会交换关系的基本准则,组织给予员工工作上的支持,员工因此关心组织利益,这是情感承诺的一种表现形式。Meyer 等(2002)认为组织支持感知水平较高的员工通常具有较高的组织承诺。此外,有学者研究发现组织支持感知可能会降低组织承诺。Shore 和 Tetrick(1991)研究表明,当员工因为离开组织的高昂成本而被迫留在组织时,组织支持感知可能会降低员工的持续承诺。国内著名学者凌文辁等(2006)通过调查研究发现,组织支持感知中的工作支持维度对感情承诺具有较好的预测作用。苏文胜(2010)以事业单位员工为调查对象,经研究发现组织支持感知水平与组织承诺正相关,两者之间的关系对于较高专业承诺的员工与较低专业承诺的员工相比更加牢固。周霞和曹桂玲(2016)的实证研究结果表明,组织支持感知直接对组织承诺产生显著正向影响,职业成长在组织支持与组织承诺之间起到部分中介作用,与在组织支持感与组织承诺之间的作用相比,组织公平在组织支持感知与职业成长之间的调节作用更强。

(2) 组织支持感知与工作相关情感。与工作相关的情感主要指员工在组织中的工作态度、工作满意度和工作情绪等。组织支持感知可能有助于员工对自身能力和价值的感知,从而增强其在工作中的积极情绪(George, Brief, 1992; Eisenberger et al., 2001)。Rhodaes 和 Eisenbgerer(2002)认为员工对工作的总体情感反应受到组织支持感知的影响,这种情感反应包括工作满意度和积极情绪。Wayne 等(2003)的研究表明,组织支持感知对工作满意度有积极影响。Areerat Saekoo(2011)研究组织支持感知对工作满意度的影响,其中组织信任在组织支持感知与工作满意度之间起到中介作用。卢纪华等(2013)以知识型员工为研究对象,研究结果表明组织支持感知和组织承诺均与员工敬业度呈显著正相关关系,与组织承诺相比,组织支持感知对员工敬业度的影响更大。

(3) 组织支持感知与压力感。当员工在工作中遇到高要求时,组织支持感知通过物质上的帮助和精神上的支持来减少员工对压力的负面的身心反应(George et al., 1993; Robblee, 1998)。无论在面对较高压力还是较低压力时,组织支持感知都能够降低员工的整体压力感(Viswesvaran, Sanchez, Fisher, 1999)。一些研究还表明组织支持感知能够缓解工作疲劳、焦虑感、头痛和工作倦怠等(Cropanzano et al., 1997; Robblee, 1998; Asad, Khan, 2003)。Asad 和 Khan(2003)的研究表明,组织支持感与压力感呈负相关关系,即在通常情况下,组织支持感水平较高的员工其工作压力感相对较低,因为他们认为支持性组织可以为其创造符合最初期望的组织内环境和同事间关系,故而,其工作压力感降低。白玉苓(2011)以服装产业知识型员工为调查对象,基于组织支持感知三维结构,研究组织支持感知对工作压力的影响,研究发现组织支持感知与工作压力呈现负相关,其中,工作支持能够正向预测工作本身的压力,认同价值能够负向预测工作压力中的角色压力、人际关系压力、组织环境和运行,关心利益对工作压力的形成没有直接预测作用。汤金宝和江可申(2017)对2187名中学教师进行问卷调查,研究其组织支持感和工作压力水平,以及组织支持感对工作压力的影响,结果表明中学教师对组织支持感的认识比较一致,工作压力总体较高,组织支持感知与工作压力呈负相关关系。

(4) 组织支持感知与绩效。Rhodaes 和 Eisenbgerer(2002)认为组织支持感知应当能够提升绩效,这样的绩效包括完成标准工作和采取有利于组织但超越自身职责的行为,这种角色外行为指的是为同事提供帮助和有利于组织的行为。George 和 Brief(1992)在研究中指出,角色外行为包括为同事提供帮助、采取措施保护组织免于危机、提出建设性的建议和获得有益于组织的知识与技能等。Bell 和 Menguc(2002)研究表明具有较高水平组织支持感知的销售人员,顾客对其服务质量的评价相对较高。Rhoades 和 Eisenberger(2006)研究发现,上级的组织支持感知与下属的上级支持感知呈正相关关系,组织支持感知较强的上级出于回报组织的心理,给予下属更多的支持,从而增强下属的上级支持感知,且上级的组织支持感知与下属的角色内和角色外绩效正相关,下属的上级支持感知与其角色内和角色外绩效正相关。凌文辁等(2006)在对组织支持感知的相关研究中,探究了组织支持感知各因子对利他行为的影响,结果表明只有工作支持因子对员工的利他行为有一定的预测作用。赵波和徐昳(2015)以江苏快递企业员工为调查对象,研究结果表明:组织支持感知各个维度对工作绩效的影响均是正向且显著的,并且各维度对关系绩效的影响均大于其对任务绩效的影响,工作支持维度对关系绩效的影响大于价值认同、关心利益两个维度对关系绩效的影响。

(5) 组织支持感知与离职倾向。基于社会交换理论,组织支持感知使员工自发关心组织利益与目标,将组织利益和目标视为自身应肩负的责任,因此具有较高水平的组织支持感知的员工其离职倾向较低。Witt 和同事研究了组织支持感知与离职倾向之间的关系,评估了当被给予更高薪酬、更多职业自由以及更友好同事时员工的离职倾向,发现组织支持感知与离职倾向呈负相关(Witt,Nye,1992;Nye,Witt,1993)。这一研究结论也得到了学者 Eisenberger 等(1986)、Wayne 等(1997)和 Allen 等(2003)的证实。Newman 等(2012)以中国服务业五家公司的 437 名员工为研究对象,研究结果表明组织支持感知与离职倾向负相关,上级支持感知与离职倾向也呈负相关,其中组织支持感知起中介作用。Allen 和 Shanock(2013)对 500 名就业仅一年的员工进行调查,研究结果发现,社会化策略影响组织支持感和工作嵌入,组织支持感知与工作嵌入均与组织承诺正相关,与自愿离职负相关。

国内学者针对组支持感知与离职倾向间的关系也进行了探究。谭小宏、秦启文和潘孝富(2007)通过对 611 名企业员工进行问卷调查,研究发现,组织支持感知与离职意向显著负相关,但相关系数较低,因此,组织支持感知对离职意向的负向预测作用较弱。陈东健和陈敏华(2009)对苏州地区外资企业核心员工进行调查研究,研究结果表明:员工的组织支持感知对离职倾向有负向影响,即当组织支持被员工感知后,员工因工作价值而引发的离职倾向会降低。孟祥菊(2010)对电信行业重组后的电信企业员工进行调查,结果表明员工组织支持感知与离职意向呈显著负相关,组织支持感知对离职倾向具有负向预测作用。葛翠霞等(2013)以护士为调查对象,研究结果表明参与调查护士的离职意愿较强,组织支持感知对离职意愿有显著的预测作用,工作满意度在组织支持感知与离职意愿之间起到部分中介作用。刘玉敏和李广平(2016)以服务岗位的派遣员工为研究对象,验证了员工感受到的来自用工单位的组织支持感知对离职倾向的负向影响。

4. 以组织支持感知为中介变量或调节变量

目前已有大量有关组织支持感知对组织和员工的直接影响的文献研究,学者们逐渐将目标转向以组织支持感知为中介变量或调节变量的研究,丰富了组织行为学理论研究的内容,为解决更多的人力资源管理实践问题提供指导。Meyer和Smith(2000)认为在组织人力资源实践与员工组织承诺间的关系中,员工感知到的程序公正和组织支持起中介作用。Allen等(2003)的实证研究结果表明组织支持感知在支持性人力资源实践感知与组织承诺、工作满意度之间起中介作用。Loi等(2006)研究发现,组织支持感知在程序公正、分配公正与组织承诺、离职意愿之间的关系中起中介作用。Duke等(2009)研究发现,组织支持感知调节了情绪劳动与工作满意度之间、情绪劳动与绩效之间的关系,即组织支持感知减弱了情绪劳动对工作满意度、绩效的负向影响,当员工的组织支持感知较高时,情绪劳动对工作满意度和绩效的负向影响较小。Neves和Eisenberger(2012)在一个社会服务组织展开两次调查,研究发现组织支持感知在管理沟通与角色内绩效、管理沟通与角色外绩效之间均起完全中介作用,表明管理沟通影响绩效主要是因为组织关心员工的幸福感以及重视其贡献。

国内学者多以组织支持感知为中介变量或调节变量进行研究。刘小平(2005)基于社会交换理论,构建了组织承诺综合形成模型,并通过实证研究表明组织支持在组织公平、社会比较与组织承诺间起中介作用。陈志霞和陈传红(2010)验证了组织支持感作为中介变量,在支持性人力资源管理实践与员工工作绩效间起中介作用。赵延昇和李曼(2012)对企业80后知识型员工进行调查研究,研究结果表明,员工的工作倦怠与离职倾向显著正相关,组织支持感知与离职倾向显著负相关,且组织支持感知在工作倦怠与离职倾向之间起显著调节作用。张军成和凌文辁(2014)以珠三角地区光电制造企业员工为调查研究对象,研究发现,工作倦怠在组织政治知觉与离职倾向间的关系中起完全中介作用,组织支持感知在组织政治知觉与离职倾向间的关系中起中介的调节作用。杜鹏程等(2014)研究发现,挑战性压力能够对员工创新行为产生显著正向影响,而阻碍性压力对员工创新行为具有负向影响,而组织支持感知只在挑战性压力与员工创新行为间的关系中起调节作用。刘宗华等(2015)研究结果表明,高承诺人力资源实践正向影响组织支持感,组织支持感知对正向影响员工绩效,组织支持感知在高承诺人力资源实践和员工绩效间起部分中介作用。颜爱民和李歌(2016)研究发现组织支持感知在企业社会责任与角色内行为和组织公民行为之间均起完全中介作用。詹小慧等(2016)基于特质理论和组织支持理论,以299份上下级配对数据为样本,研究工作价值观对员工建言行为的影响,以及组织支持感在工作价值观与员工建言行为间所起的调节作用,研究结果表明:组织支持感知显著调节了工作价值观对员工建言行为的影响,其中,组织支持感知削弱了舒适与安全对促进性建言和抑制性建言的影响,增强了能力与成长、地位与独立分别对促进性建言和抑制性建言所产生的影响。赵慧军和席燕平(2017)以221名服务型企业全职员工为研究对象,探讨情绪劳动对员工离职意愿的影响和员工组织支持感在情绪耗竭与员工离职意愿间的调节效应,研究结果表明在情绪劳动工作中,员工采用的表层扮演能够显著地正向预测离职意愿,且组织支持感知负向调节情绪耗竭与员工离职意愿之间的关系。杜鹏程等(2017)经实证研究发现,员工感知到的差错反感文化负向影响员工绩效,组织支持感知正向影响员工绩效,员工感知到的差错反感文化通过组织支持感知的中介作用负向影响员工绩效。

三、职业承诺研究综述

1. 职业承诺的概念界定

国外学者对职业承诺的定义主要有三种观点。第一种观点从情感角度出发对职业承诺进行解释。Blau(1985)认为职业承诺是个人对专业或职业的态度,其所开发的职业承诺量表包含个人对职业的喜爱、满意等情感;Lee(2000)从职业情感角度出发,将职业承诺定义为在个体与职业之间所形成的一种心理联系;Klein等(2012)认为职业承诺是个人认识到自身的职业责任与使命之后愿意为职业奉献的程度。第二种观点从行为角度出发对职业承诺进行定义。Jong(1999)认为职业承诺是个人对职业的投入程度,是个人生活和未来职业发展的核心,侧重于个人长期的职业发展情况;Lowrey和Becker(2004)认为职业承诺是个人对参与与其所在职业相关的活动的一种渴望。第三种观点从情感和行为等综合角度解释职业承诺。Meyer等(1993)认为职业承诺包含情感因素(员工的职业认同)和理性因素(员工的职业投入),将其分为情感承诺、经济承诺和规范承诺三个维度;Goulet和Singh(2002)认为既可以用个人对所在职业的价值的认同程度来判断其职业承诺,同时又可以用个人为获得在职业上的进步所花费的时间与精力来衡量。

国内对职业承诺的研究起步较晚,由龙立荣等学者引入相关概念与理论。龙立荣和方俐洛(2000)对国外有关职业承诺的理论进行分析与总结,将其概括为三大类:单维态度论(认为职业承诺是一种态度,将其视为单维度变量)、动机论和三维态度论(将职业承诺视为三维结构变量),并指出职业承诺是指因个人认同与投入自身职业(或专业),在情感上依赖自身职业,且遵循社会规范而引发的不愿转换职业(或专业)的程度。龙立荣和李霞(2002)以中小学教师为研究对象,通过实证研究发现职业承诺由情感承诺、继续承诺和规范承诺三维度构成,形成了中小学教师职业承诺量表,情感承诺即喜欢目前的职业,且该职业满足了自身对职业的追求,因此不愿离开目前的职业;继续承诺即因从离开目前的职业可能损失的利益或不易找到理想的职业等角度考虑,而不愿离开目前的职业;规范承诺则指个人接受并遵循社会伦理规范,从而不愿离开目前的职业。龙建等(2002)认为职业承诺是个人承诺承担起对某种职业的责任,是个人与职业签订的心理合同。

2. 职业承诺的前因变量

London(1983)认为个体差异性和环境因素均会影响职业承诺,而职业承诺来源于三个方面的职业激励。一是职业弹性,指个人适应变化的环境的能力,甚至是面对令人沮丧或具有破坏性的环境,职业弹性由对自我的信任、对成就的需求和承担风险的意愿等变量构成,这些都是个人的心理因素,个人心理越强大,越能够坚持职业选择,也越容易产生职业承诺;二是职业洞察力,指个人对自身及其职业有清晰客观的认知,且将这些认知运用于构建目标的能力,它由构建清晰的职业目标和了解自身的优缺点构成;三是职业认同,指个人对自身在职业中的身份的认同程度,它指引着个人的职业激励,由工作投入、组织投入、专业投入和对晋升、认同、领导角色的需求构成,其中个人对职业发展的需求影响着职业在个人心中的重要性。综观学者对职业承诺的相关研究,可以发现工作伦理、职业承诺、情感承诺、继续承诺和工作投入是组织内成员的五大主要承诺,它们之间相互影响,而工作伦理是最基本的承诺,能够影响职业承诺(Mrrow,1983;Randall,Cote,1991;Cohen,1999;Freund,Carmeli,2003)。Klein 等(2012)在总结与承诺相关的文献基础上,提出了承诺形成的模型,这一模型由承诺的前因、认知和喜爱的过程、承诺的程度和承诺的结果构成。其中,承诺的前因由个人特征(个人的价值观、个性)、承诺的对象特征(性质、个人与承诺对象的关联度)、人际因素(社会交换)、组织因素(组织文化、组织氛围、人力资源实践)和社会因素(经济、文化)等。

在总结现有文献的基础上,可发现职业承诺的前因变量主要有人口统计学变量、人格特征变量和组织内外环境因素。

(1)人口统计学变量。国内外学者研究发现,影响员工职业承诺的人口统计学变量主要有年龄、受教育程度、工作年限、性别等。Billingsley 和 Cross(1992)的研究指出人口统计学特征变量能够预测职业承诺和工作满意度,且教师的年龄与职业承诺呈正相关,即随着教师年龄的增长,其职业承诺水平也会得到提高。Meyer 等(1993)认为受教育程度和工作年限与个人职业承诺正相关。关于工作年限与职业承诺之间的关系,有学者认为工作年限越短,职业承诺越高。Klassen 和 Ming(2011)的研究表明职前教师的职业承诺水平高于在职教师。此外,有许多学者认为在同等条件下,女性的职业承诺水平较男性更高(Dwyer et al.,2000;Chung,2002;龙立荣、李霞,2002;刘世瑞,2005;陈宏、李运福,2016),但也有学者认为男性职业承诺水平更高(Irving et al.,1997;Singh,Vinnicombe,2000)。

(2)人格特征变量。职业承诺是个人对自身职业或专业的态度,那么个人的人格特征或心理因素都会影响职业承诺的形成、发展与结果。有学者认为拥有内控人格特征的人的职业承诺水平高于拥有外控人格特征的人(Blau,1985;Colarelli,Bishop,1990;Lee et al.,2000)。拥有积极的情绪或感知、强大的心理素质的人具有更高的职业承诺。Klassen 和 Ming(2011)的研究表明教师的自我效能感和压力感能够影响其职业承诺。任皓等(2013)研究结果表明,员工的心理资本能够显著预测其职业承诺,心理资本能够帮助员工更有效、更从容地应对工作情境中的变化与挑战,从而使员工对职业抱有乐观的态度,其职业承诺水平也得到提高。

(3)组织内外环境因素。首先,组织内环境因素会对职业承诺产生不同程度的影响。Billingsley和Cross(1992)认为领导支持、角色冲突、角色模糊和压力感等工作相关变量对职业承诺的预测作用强于人格特征变量。Lee等(2000)认为员工的角色模糊和角色冲突会阻碍员工工作进程,从而降低其职业承诺,当组织的发展目标与员工的职业发展目标相冲突时,也会降低员工的职业承诺,而组织实施的员工参与、授权等人力资源实践措施能够提高员工的职业承诺。刘晓燕等(2007)经研究发现组织职业生涯管理与职业承诺呈正相关关系,组织职业生涯管理的公平晋升、提供信息、注重培训和职业发展这四个因素都对职业承诺有显著的预测作用。余琛(2009)针对知识型人才的特点,提出职业承诺由四个维度构成,即情感承诺、持续承诺、职业动力和职业忠诚,研究发现,组织支持感知能够影响情感承诺和职业动力这两个维度,但未能影响其余两个维度。王颖和王笑宇(2016)以在职公务员为研究对象,研究发现领导认同和组织公平感知对职业承诺有正向影响,而工作负荷对职业承诺有负向影响。

其次,组织外环境因素也会影响职业承诺。较为常见的能够影响职业承诺的组织外环境因素是工作—家庭冲突。Islam(1997)认为工作-家庭冲突若能得到有效的解决,则员工的职业承诺水平将会提高。Okurame(2012)以公务员为研究对象,证实工作-家庭冲突与职业承诺呈显著负相关,而组织的指导支持在两者之间起调节作用。国内学者刘在花(2011)以特殊教育学校教师为研究对象,研究结果表明工作-家庭冲突与职业承诺水平呈负相关。罗小涛(2016)以航空安全员为调查对象,研究发现工作-家庭冲突对单身和5年及以下工作年限者的职业承诺有显著的负向预测作用。

3. 职业承诺的结果变量

国内外学者对职业承诺的结果变量的研究主要集中于员工的工作态度与工作行为,如工作投入、工作满意度、组织承诺、离职倾向和工作绩效等。Lee等(2000)运用元分析方法,研究发现职业承诺与工作投入、工作满意度、组织承诺正相关。余琛(2009)认为职业承诺可预测职业满意度。裴宇晶和赵曙明(2015)经研究发现职业承诺与工作满意度、组织承诺显著正相关,而与离职意愿显著负相关。学者一般认为职业承诺与离职倾向呈负相关(Blau,1985;Aryee,Tan,1992;Blau,Lunz,1998;Wyk et al.,2002;徐富明,周治金,2007)。但也有学者持相反结论,翁清雄和席酉民(2010)认为在组织中若员工的职业能力发展受到限制和晋升速度缓慢,可能导致职业承诺水平越高的员工有越高的离职倾向。Carson和Carson(1998)认为职业承诺与组织公民行为正相关。Carmeli和Freund(2004)、Mrayyan和Al-Faouri(2008)均证实职业承诺与工作绩效呈显著正相关。国内学者王钢等

(2015)研究表明职业承诺中的情感承诺和规范承诺对工作绩效有显著正向影响,而继续承诺对工作绩效有显著负向影响。国内学者还证实职业承诺与职业成功呈正相关(龙立荣,毛忞歆,2007;任皓 等,2013)。

四、工作绩效研究综述

1. 工作绩效的概念界定

目前,对绩效定义的说法不一,学者们对绩效的定义主要提出了三种观点。第一种观点认为绩效是行为。Campbell(1974)认为"绩效是行为,它是与组织目标相关的人们能够被观察到的实际行动或行为表现";Murphy(1990)认为,从本质上来看,员工工作绩效是员工在工作中表现出来的,与组织目标直接相联系或相关的行为。第二种观点认为绩效是结果。Bernardin 等(1984)认为"由于工作结果与组织的战略目标、客户满意度以及所投入资金之间的联系最为紧密,绩效应定义为工作结果"。国内学者杨杰(2002)将工作绩效视为员工从事某一项工作的成绩和结果。第三种观点认为绩效包括行为和结果,行为是达到结果的条件之一。Brumbrach(1998)认为"绩效指行为和结果。绩效本身就是一种为了实现某一目标而付出的脑力和体力的结果,从事工作的人表现出行为,完成工作任务,行为与结果既有相同之处,又可区分开来"。国内学者韩翼(2007)也提出,工作绩效是一个多维结构,既是行为,又是结果,是两者相结合的产物。

2. 工作绩效的影响因素

在总结国内外相关文献的基础上,本章将影响工作绩效的因素主要分为个体内部因素和内部环境因素。

(1) 个体内部因素。Sonnentag(2002)认为员工的人格特征、成就动机、后天的经验与能力积累对员工工作绩效有影响。蔡永红、林崇德(2003)认为员工的经验积累和知识积累有助于其提高自身的工作绩效。Avey(2011)、李磊和尚玉钒(2012)等、仲理峰和王震等(2013)等研究发现,心理资本对于员工工作绩效也有显著影响。

(2) 内部环境因素。Blumberg 和 Pringle(1982)认为,工作条件、同事关系、领导风格等会对工作绩效产生影响。陈葵晞和张一纯(2007)研究发现,组织所分配任务的复杂性和吸引力会对工作绩效产生影响。吴继红和陈维政(2010)研究发现,当主管认为领导与成员关系较好时,组织投入可以换得员工较高的绩效回报。仲理峰和王震(2013)等研究发现,变革型领导通过心理资本对工作绩效产生影响。储成祥、高倩等(2014)研究发现,个人-组织价值观匹配与个人工作绩效呈正相关关系。

此外,组织内部的薪酬激励有助于人们提高工作绩效。Werner 和 Ward(2004)的研究发现,员工的敬业度、缺勤率和离职率会影响其工作绩效,若企业采取有效的薪酬激励措施,则员工的敬业度将会得到提升,缺勤率、离职率将会降低,进而工作绩效将会得到提高。张瑞君(2013)研究表明,货币薪酬激励使中国上市公司高管愿意承担更高风险,提升自身工作绩效。个人与组织环境的匹配程度也对工作绩效有所影响。

五、相关理论基础

基于组织行为理论,在 MARS 模型中,角色感知是影响工作中的个体行为和绩效的关键因素之一,因此,个体认知能够对个体行为和绩效产生影响。组织会对员工的行为和绩效有初步的期望,被赋予较高期望的员工能够获得更多和更有价值的组织支持,如技能培训、员工援助等,通过更多的组织支持,被赋予较高期望的员工掌握了更高的技能和更多的知识,从而以更优秀的工作绩效回报组织,帮助组织实现其目标。

1. 社会认知理论

"认知"是心理学专业词汇之一,美国心理学会对其的定义是:认识的过程,包括注意、记忆和推理;过程的内容,比如概念和记忆。由此可看出,"认知"包括心理活动(mental activities)、心理结构(mental structure)这两层含义。从个体层面来看,人脑要进行各种记忆活动,包括感知、注意和解决问题。尽管这些活动互相关联,但却也是可分离来看的活动。心理学相关研究认为心理加工有两种模式:自动加工、有控制的加工,其中,自动加工是个体对外部刺激迅速做出反应,而有控制的加工是个体首先对接收到的信息进行处理,虽然处理速度相对缓慢,但是会对外部环境刺激做出更加慎重的反应。已有的研究发现,个体的认知可通过后天的训练和练习提高。

1977 年,美国著名心理学家班杜拉创立社会认知理论(social cognition theory),该理论的核心观点之一是认知性因素在行为改变中有着重要作用,从认知的视角揭示了个体行为的形成与维持体系。在社会认知理论中,个体、行为与环境是互为依赖、互相影响,个体要将所获得的知识和技能顺利转化为行为或结果,需要通过一个中介变量。这一中介变量对个体评价、判断自身所拥有的与达成某项任务相关的知识、技能有重要影响,然而个体有可能对自身的知识与技能水平有恰当或不恰当的判断,比如高估或低估自身的能力,其行为和绩效会因这样恰当或不恰当的认知而受到影响。以人、事物以及事件为对象,社会认知是对于人与社会行为的认知,是人们对环境中的社会信息进行处理之后而形成的对他人或事物的推断。国内学者沙莲香(1986)也认为社会认知是一个过程,在此过程中,个体需要对他人的心理状态、行为动机和意向做出相应的推断,在形成推断后以相应的行为作为回应。总体来看,社会认知理论着重强调社会认知是一个过程,个体认知因素对个体行为有重要作用,即个体的社会认知不仅能够解释和预测个体行为,还能够识别可以改变个体行为的方法。

2. 自我实现预言

自我实现预言(self-fulfilling prophecy)指我们对他人的期望促使其采取与这些期望相一致的行为,换言之,我们的感知会对现实产生影响。自我实现预言的整体流程可用一个上司与其下属的案例进行阐释。这一流程分为四个步骤,分别为:上司对员工产生期望、上司的期望影响了他对员工的行为、上司的行为影响了员工的能力和动机、员工的行为与上司最初的期望逐渐一致。

整个流程始于上司对员工未来行为和绩效的期望,而且这些期望有时并不准确,但这些期望影响了他对员工的态度,因此被赋予高期望值的员工受到更多非语言化的情感支持暗示,获得更为频繁和有价值的反馈和支持,也被给予更多有挑战性的目标、更好的培训和更多展示自己高绩效的机会。流程的第三步包含上司行为对员工能力和动机两个方面的影响:一是通过更多的培训和练习机会,被赋予高期望值的员工可学习到更多技能和知识;二是员工变得更加自信,因此拥有更强烈的工作动机和接受更多挑战性目标的意愿,这些都使他们在工作中表现更出色。

3. 社会交换理论

社会交换理论(social exchange theory)是当代社会学理论的一个重要组成部分,由美国著名社会学家乔治·霍曼斯在20世纪中期提出,这一理论在20世纪60年代得到繁荣发展,诞生了许多该领域的代表人物,如美国的布劳、科尔曼和联邦德国的奥佩、胡梅尔等。

社会交换的基本思想是给予方为某人提供物质帮助或精神支持,则接受方有责任回报给予方所提供的各种物质或精神上的帮助,给予方和接受方之间是一种交换关系。互惠原则认为个体为实现个人利益最大化与他人建立起各种联系,而个体接受恩惠后将会努力回报给予其恩惠的一方。社会交换的基本思想和互惠原则是社会交换理论的重要组成部分。

霍曼斯的社会交换理论以心理学原理作为坚实的基础,霍曼斯认为所有人类行为均基于其心理,都有其心理规律可循,对社会行为都可从心理学角度进行解读,故而其所创立的社会交换理论以交换行为背后的心理规律为基础,其对社会行为的模拟和再现也是基于心理学命题。在此基础上,美国学者布劳提出结构交换论,他认为社会交换有其特有的结构,在社会交换的过程中还存在宏观与微观之分,并且提出社会交换有一定的前提与标准,有的人类行为不属于交换行为,比如单方面的掠夺、抢劫和无条件不求回报的馈赠。国内学者郑莉(2004)认为社会交换是一种自愿性交换与回报行为,个人为获得回报自愿与他人进行交换,他人自愿进行回报,使个人真正得到回报。

20世纪90年代,科尔曼基于前人的相关研究和"理性人"假设对社会交换理论进行研究,他认为,在现实生活中,人们的理性行动已不仅仅停留在追求经济利益的基础层面,还上升到政治、社会、文化、情感等层面。他还认为社会交换理论包含人们之间的互相信任和给予回报的义务关系。

通过对社会交换现象的深入研究,社会心理学的重要组成部分——社会交换理论逐渐形成(徐晓锋 等,2004)。在组织行为学中,社会交换理论的基本思想常常被用来解释组织行为,员工出于获取经济和社会报酬的目的而工作,当组织重视员工贡献、关心员工福利时,基于互惠原则,员工也会努力帮助组织达成目标。总体来看,社会交换理论基于互惠原则,其核心思想是个人与他人建立起联系是为了实现个人利益最大化,个人通过努力工作和对组织忠诚以获得经济利益和社会奖赏,组织通过关心、善待员工以获得员工对组织的忠诚和付出,因此,个人与组织之间构成了一种社会交换关系。各国学者在不同的文化环境下对员工-组织关系进行研究,大量的理论研究和社会实践均证实了员工与组织之间社会交换关系的存在和社会交换理论在组织中的普适性。

4. 组织支持理论

根据互惠原则和社会交换理论,组织支持理论(organizational support theory)由 Eisenberger 等人提出。社会交换理论以及互惠原则可视为组织支持理论的理论支撑,这有助于更好地理解员工-组织关系。将社会交换理论应用于组织情境,组织支持理论诞生。组织支持理论认为,员工与组织之间的互惠关系指的是组织应能够识别员工的物质与精神需求,并尽力满足这些需求,从而使员工感知到组织支持。组织承诺(organizational commitment)即组织对员工的承诺,组织支持可看作组织承诺的一种形式,Eisenberger 等(1986)就将组织内的社会交换称为"组织承诺的社会交换解释"。当员工有较强的组织支持感知时,会认为自身有回报组织的义务,于是以努力工作作为回报,同时产生较高水平的组织承诺和较高的工作满意度,组织绩效也会得到提高(Eisenberger et al.,2001)。组织支持理论从组织对员工的承诺这一角度出发,使组织内管理者的关注点从员工转移到组织。组织支持理论强调了组织对员工的责任,使人们开始关注员工与组织之间的失衡关系,丰富了组织人力资源管理实践的角度和内容。

六、研究述评

通过对国内外有关胜任力模型感知、组织支持感知、职业承诺和工作绩效的文献进行研究,笔者发现:① 现有胜任力模型感知文献较少,对其进行明确概念界定的文献也较少,主要是将胜任力模型感知作为前因变量进行研究,结果变量多为工作绩效、工作满意度、组织公民行为等,中介变量多为交换关系、社会交换等,目前还未有胜任力模型感知与结果变量之间的调节作用的研究,相关研究表明胜任力模型感知对工作绩效、工作满意度和组织公民行为均有积极影响,交换关系、社会交换在胜任力模型与工作绩效、工作满意度、组织公民行为间起中介作用;② 有关组织支持感知、职业承诺和工作绩效的文献十分丰富,相关研究已较为成熟,其概念界定和维度划分也已有比较明确的分类;③ 目前未有组织支持感知和职业承诺在胜任力模型感知和工作绩效间的中介和调节效应的研究。

目前,胜任力模型感知相关文献多是以挪威、伊斯坦布尔跨行业为研究情境,在中国情境下研究胜任力模型感知及其影响的研究很少。因国内外环境差异、企业文化差异、员工心智结构差异等,员工对胜任力模型的感知及其影响等相关研究不可照搬国外研究结果,本书即探索先进制造企业技能型员工胜任力模型感知与工作绩效间的关系。以组织支持感知为中介变量的研究内容十分丰富,将其作为中介变量、工作绩效作为结果变量的研究已有很多,组织支持感知是社会交换的一部分,本书尝试探索其在胜任力模型感知和工作绩效间的中介作用。职业承诺是个人对专业或职业所表现出的态度,因技能型员工的职业特殊性,他们所从事的职业对技术、技能有一定的要求和标准,他们的职业承诺水平也参差不齐,本章尝试探索职业承诺在胜任力模型感知和工作绩效间的调节作用。

第三节 研究模型构建

根据组织行为理论,MARS模型指出角色感知是影响工作中的个体行为和绩效的因素之一,角色感知是指人们对分配到的任务或被期望的工作职责(角色)的了解程度,角色感知明晰的员工不仅能够与同事和其他利益相关者保持较好的合作关系,还会有较高的工作动机,其表现形式之一是当员工能够利用已有知识和技能,以多种方式去完成一项任务时,角色感知明晰的员工知道哪种方法是组织所青睐和需要的。本章中的胜任力模型感知即属于角色感知范畴,对胜任力模型感知程度较高的员工对自身的角色感知也较为清晰,对自身有较为明确的胜任力定位,能够从公司战略和个人职业发展出发采取相应的行为,从而提高个人工作绩效。

在前一节研究综述与相关理论的基础上,对本研究所涉及的四个变量(胜任力模型感知、组织支持感知、职业承诺与工作绩效)之间的关系进行假设,并构建概念模型。

一、研究假设

1. 胜任力模型感知与工作绩效的关系

国外有学者就胜任力模型感知与工作绩效的关系进行了研究。Redmond(2013)首次提出胜任力模型感知的概念,并以挪威四家企业的278名员工为调查对象,研究胜任力模型感知对员工工作结果的影响,其中包括员工胜任力模型感知与工作绩效的关系研究,研究结果表明胜任力模型感知与工作绩效中的工作努力呈正相关关系。目前国内还未有胜任力模型感知的相关研究,本章在中国情境下验证胜任力模型感知对工作绩效的影响。

根据前一节的相关文献回顾,选取 Bowen 和 Ostroff(2004)的研究中有关人力资源管理实践的两个特征,并结合 Redmond(2013)对胜任力模型感知的概念界定,将胜任力模型感知定义为员工对胜任力模型与组织战略、个体的相关性和胜任力模型的公平性的感知程度,构建胜任力模型感知的二维结构(相关性和公平性)。"相关性"具体指员工是否能感知到人力资源管理实践对达成组织和个体双重目标的重要性;"公平性"指员工对人力资源实践是否公正地感知。工作绩效是员工在工作过程中表现出来的有助于实现组织目标与战略的行为与结果。Borman 和 Motowidlo(1993)认为工作绩效由任务绩效和周边绩效两个维度构成,van Scotter 和 Motowidlo(1996)在此基础上,又将周边绩效分为人际促进和工作奉献两个方面,结合这两项研究,本书将工作绩效视为三维结构变量,包括任务绩效、人际关系促进和工作奉献这三个维度。

(1)胜任力模型感知与任务绩效。任务绩效与组织的技术核心直接相关,指员工执行技术生产过程或提供组织所需的服务,是员工的工作结果的表现。绩效考核的标准由组织决定,因此评判员工任务绩效的高低在于员工是否达成组织规定的任务目标或组织对其的期望。组织管理层根据组织的战略目标与岗位特点开发并实施胜任力模型,对员工的行为和所需具备的知识与技能进行明确的规定,并针对不同员工的特点和所在岗位对其实施差异化的技能培训与援助计划,在胜任力模型实施过程中对员工进行公平且持续性的奖励。根据社会认知理论和社会交换理论,个体的认知与行为相互影响,个体认知可以预测个体行为,员工会为了回报组织提供的各种条件而更努力工作以促进组织目标或战略的实现。当员工感知到组织实施的一系列与胜任力模型相关的措施时,认同胜任力模型与组织战略目标和自身职业发展目标的相关性,因按照胜任力模型的要求执行任务而得到的公平的奖励,且感受到此类奖励措施在组织中被持续实施,即员工对胜任力模型的可见性、相关性和公平性有了一定程度的认知,其在组织中的行为会因此受到影响,最直接的影响即体现在对工作绩效的影响。组织基于胜任力模型为员工提供技能培训或援助的机会,员工为了回报组织的关心而努力工作,在技术生产或提供服务的过程中付出更多的心血,因此表现出更高的任务绩效。

基于以上分析,提出如下假设:

H_1:员工胜任力模型感知对任务绩效有显著正向影响;

H_{1a}:相关性感知对任务绩效有显著正向影响;

H_{1b}:公平性感知对任务绩效有显著正向影响。

(2)胜任力模型感知与人际促进。周边绩效是个人在完成组织工作的情况下采取的一系列有助于营造社会化的和激励性的组织环境的行为,包括人际关系、意志力等(van Scotter,Motowidlo,1996)。虽然周边绩效对组织的技术核心没有直接贡献,但它超越了特定的任务绩效,有助于提高组织内成员的沟通水平和整体组织绩效,帮助员工在和谐的组织氛围中更好地完成任务绩效。Katz(1964)认为个人在组织内的行为可分为角色内行为与角色外行为。角色内行为是组织规定的行为,而角色外行为则强调自主性,超越了组织规定的行为。按 Katz(1964)对个人组织行为的划分,可将周边绩效看作角色外行为,因为其是一种自主性的超越于本身工作职责之外的行为。周边绩效分为人际促进和工作奉献两部分,其中人际促进包括能够促进同事绩效的合作的、体贴的、有帮助的行为(van Scotter,Motowidlo,1996)。樊欢欢(2011)研究发现,注重培训与公平晋升对周边绩效有显著正向影响。邓益民和沈虹(2012)通过实证分析发现,员工的组织公平感对周边绩效有显著正向影响。他们所采用的周边绩效量表中的题项所描述的行为都是能够促进同事绩效的合作性与有益性的行为,即周边绩效中的人际促进。员工对组织根据胜任力模型实施的职业培训的感知与对组织公平性的感知均是胜任力模型感知的组成部分,能够提高人际促进的水平,而当员工感受到胜任力模型与组织战略目标、个人职业发展目标的相关性,基于互惠原则和社会交换理论,员工会采取有利于组织的人际促进行为。

因此,提出如下假设:

H_2:员工胜任力模型感知对人际促进有显著正向影响;

H_{2a}:相关性感知对人际促进有显著正向影响;

H_{2b}:公平性感知对人际促进有显著正向影响。

(3)胜任力模型感知与工作奉献。周边绩效中的工作奉献指自律的、积极主动的行为,如通过努力工作、主动完成工作任务和遵守组织规则来支持组织目标(van Scotter,Motowidlo,1996)。Redmond(2013)的研究表明,员工对胜任力模型与组织战略目标、个人职业发展目标的相关性与胜任力模型的公平性的感知对工作绩效中的工作努力具有显著正向影响。梁青青(2017)研究发现,培训、晋升公平等与员工敬业度呈显著正相关关系。根据社会交换理论,当组织关心并善待员工,在工作上给予员工物质性或非物质性的发展机会或奖赏时,员工出于回报的心理会以努力工作和组织忠诚来帮助组织实现战略目标,表现出超越本职工作之外的工作奉献行为,如加班以按时完成工作、主动承担具有挑战性的工作、具有强烈的自律意识和自控力、坚持克服困难完成工作任务等。

基于以上分析,提出如下假设:

H_3:员工胜任力模型感知对工作奉献有显著正向影响;

H_{3a}:相关性感知对工作奉献有显著正向影响;

H_{3b}:公平性感知对工作奉献有显著正向影响。

(4) 胜任力模型感知与工作绩效。综上所述,胜任力模型感知对任务绩效、人际促进和工作奉献均有显著正向影响,即对工作绩效的三个维度均有显著正向影响,那么可以推理出胜任力模型感知对整体工作绩效有显著正向影响。因此,提出如下假设:

H_4:员工胜任力模型感知对工作绩效有显著正向影响;

H_{4a}:相关性感知对工作绩效有显著正向影响;

H_{4b}:公平性感知对工作绩效有显著正向影响。

2. 胜任力模型感知与组织支持感知的关系

组织支持感知是员工对组织是否重视其贡献并关注其幸福感的全面看法。Rhodaes和Eisenbgerer(2002)在组织支持理论和文献回顾的基础上,通过元分析总结出三类组织支持感知的影响因素,即"程序公正""上级支持""组织奖赏和良好的工作条件"。本章中的自变量为胜任力模型感知,包含两个维度:相关性和公平性。组织开发与实施胜任力模型,当员工感知到企业及岗位的胜任力模型与企业战略目标、自身的职业发展目标之间的相关性,其会认识到胜任力模型能够帮助自己更好地完成工作,从而遵照胜任力模型对知识、技能等的标准执行工作;企业依据胜任力模型对员工实施差异化培训和援助计划,因员工按胜任力模型的要求和标准完成工作而给予其公平的奖励,并保证类似的奖励措施在组织中被持续实施。组织基于胜任力模型对员工实施的差异化培训、员工援助计划、公平的奖励措施等都属于组织支持行为,因此胜任力模型感知与组织支持感知相关。根据社会交换理论和互惠原则,当员工对组织支持行为有所感知,即产生组织关心他、重视他的想法,员工会产生组织支持感知。因此,胜任力模型感知对组织支持感知有显著正向影响。基于以上分析,提出如下假设:

H_5:员工胜任力模型感知对组织支持感知有显著正向影响。

3. 组织支持感知与工作绩效间的关系

目前很多研究均表明组织支持感知对工作绩效及其维度有正向预测作用。Rhodaes和Eisenbgerer(2002)认为组织支持感知能够提升绩效,这样的绩效包括完成标准工作和采取有利于组织但超越自身职责的行为,这种超越自身职责的行为即角色外行为,指帮助同事和有利于组织的行为。Rhoades和Eisenberger(2006)研究发现,上级的组织支持感知与下属的组织支持感知和下属的角色内、外绩效呈正相关。角色内绩效即任务绩效,角色外绩效即周边绩效(人际促进、工作奉献)。刘宗华等(2013)研究结论表明组织支持感知对员工绩效有显著正向影响,这里的员工绩效主要指任务绩效。赵波和徐昳(2015)以江苏快递企业员工为调查对象,研究结果表明:组织支持感知各个维度对工作绩效的影响均是正向且显著的,并且各维度对关系绩效的影响均大于其对任务绩效的影响,工作支持维度对关系绩效的影响大于价值认同、关心利益两维度对关系绩效的影响。颜爱民和李歌

(2016)研究表明组织支持感知对角色内行为和组织公民行为均有显著正向影响。杜鹏程等(2017)以481名国企员工为研究对象,实证结果表明组织支持感知正向影响员工的双元绩效(任务绩效和情境绩效)。根据组织支持理论,当员工有较强的组织支持感知时,会认为自身有回报组织的义务,于是以努力工作作为回报,同时产生较高水平的组织承诺和较高的工作满意度,组织绩效也会得到提高(Eisenberger et al.,2001)。因此,提出如下假设:

H_6:员工组织支持感知对工作绩效有显著正向影响。

4. 组织支持感知的中介作用

综上所述,胜任力模型感知对组织支持感知具有正向影响,而组织支持感知对工作绩效也具有正向影响。Redmond(2013)以挪威4家企业中的278名员工为研究对象,结果表明员工胜任力模型感知与员工工作绩效中的工作努力、组织公民行为正相关,交换关系在胜任力模型感知与工作努力、组织公民行为间起完全中介作用,社会交换关系在胜任力模型感知与可雇佣性间起部分中介作用。工作努力和组织公民行为均属于工作绩效范畴,交换关系也与组织支持感知相关。Blau(1964)认为员工-组织关系可看作一种交换关系。Shore等(2006)提出员工的感知是个体对员工与组织的交换的意义的理解,因此它在理解员工-组织关系的本质时极其重要。根据Blau(1964)和Shore等(2006)的研究成果,可推测出组织支持感知属于交换关系的一部分,它是个体对组织承诺于员工的感知。组织承诺于员工的主体是交换关系中的组织一方,而通过表现出积极的工作态度和良好的工作绩效回报组织的支持的主体是交换关系中的员工一方,这就构成了交换关系。组织基于胜任力模型对员工进行技能培训和实施员工援助计划,以及采取公平且持续的奖励措施,这些都是组织支持的具体表现。基于社会交换理论和组织支持理论,当员工感知到组织支持,出于回报的目的会更好地完成工作任务,产生更多的有利于同事及整体组织的行为,甚至主动承担超越工作职责的任务。因此,组织支持感知在胜任力模型感知与工作绩效间起中介作用。基于以上分析,提出如下假设:

H_7:组织支持感知在胜任力模型感知与工作绩效的关系中起中介作用。

5. 职业承诺的调节作用

职业承诺是个人对专业或职业的态度(Blau,1985)。龙立荣和方俐洛(2000)认为职业承诺是指因个人认同与投入自身职业(或专业),在情感上依赖自身职业,且遵循社会规范而引发的不愿转换职业(或专业)的程度。龙建等(2002)将职业承诺定义为个人承诺承担起对某种职业的责任,是个人与职业签订的心理合同。有研究表明个人的职业承诺水平越高,其工作绩效也越高,更能表现出组织公民行为(Carson,Carson,1998;Carmeli,Freund,2004;Mrayyan,Al-Faouri,2008)。Meyer等(1993)的研究发现,职业承诺中的情感承诺对主动行为有正向影响,如更加投入专业活动、增加助人行为、减少主动缺席等。任皓等(2013)研究发现,职业承诺与职业成功显著相关,而出色的工作绩效是职业成功的重要前提。国内学者王钢等(2015)的研究表明,职业承诺中的情感承诺和规范承诺维度对工作绩效有显著的正向影响。当员工忠诚并热爱自己的职业,具有高水平的职业承诺,则更加关注与职业(或岗位)密切相关的胜任力模型,更能感知到组织依据战略目标和岗位特征开发的胜任力模型,以及组织实施的一系列与胜任力模型相关的技能培训、员工援助计划、公平奖励等措施和胜任力模型与自身职业发展的相关性,而高职业承诺的员工也会为了实现自身职业目标付出更多努力,从而获得更高水平的工作绩效。基于以上分析,认为职业承诺可能调节胜任力模型感知对工作绩效的影响。

由于国内外环境差异、组织文化差异和员工心智结构差异等,中国对职业承诺的理解和重视程度与国外存在较大的差异,而制造型企业员工多为基层员工,很多并非出于个人兴趣而是迫于生计选择当前的职业,其职业承诺水平参差不齐或难以判定。通常而言,从事社会声誉较高的职业的人员拥有较高水平的职业承诺,如大学教师、公务员等;从事社会声誉较低的职业的人员,其职业承诺水平相对而言较低,如技术工人、清洁工等。但无论如何,低声誉的职业也是社会所需的,只有将人力合理地分配到社会所需的职业中,才能实现更好的社会发展目标,而个人也只有正视每份职业,对自身所从事的职业有清晰的定位,才能实现个人的发展目标。本章以先进制造企业技能型员工为调研对象,研究职业承诺在胜任力模型感知对工作绩效影响中的调节作用。因此,提出如下假设:

H_8:职业承诺在胜任力模型感知与工作绩效的关系中起调节作用。

二、研究模型

通过文献回顾与总结,本章以胜任力模型感知为自变量,组织支持感知为中介变量,职业承诺为调节变量,工作绩效为因变量,研究胜任力模型感知、组织支持感知、职业承诺与工作绩效之间的关系及组织支持感知、职业承诺在胜任力模型感知与工作绩效的关系中的作用。

基于 Bowen 和 Ostroff(2004)的研究,本章将胜任力模型感知分为相关性和公平性两个维度;基于 Borman 和 Motowidlo(1993)以及 van Scotter 和 Motowidlo(1996)的研究,将工作绩效看作三维结构变量,包括任务绩效、人际促进和工作奉献;依据 Eisenberge 等(2001)的研究,将组织支持感知看作单维度变量;依据 Blau(1985)对职业承诺的定义,将其看作单维度变量。因此,基于以上研究假设,构建概念模型如图 4.2 所示。

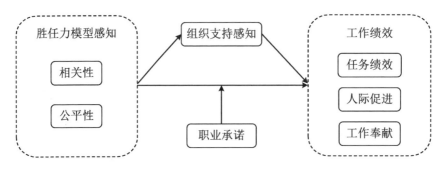

图 4.2 胜任力模型感知对工作绩效影响的概念模型

第四节 实证研究设计

本章采取定量研究的方法研究胜任力模型感知、组织支持感知、职业承诺与工作绩效之间的关系,采取问卷调查的方式收集数据。研究设计包括研究对象、问卷设计、发放与回收。首先,研究样本选择;其次,说明问卷调查过程,包括问卷的设计、发放与回收;最后,立足于国内外学者开发的胜任力模型感知、组织支持感知、职业承诺与工作绩效的量表,对其进行修改与借鉴,确定所使用的研究量表。

一、研究对象及过程

1. 研究对象

本章以先进制造企业技能型员工为研究对象,主要对南京、上海、淮安三地的规模以上先进制造企业的技能型员工进行问卷调查,企业类型主要包括国有企业、民营企业、合资企业和外商独资企业等。我国正在走"两化融合"的新型工业化道路,全国已有许多在技术与产业方面处于世界先进行列的先进制造基地与企业,但"先进"不应只局限于产业与技术的先进性,还应注重管理的先进性。美国薪酬协会的调查数据显示有 75%~80% 的美国公司在人力资源管理的过程中实施胜任力模型。针对技能人才匮乏和管理先进性的要求,我国先进制造企业也积极开发并实施了胜任力模型。因此,本章选择在先进制造企业中开展问卷调查。

本次问卷调查采取自评的方式,问卷中所有题项均由先进制造企业的技能型员工本人在网上填写。此次调查共收集到 252 份问卷回复,删除无效问卷后最终获得 218 份有效问卷,有效率为 86.5%。本章将 218 个样本数据平均分为两份:一份用于各变量量表的探索性因素分析,另一份用于各变量量表的验证性因素分析。

2. 问卷设计

本书所涉及的变量及其维度的初步划分主要依据国外相关文献,其中工作绩效变量及该部分问卷的题项设计还结合了国内学者的研究。调查问卷包括卷首语、基本情况、各变量量表和结束语四个部分(具体内容见附录):

第一部分是卷首语。主要表明调查目的及对调查结果进行保密的承诺,以增强调查数据的真实性。为便于参与调查人员的理解,我们对"胜任力模型"进行了简单的解释。

第二部分是个人基本情况。包括性别、学历、工龄、所在企业性质、职业资格等级。其中,根据制造型企业的特点,将职务划分为两个选项,分别为班组以上负责人和普通员工;依据职业资格等级的划分标准和技能型员工的特点,将职业资格等级划分为无职业资格等级、初级工、中级工、高级工和技师(包括技师和高级技师)五个选项。

第三部分是各变量量表。包括胜任力模型感知量表、组织支持感知量表、职业承诺量表和工作绩效量表,运用李克特五点计分法进行测量,每个测试题项的答案分别按非常不同意(1分)、比较不同意(2分)、不确定(3分)、比较同意(4分)、非常同意(5分)进行设置。组织支持感知量表和职业承诺量表中分别有一个反向测试题项,在最终统计样本数据时,将转换成正常得分,如被调查者选择"非常不同意"(1分),最终将按"非常同意"(5分)进行统计分析,同理可得"比较不同意"(2分)将按"比较同意"(4分)进行分析,"不确定"(3分)则不变。

第四部分为结束语。意在感谢被调查者的参与和配合。

3. 问卷发放与回收

研究的样本总量(N)应越大越好,样本总量要大于测量题项数的5倍,或者不少于100,大于200更好。为便于问卷收集,本次问卷调查采取网上填写的方式,全部题项由先进制造企业的技能型员工本人填写。考虑到规模较小的先进制造型企业可能并未注重胜任力模型的开发与实施,因此选择在规模以上的先进制造型企业发放问卷,这些企业主要位于南京市、上海市和淮安市。因只限于在规模以上先进制造型企业开展调查,收到的问卷数量有限,最终共收到252份问卷,删除无效问卷后,最终得到218份有效问卷,有效率为86.5%。

二、研究量表

1. 胜任力模型感知量表

目前,研究胜任力模型感知的文献较少,国外学者Redmond(2013)所开发的胜任力模型感知量表尚未经过多方验证,是尚待完善的未成熟量表。结合Bowen和Ostroff(2004)的研究中有关人力资源管理实践的特征,本章将胜任力模型感知分为相关性和公平性两个维度,形成胜任力模型感知的二维结构量表,共包含8个题项。

表 4.1　胜任力模型感知量表

变量	编号	量表内容
胜任力模型感知	PR_1	我了解公司及我所在岗位的胜任力模型
	PR_2	按照公司及岗位的胜任力模型中对知识、技能和行为的要求去做,能够帮助我完成工作任务
	PR_3	按照公司及岗位的胜任力模型中对知识、技能和行为的要求去做,能够帮助我实现职业发展目标
	PR_4	公司胜任力模型中对知识、技能和行为的要求非常适合公司的战略目标
	PR_5	我很认同公司及岗位的胜任力模型
	PF_1	公司运用胜任力模型对我实施了差异化培训和员工援助计划
	PF_2	因按照公司及岗位的胜任力模型中对知识、技能和行为的要求去做,我得到了公平的奖励
	PF_3	在我的工作团队中,公司及岗位胜任力模型的奖励措施被持续实施

注:PR——相关性,PF——公平性。

2. 组织支持感知量表

本章所采用的组织支持感知量表由 Eisenberger 等(2001)所编制,是单维度量表,共包含 6 个题项。这些题项选自 Eisenberger 等(1986)所开发的原始组织支持感知量表,是 17 个题项中具有高因子载荷的题项。该量表的信度和效度得到了 Eisenberger 等(1990)以及 Shore 和 Wayne(1993)的验证。如表 4.2 中的第五题项为反向测试题项。

表 4.2　组织支持感知量表

变量	编号	量表内容
组织支持感知	POS_1	公司会为我的成就感到骄傲
	POS_2	公司关心我的利益
	POS_3	公司重视我对其做出的贡献
	POS_4	公司会考虑到我的目标和价值观
	POS_5	公司不关心我(R)
	POS_6	在我需要特殊帮助时,公司愿意提供帮助

注:POS——组织支持感知。

3. 职业承诺量表

本章采用 Blau(1985)所开发的单维度职业承诺量表,共包含 8 个题项。Blau(1985)认为职业承诺是个人对职业或专业的态度,他以大型城市医院的注册护士为研究对象,开发了职业承诺量表。该量表经 Goulet 和 Singh(2002)验证,得到其内部一致性系数为 0.82。国内学者翁清雄和席酉民(2010)、裴宇晶和赵曙明(2015)亦采用该量表,均表明其具有良好的信度和效度。因此,该量表既有良好的信效度,又能在跨文化的环境中使用。本章在使用该量表时将与护士职业相关的特定词语转换成通用化的词语,如将"护士领域"转换成"目前的工作领域"或"现在的职业"。如表4.3中的第四题项为反向测试题项。

表 4.3 职业承诺量表

变量	编号	量表内容
职业承诺	CC_1	在报酬相同时,我愿留在目前的职业领域工作
	CC_2	我喜欢现在的职业
	CC_3	如果让我重新选择,我依然会选择现在的职业
	CC_4	如果经济紧张,我可能不会继续从事现在的职业(R)
	CC_5	现在的职业很理想,我不愿放弃
	CC_6	我现在的职业是理想的、值得终身追求的职业
	CC_7	我对现在的职业感到满意
	CC_8	我经常花时间阅读与现在的职业相关的资料

注:CC——职业承诺。

4. 工作绩效量表

Borman 和 Motowidlo(1993)认为工作绩效由任务绩效和周边绩效两个维度构成,van Scotter 和 Motowidlo(1996)在此基础上,又将周边绩效分为人际促进和工作奉献两个方面,因此本章将工作绩效看作三维结构变量,包括任务绩效、人际促进和工作奉献。任务绩效量表采用樊景立和郑伯埙(1997)所开发的绩效量表,包含 4 个题项,采取自评方式。人际促进和工作奉献量表采取 van Scotter 和 Motowidlo(1996)所编制的周边绩效量表,该量表以空军技工为研究对象,与论文所要研究的技能型员工有相同之处,其中人际促进量表包含 7 个题项,工作奉献包含 8 个题项。经前人验证,这三个量表均具有较好的内部一致性,共 19 个题项(表4.4)。

表 4.4 工作绩效量表

变量	编号	量表内容
工作绩效	TP1	我对所在部门(公司)的工作做出了显著的贡献
	TP2	我总是在规定的时间内完成工作任务
	TP3	我是所在部门(公司)里最优秀的员工之一
	TP4	我的工作成绩总是能达到上司对我的期望
	IF1	当同事取得成功时,我会给予称赞
	IF2	当同事遇到私人困难时,我会支持或鼓励他们
	IF3	当我将要采取的行动可能会影响到同事时,我会事先告诉他们
	IF4	我会说一些对同事或公司有益的事情
	IF5	我鼓励大家克服分歧并和睦相处
	IF6	在公司中,我公平地对待他人
	IF7	在公司中,我经常主动帮助他人
	JD1	我有时加班以保证工作按时完成
	JD2	我很关注工作中的重要细节
	JD3	我工作格外努力
	JD4	我主动要求承担具有挑战性的工作
	JD5	在工作中,我有很强的自律意识和自控力
	JD6	我积极主动地解决工作中的问题
	JD7	我坚持克服困难,完成工作任务
	JD8	我通常热情地解决困难的工作

注:TP——任务绩效,IF——人际促进,JD——工作奉献。

第五节 数据分析

本节运用 SPSS 22.0 和 AMOS 21.0 软件,对问卷调查得到的有效数据进行分析。首先,对数据进行描述性统计分析,意在说明样本的广泛性,研究结果在一定程度上具有普遍意义;其次,对数据进行信度和效度检验;再次,通过相关性分析和回归分析检验各个研究假设;最后,对研究结果进行分析与总结,并根据研究结果提出先进制造企业针对技能型员工的管理建议。

一、描述性统计分析

本次调查共收到 252 份问卷,删除无效问卷后,最终得到 218 份有效问卷,有效率为 86.5%。对问卷第二部分个人基本信息的相关数据进行描述性统计分析,结果如表 4.5 所示。

表 4.5 样本基本信息

基本信息	分类	频数($N=218$)	占样本总量的百分比
性别	男	154	70.64%
	女	64	29.36%
学历	高中及以下	70	32.11%
	大专	85	38.99%
	本科	48	22.02%
	硕士	12	5.50%
	博士及以上	3	1.38%
工龄	3 年以下	46	21.10%
	3~5 年	39	17.89%
	6~10 年	68	31.19%
	11~20 年	45	20.64%
	20 年以上	20	9.17%
所在企业性质	国有	61	27.98%
	民营	62	28.44%
	合资	36	16.51%
	外商独资	49	22.48%
	其他	10	4.59%
职务	班组以上负责人	88	40.37%
	普通员工	130	59.63%
职业资格等级	无职业资格等级	48	22.02%
	初级工	43	19.72%
职业资格等级	中级工	51	23.39%
	高级工	53	24.31%
	技师	23	10.55%

由表 4.5 可知:① 在参与调查者中,男性占 70.64%,男女比例悬殊,这可能与职业特点有关;② 在参与调查者中,学历为大专的人数最多,拥有本科及以上学历的人数占比 28.9%,素质结构有待优化;③ 在参与调查者中,工龄在 6~10 年的人数最多,他们从事制造类职业的时间较长,对所在公司和岗位的胜任力模型有了一定程度的了解,保证问卷第三部分回答的有效性;④ 在参与调查者中,在国有和民营企业工作的人数最多;⑤ 在参与调查者中,班组以上负责人占 40.37%,普通员工占 59.63%;⑥ 在参与调查者中,拥有职业资格等级的人数占 77.98%,其中高级工人数最多,占 24.31%,与先进制造企业技能型员工的特征相符。

二、信效度分析

1. 共同方法偏差检验

共同方法偏差(common method biases)是一种系统误差,指因同一数据来源或评分者、同一测量环境、项目语境以及项目本身所具有的特征而造成的预测变量与效标变量之间人为的共变,这种人为的共变会严重混淆研究结果,并误导结论。因被调查者均来自规模以上的先进制造企业,采集到的样本数据量有限,且样本数据均来源于员工调查,可能产生共同方法偏差。为了在最大程度上降低或消除共同方法偏差,本研究在不同类型的企业内(包括国有企业、民营企业、合资企业、外商独资企业和其他)开展调查,且调查过程采取匿名制,使被调查者能够在最大程度上表达真实的想法,根据实际情况回答问题。本章采用 Harman 单因素检验法进行 CMB 检验,即对问卷所有题项进行因子分析,在未旋转时得到的第一个主成分的变异数贡献率即为 CMB 的量。在有效问卷的基础上,对问卷所有题项进行因子分析,在未旋转时得到的第一个主成分的解释变异量为 30.866%,不超过 40%,因此共同方法偏差不是特别严重。

2. 初始问卷的探索性因子分析

在进行探索性因子分析之前,为了判别变量要素是否适合进行因子分析,需要对其进行 KMO 测度检验和 Bartlett's 球形检验。KMO 即测量取样适当性,当 KMO 取值在 0.5~1 时,适合进行因子分析,数值越大,说明变量间的共同因素越多。Bartlett's 球形检验表示样本总体相关系数矩阵的性质,当 Bartlett's 球形检验显著性概率小于等于 α 时,适合进行因子分析。一般而言,Bartlett's 球形检验显著性概率小于 0.01 即表明可进行因子分析。各量表的 KMO 检验和 Bartlett's 球形检验结果如表 4.6 所示。

第四章 技能型人力资本工作绩效:基于胜任力模型感知影响的实证研究

表 4.6 KMO 检验和 Bartlett's 球形检验结果

变量名称	KMO 值	Bartlett's 球形检验 χ^2	df	显著性概率值(p)
胜任力模型感知	0.869	314.609	21	<0.001
组织支持感知	0.883	337.242	15	<0.001
职业承诺	0.888	590.821	21	<0.001
工作绩效	0.854	1006.173	105	<0.001

(1)胜任力模型感知初始问卷探索性因子分析。胜任力模型感知初始问卷共有 8 个题项。首先,对这 8 个项目采取主成分分析法、正交旋转法、特征值大于 1 的方法抽取公共因子,结果发现只有一个特征值大于 1 的公共因子,表明胜任力模型感知为单维度变量。但结果显示,第二个因子的特征值为 0.998,十分接近 1,从该变量的理论结构和题项的具体内容考虑,决定再次进行因子分析,限制公共因子数量为 2。在第一次因子分析中,发现题项 PR_1 的因子载荷为 0.476,小于 0.5,考虑删除。删除题项 PR_1 后,对剩下的 7 个题项采取主成分分析法、正交旋转法、限制因子提取法进行第二次因子分析。KMO 值为 0.869,Bartlett's 球形检验显著性概率值小于 0.001,表明剩余 7 个题项之间有共同因素存在,数据适合进行因子分析。结果发现,两个因子的累积解释变异量为 67.486%,超过了 50% 的标准,因素负荷在 0.652~0.873 之间。根据相关文献和题项具体内容,将这两个因子命名为"相关性"和"公平性"。胜任力模型感知探索性因子分析的具体结果如表 4.7 所示。

表 4.7 胜任力模型感知探索性因子分析结果

变量名称	因子名称	题项	因素负荷量	解释变异量	累积解释变异量	KMO 值和 Bartlett's 球形检验
胜任力模型感知	公平性	PF_2	0.878	38.168%	38.168%	KMO 值:0.869 Bartlett's 球形检验 χ^2:314.609 自由度 df:21 显著性概率: $p<0.001$
		PF_1	0.805			
		PF_3	0.787			
	相关性	PR_4	0.835	29.318%	67.486%	
		PR_3	0.723			
		PR_5	0.681			
		PR_2	0.580			

(2) 组织支持感知初始问卷探索性因子分析。组织支持感知初始问卷共有 6 个题项。该量表为国外学者 Eisenberger 等(2001)所开发的单维度量表,具有较好的信度和效度。对这 6 个题项采取主成分分析法、正交旋转法、特征值大于 1 的方法抽取公共因子,结果抽取一个因子,解释变异量为 61.819%,超过了 50% 的标准,所有题项的因素负荷在 0.540～0.887 之间,因此保留所有题项。从因子分析的结果来看,分析结果与初始量表一致,组织支持感知为单维度变量,如表 4.8 所示。

表 4.8 组织支持感知探索性因子分析结果

变量名称	题项	因素负荷量	解释变异量	KMO 值和 Bartlett's 球形检验
组织支持感知	POS_2	0.887	62.819%	KMO 值:0.883 Bartlett's 球形检验 χ^2:337.242 自由度 df:15 显著性概率:$p<0.001$
	POS_6	0.857		
	POS_1	0.847		
	POS_3	0.839		
	POS_4	0.731		
	POS_5	0.540		

(3) 职业承诺初始问卷探索性因子分析。职业承诺初始问卷共有 8 个题项。该量表为 Blau(1985)所编制,目前已被国内外研究者广泛使用,具有较高的信度和效度。对这 8 个题项采取主成分分析法、正交旋转法、特征值大于 1 的方法抽取公共因子,结果抽取一个因子,表明职业承诺量表呈单维度结构。但结果显示,题项 CC_4 的因素负荷为 0.318,低于 0.5,考虑删除。删除题项 CC_4 后,对剩下的 7 个条目采用同样的方法进行第二次因子分析。KMO 值为 0.888,Bartlett's 球形检验显著性概率小于 0.001,表明数据适合进行因子分析。此次因子分析结果发现,共抽取一个公共因子,解释变异量为 68.543%,高于 50% 的标准,所有题项的因素负荷在 0.585～0.923 之间。职业承诺探索性因子分析结果如表 4.9 所示。

(4) 工作绩效初始问卷探索性因子分析。工作绩效初始问卷共有 19 个题项。这些题项源自樊景立和郑伯埙(1997)所开发的绩效量表(包含 4 个题项)以及 van Scotter 和 Motowidlo(1996)所编制的周边绩效量表(人际促进量表包含 7 个题项,工作奉献包含 8 个题项),这些量表均具有较好的内部一致性。对这 19 个题项采取主成分分析法、正交旋转法、特征值大于 1 的方法抽取公共因子,结果抽取三个因子。结果显示,题项 JD_1 在三个公共因子上的负荷均小于 0.5,考虑删除;题项 JD_3、IF_3、IF_7 在两个公共因子上的负荷都大于 0.5,考虑删除。删除题项 JD_1、JD_3、IF_3、IF_7 后,对剩下 15 个条目采用同样的方法再次进行因子分析。KMO 值为0.854，Bartlett's球形检验显著性概率小于0.001，表明数据适合进行因子分析。第二次因子分析结果发现，共抽取三个公共因子，解释变异量为67.590%，超过50%的标准，所有题项的因素负荷在0.592～0.882之间。基于已有文献和题项内容，将这三个因子命名为"任务绩效""人际促进""工作奉献"，如表4.10所示。

表4.9 职业承诺探索性因子分析结果

变量名称	题项	因素负荷量	解释变异量	KMO值和Bartlett's球形检验
职业承诺	CC_5	0.923	68.543%	KMO值：0.888 Bartlett's球形检验 χ^2：590.821 自由度 df：21 显著性概率：$p<0.001$
	CC_2	0.904		
	CC_7	0.890		
	CC_6	0.862		
	CC_3	0.857		
	CC_1	0.719		
	CC_8	0.585		

表4.10 工作绩效探索性因子分析结果

变量名称	因子名称	题项	因素负荷量			解释变异量	累积解释变异量	KMO值和Bartlett's球形检验
工作绩效	工作奉献	JD_8	0.882			30.000%	30.000%	KMO值：0.854 Bartlett's球形检验 χ^2：1006.173 自由度 df：105 显著性概率：$p<0.001$
		JD_4	0.876					
		JD_7	0.797					
		JD_6	0.775					
		JD_5	0.614					
		JD_2	0.592					
	人际促进	IF_2		0.869		20.727%	50.727%	
		IF_1		0.802				
		IF_4		0.767				
		IF_5		0.717				
		IF_6		0.637				
	任务绩效	TP_1			0.724	16.863%	67.590%	
		TP_2			0.701			
		TP_4			0.680			
		TP_3			0.657			

3. 问卷的信度分析

信度即可靠性，指采用同一方法对同一对象进行重复测验，其所得结果的一致性、可靠性和稳定性。信度包括内在信度和外在信度，其中，内在信度指的是测量题项之间的内在一致性，最常用的内在信度指标是 Cronbach's α 系数和折半信度；外在信度指的是在不同时间对题项进行测量时所得结果的一致性程度，最常用的外在信度指标是重测信度。目前最常用的信度指标是 Cronbach's α 系数最低可接受的范围在 0.65~0.7 之间，较好的范围在 0.7~0.8 之间，具有高信度量表的 Cronbach's α 系数在 0.8~0.98 之间。本研究即采用 Cronbach's α 系数法，对探索性因子分析之后的胜任力模型感知、组织支持感知、职业承诺和工作绩效量表进行信度检验。具体检验结果如表 4.11 所示。

表 4.11 各量表信度检验

变量名称	因子	题项	α 系数	
胜任力模型感知	相关性	4	0.802	0.874
	公平性	3	0.848	
组织支持感知	组织支持感知	6	0.884	
职业承诺	职业承诺	7	0.922	
工作绩效	任务绩效	4	0.841	0.879
	人际促进	5	0.811	
	工作奉献	6	0.831	

4. 问卷的效度分析

效度即测量的有效性和准确性，指量表能够准确测量出所需测量事物的程度，也指测量结果能够反映所需测量内容的程度。效度越高，表明测量结果越能够反映测量内容。效度分为内容效度、效标关联效度和建构效度。

首先，就内容效度而言，所使用的胜任力模型感知、组织支持感知、职业承诺和工作绩效量表均是依据已有相关文献所得，其中胜任力模型感知量表和工作绩效量表也是在借鉴已有量表的基础上，对其进行修改再加以使用。其次，就相关测量题项内容及文字表述，也在与导师交流后进行修改。因此，所使用的量表具有较高的内容效度。

就效标关联效度而言，所使用的胜任力模型感知、组织支持感知、职业承诺和工作绩效量表具有较高的内容效度，且组织支持感知、职业承诺和工作绩效量表已被国内外学者多次使用并证实。因此，所使用的测量量表具有较高的效标关联效度。

就建构效度而言,采用验证性因子分析的方法检验探索性因子分析得到的量表的因素结构及测量结果与测量内容的吻合程度。在验证性因子分析模型中,拟合度指标通常采用绝对拟合指标和相对拟合指标。绝对拟合指标有 χ^2、RMR、RMSEA、GFI、AGFI,相对拟合指标有 χ^2/df、IFI、NNFI、CFI 等。当 $\chi^2>0.05$,RMR<0.05,RMSEA<0.08,$\chi^2/df<3$,GFI、AGFI、IFI、NNFI、CFI 均大于 0.9,模型的拟合度较好。由表 4.12 可知,模型的各项拟合指标均通过检验,表明量表具有较好的建构效度。

表 4.12　变量验证性因子分析结果

	χ^2/df	RMSEA	GFI	AGFI	IFI	NNFI	CFI
胜任力模型感知	2.846	0.071	0.925	0.939	0.948	0.914	0.947
组织支持感知	2.476	0.079	0.909	0.914	0.923	0.970	0.922
职业承诺	2.012	0.077	0.929	0.919	0.981	0.971	0.980
工作绩效	2.117	0.072	0.919	0.905	0.947	0.914	0.917

三、相关性分析

本章采用 Pearson 相关系数法分析胜任力模型感知、组织支持感知、职业承诺和工作绩效及各变量维度之间的相关性,相关性分析结果如表 4.13 所示。

表 4.13　各变量相关性系数表

	相关性	公平性	胜任力模型感知	组织支持感知	职业承诺	任务绩效	人际促进	工作奉献	工作绩效
相关性	1								
公平性	0.000	1							
胜任力模型感知	0.652**	0.659**	1						
组织支持感知	0.351**	0.666**	0.634**	1					
职业承诺	0.412**	0.415**	0.583**	0.540**	1				
任务绩效	0.241**	0.333**	0.410**	0.443**	0.456**	1			

续表

	相关性	公平性	胜任力模型感知	组织支持感知	职业承诺	任务绩效	人际促进	工作奉献	工作绩效
人际促进	0.272**	0.355**	0.447**	0.436**	0.339**	0.000	1		
工作奉献	0.435**	-0.140*	0.177**	0.019	0.359**	0.000	0.000	1	
工作绩效	0.561**	0.272**	0.571**	0.479**	0.657**	0.519**	0.540**	0.662**	1

注：** 表示在 0.01 水平上显著，* 表示在 0.05 水平上显著。

由表 4.13 可以看出，胜任力模型感知及其两个维度与工作绩效及其三个维度之间的相关性均达到了显著水平，假设 H_1、H_2、H_3、H_4 得到了初步验证；胜任力模型感知及其两个维度与组织支持感知之间的相关性均达到了显著水平，假设 H_5 得到了初步验证；组织支持感知与工作绩效及任务绩效、人际促进之间的相关性均达到了显著水平，假设 H_6 得到了初步验证。此外，各变量的相关性系数均不超过 0.75，因此本研究所使用的数据不存在严重的多重共线性问题。

四、回归分析

相关性分析的结果仅能反映各变量之间是否有相关关系以及相关关系的大小，而不能说明各变量之间是否存在因果关系。为了进一步验证假设 H_1、H_2、H_3、H_4、H_5、H_6 和 H_7，本章采用多元回归分析的方法来检验胜任力模型感知与工作绩效、胜任力模型感知与组织支持感知、组织支持感知与工作绩效之间的因果关系，以及组织支持感知在胜任力模型感知与工作绩效间的中介作用。

1. 胜任力模型感知与工作绩效的回归分析

相关性分析的结果表明，胜任力模型感知与工作绩效及其三个维度之间存在显著相关性，胜任力模型感知的两个维度与工作绩效及其三个维度之间也存在显著相关性，只有公平性感知维度与工作奉献维度之间呈现负相关，其余变量与维度之间均呈正相关关系。为了进一步探究胜任力模型感知与工作绩效间的关系，采用多元回归分析的方法检验假设 H_1、H_2、H_3、H_4。

表 4.14 显示了胜任力模型感知与任务绩效的回归分析结果。如表 4.14 所示，模型一表示对性别、学历等控制变量进行回归，只有职业资格等级对任务绩效有显著正向影响。模型二表示当相关性感知进入时对任务绩效的回归分析结果，模型二在统计学上显著，R^2 为 0.203，发现相关性感知对任务绩效的影响是积极且显著的（$\beta=0.149$，$p<0.05$）。模型三表示当公平性感知进入时对任务绩效的回归分析结果。模型三在统计学上显著，R^2 为 0.256，发现公平性感知对任务绩效的影响是积极且显著的（$\beta=0.279$，$p<0.01$）。模型四表示当胜任力模型感知整体进入时对任务绩效的回归分析结果，模型四在统计学上显著，R^2 为 0.280，发

现胜任力模型感知对任务绩效的影响是积极且显著的。表4.14中的"R^2变化"的值表示因在回归分析中加入胜任力模型感知而增加的对任务绩效的解释变异量。由上述分析可知，假设 H_1 及 H_{1a}、H_{1b} 都得到验证。

表4.14 胜任力模型感知与任务绩效的回归分析结果

变量	任务绩效			
	模型一	模型二	模型三	模型四
控制变量				
性别	−0.086	−0.070	−0.088	−0.070
学历	0.002	−0.012	−0.045	−0.062
工龄	0.088	0.061	0.086	0.056
企业性质	0.000	0.003	0.018	0.021
职务	−0.167	−0.152	−0.155	−0.138
职业资格等级	0.213*	0.211*	0.160*	0.157*
自变量				
相关性		0.149*		0.164**
公平性			0.279**	0.288**
R^2	0.183	0.203	0.256	0.280
R^2 变化	…	0.020	0.073	0.097
F	7.864**	7.656**	10.299**	10.170**

注：** 表示在0.01水平上显著，* 表示在0.05水平上显著。

总体来看，胜任力模型感知的两个维度对任务绩效具有显著正向影响。从现实情况来看，普通员工更看重绩效分配与薪酬分配的公平问题，而企业中高层管理者则更加看重与企业战略和未来发展密切相关的问题。

表4.15显示了胜任力模型感知与人际促进的回归分析结果。在模型一中，对控制变量进行回归。模型二表示当相关性感知进入时对人际促进的回归分析结果，模型二在统计学上显著，R^2 为0.130，发现相关性感知对人际促进维度的影响是积极且显著的（$\beta=0.323$, $p<0.01$）。模型三表示当公平性感知进入时对人际促进的回归分析结果，模型三在统计学上显著，R^2 为0.173，发现公平性感知对人际促进的影响是积极且显著的（$\beta=0.387$, $p<0.01$）。模型四表示当胜任力模型感知整体进入时对人际促进的回归分析结果，模型四在统计学上显著，R^2 为0.282，发现胜任力模型感知对人际促进的影响是积极且显著的。表4.15中的

"R^2 变化"的值表示因在回归分析中加入胜任力模型感知而增加的对人际促进的解释变异量。由上述分析可知,假设 H_2 及 H_{2a}、H_{2b} 都得到验证。

表 4.15 胜任力模型感知与人际促进的回归分析结果

变量	人际促进			
	模型一	模型二	模型三	模型四
控制变量				
性别	0.081	0.115	0.079	0.115
学历	0.111	0.08	0.047	0.01
工龄	0.038	−0.021	0.035	−0.027
企业性质	−0.011	−0.005	0.013	0.021
职务	0.054	0.087	0.071	0.107
职业资格等级	−0.068	−0.071	−0.141	−0.148
自变量				
相关性		0.323**		0.343**
公平性			0.387**	0.404**
R^2	0.033	0.130	0.173	0.282
R^2 变化	…	0.097	0.140	0.249
F	1.208	4.466**	6.276**	10.236**

注:** 表示在 0.01 水平上显著,* 表示在 0.05 水平上显著。

总体来看,胜任力模型感知的两个维度对人际促进的影响均是积极且显著的。这是由于企业及岗位的胜任力模型使员工明确任务划分,不会陷入非正常竞争,从而调节人际关系,员工之间更乐于保持良好的合作关系。当员工感知到胜任力模型的相关性,其对自身与企业战略的关系会有更明确的认识,从而更积极地营造融洽的组织氛围。

表 4.16 显示了胜任力模型感知与工作奉献的回归分析结果。如表 4.16 所示,在模型一中,对需要排除的控制变量进行回归,工龄对工作奉献有显著正向影响,职务对工作奉献有显著负向影响。模型二表示当相关性感知进入时对工作奉献的回归分析结果,模型二在统计学上显著,R^2 为 0.340,发现相关性感知对工作奉献的影响是积极且显著的($\beta=0.342, p<0.01$)。模型三表示当公平性感知进入时对工作奉献的回归分析结果,模型三在统计学上显著,R^2 为 0.275,发现公平性感知对工作奉献有显著消极影响($\beta=-0.217, p<0.01$)。模型四表示当胜任

力模型感知整体进入时对工作奉献的回归分析结果,模型四在统计学上显著,R^2 为 0.377,发现相关性感知对工作奉献有显著积极的影响($\beta=0.332, p<0.01$),但公平性感知对工作奉献有显著消极影响($\beta=-0.200, p<0.01$)。表 4.16 中的 "R^2 变化"的值表示因在回归分析中加入胜任力模型感知而增加对工作奉献的解释变异量。由上述分析可知,只有假设 H_{3a} 得到验证,假设 H_3、H_{3b} 不成立。

总体来看,相关性感知对工作奉献有显著积极影响,而公平性感知对工作奉献有显著消极影响。在任何组织中,对每个员工而言,公平都是相对的,不公平反而可以增强员工内在的竞争意识,激发竞争性,从而表现出更多的工作奉献行为,即适度的不公平可以促进工作奉献。也有可能是样本来源与样本容量的原因,具体原因还有待探究。

表 4.16 胜任力模型感知与工作奉献的回归分析结果

变量	工作奉献			
	模型一	模型二	模型三	模型四
控制变量				
性别	-0.105	-0.069	-0.104	-0.069
学历	-0.043	-0.076	-0.006	-0.041
工龄	0.213**	0.151*	0.214**	0.154*
企业性质	-0.015	-0.009	-0.029	-0.021
职务	-0.178*	-0.143	-0.187*	-0.153*
职业资格等级	0.135	0.131	0.176*	0.169*
自变量				
相关性		0.342**		0.332**
公平性			-0.217**	-0.200**
R^2	0.231	0.340	0.275	0.377
R^2 变化	…	0.109	0.044	0.146
F	10.593**	15.425**	11.396**	15.802**

注:** 表示在 0.01 水平上显著,* 表示在 0.05 水平上显著。

表 4.17 显示了胜任力模型感知与工作绩效的回归分析结果。在模型一中,对控制变量进行回归,工龄、职业资格等级对工作绩效有显著正向影响,职务对工作绩效有显著负向影响。模型二表示当相关性感知进入时对工作绩效整体的回归分析结果,模型二在统计学上显著,R^2 为 0.427,发现相关性感知对工作绩效的影响是积极且显著的($\beta=0.479, p<0.01$)。模型三表示当公平性感知进入时对工作绩效整体的回归分析结果,模型三在统计学上显著,R^2 为 0.257,发现公平性感知

对工作绩效的影响是积极且显著的($\beta=0.211, p<0.01$)。模型四表示当胜任力模型感知整体进入时对工作绩效的回归分析结果,模型四在统计学上显著,R^2为0.479,发现胜任力模型感知对工作绩效的影响是积极且显著的。表4.17中的"R^2变化"的值表示因在回归分析中加入胜任力模型感知而增加的对工作绩效的解释变异量。由上可知,假设H_4及H_{4a}、H_{4b}都得到验证。

总体来看,相关性感知和公平性感知对工作绩效均有显著正向影响。公平性感知来源于员工对公司实施的差异化培训、员工援助计划和奖励措施的感知,取决于公司管理层对员工的知识、技能和行为的评判,员工对这方面可能没有比较深刻和具体的感知。相关性感知包含员工对胜任力模型与公司战略目标、工作任务和个人职业发展目标相关性的感知和员工对胜任力模型的认同感,员工对与自身工作和个人目标相关的内容会有比较具体的感知,因此,相关性感知对工作绩效有显著正向影响。

表4.17 胜任力模型感知与工作绩效的回归分析结果

变 量	工 作 绩 效			
	模型一	模型二	模型三	模型四
控制变量				
性别	−0.070	−0.020	−0.071	−0.020
学历	0.033	−0.013	−0.002	−0.054
工龄	0.207*	0.121	0.205**	0.117
企业性质	−0.016	−0.006	−0.003	0.008
职务	−0.175*	−0.126	−0.166*	−0.115
职业资格等级	0.163*	0.158*	0.123	0.114
自变量				
相关性		0.479**		0.491**
公平性			0.211**	0.235**
R^2	0.216	0.427	0.257	0.479
R^2变化	…	0.211	0.041	0.263
F	9.690**	22.400**	10.400**	24.003**

注:** 表示在0.01水平上显著,* 表示在0.05水平上显著。

2. 胜任力模型感知与组织支持感知的回归分析

表4.18显示了胜任力模型感知与组织支持感知的回归分析结果。在模型一中,对控制变量进行回归。模型二表示当胜任力模型感知进入时对组织支持感知

的回归分析结果,模型二在统计学上显著,R^2 为 0.560,发现胜任力模型感知对组织支持感知的影响是积极且显著的($\beta=0.754, p<0.01$)。由此可知,假设 H_5 得到验证。

研究结果验证了组织支持理论。公司根据组织战略目标和岗位特征提出胜任力模型,并实施一系列相关措施,如制定岗位知识、技能和行为标准,开展员工技能培训、员工援助计划,采取公平且持续的奖励措施,这些都是组织支持的具体表现形式。员工与组织之间是一种互惠关系,组织应能够了解并设法满足员工在物质与精神方面的需求,从而使员工感知到来自组织的支持。当员工感知到公司实施的胜任力模型,即已感知到公司为满足员工需求而实施的一系列相关措施,感知到来自公司的支持。因此,员工对胜任力模型的感知水平越高,组织支持感知水平也越高。

表 4.18 胜任力模型感知与组织支持感知的回归分析结果

变量	组织支持感知	
	模型一	模型二
控制变量		
性别	-0.070	-0.021
学历	0.100	-0.043
工龄	-0.065	-0.157*
企业性质	-0.081	-0.036
职务	-0.123	-0.047
职业资格等级	0.094	-0.019
自变量		
胜任力模型感知		0.754**
R^2	0.057	0.560
R^2 变化	…	0.503
F	2.145*	38.109**

注:** 表示在 0.01 水平上显著,* 表示在 0.05 水平上显著。

3. 组织支持感知与工作绩效的回归分析

表 4.19 显示了组织支持感知与工作绩效的回归分析结果。如表 4.19 所示,在模型一中,对控制变量进行了回归。模型二表示当组织支持感知进入时对工作绩效的回归分析结果,模型二在统计学上显著,R^2 为 0.401,发现组织支持感知对工作绩效的影响是积极且显著的($\beta=0.443, p<0.01$)。表 4.15 中的"R^2 变化"的值表示因在回归分析中加入组织支持感知而增加的对工作绩效的解释变异量。

由上述分析可知,假设 H_6 得到验证。

表4.19 组织支持感知与工作绩效的回归分析结果

变量	工作绩效	
	模型一	模型二
控制变量		
性别	-0.070	-0.039
学历	0.033	-0.011
工龄	0.207*	0.235**
企业性质	-0.016	0.020
职务	-0.175*	-0.121
职业资格等级	0.163*	0.122
自变量		
组织支持感知		0.443**
R^2	0.216	0.401
R^2 变化	…	0.185
F	9.690**	20.063**

注:** 表示在 0.01 水平上显著,* 表示在 0.05 水平上显著。

根据社会交换理论和组织支持理论,当公司关心员工并且重视员工对其作出的贡献,员工会为了报答公司对自己的关心与重视而更努力地完成工作任务,与同事保持良好的合作关系,更愿意营造融洽的组织氛围,表现出更高水平的工作绩效。

4. 中介作用的检验

Baron 和 Kenny(1986)提出中介作用的存在必须满足以下四个条件:① 将自变量与中介变量进行回归,自变量对中介变量必须有显著影响;② 将自变量与因变量进行回归,自变量对因变量必须有显著影响;③ 将中介变量与因变量进行回归,中介变量对因变量必须有显著影响;④ 将自变量、中介变量同时对因变量进行回归,中介变量的回归系数达到显著,而自变量的回归系数相较条件②减小。如果自变量对因变量的回归系数不再显著,即中介变量进入自变量和因变量的关系中,自变量和因变量的关系消失,则表示中介变量起完全中介作用;如果自变量对因变量的回归系数减小,但仍达到显著水平,即中介变量进入自变量和因变量的关系中,自变量对因变量的影响减弱,但仍达到显著水平,则表示中介变量起部分中介作用。

根据以上检验中介作用的方法,组织支持感知在胜任力模型感知与工作绩效的关系中起中介作用必须满足以下四个条件：① 将胜任力模型感知与组织支持感知进行回归，胜任力模型感知对组织支持感知的影响必须是显著的；② 将胜任力模型感知与工作绩效进行回归，胜任力模型感知对工作绩效的影响必须是显著的；③ 将组织支持感知与工作绩效进行回归，组织支持感知对工作绩效的影响必须是显著的；④ 将胜任力模型感知、组织支持感知同时对工作绩效进行回归，组织支持感知的回归系数达到显著，而胜任力模型感知的回归系数相较条件②减小。如果胜任力模型感知的回归系数不再显著，则表示组织支持感知在胜任力模型感知与工作绩效的关系中起完全中介作用；如果胜任力模型感知的回归系数减小但仍达到显著水平，则表示组织支持感知在胜任力模型感知与工作绩效的关系中起完全部分作用。

在前面的章节中，已验证条件①、②和③，还有条件④需要检验。为了更加清晰地呈现条件④的检验过程，表4.20中有部分前面章节的分析结果。如表4.20所示，模型一表示将控制变量进行回归。模型二表示当胜任力模型感知进入时对工作绩效的回归分析结果，模型二在统计学上显著，R^2为0.432，发现胜任力模型感知对工作绩效的影响是积极且显著的（$\beta=0.495, p<0.01$），验证条件②。模型三表示当组织支持感知进入时对工作绩效的回归分析结果，模型三在统计学上显著，R^2为0.401，发现组织支持感知对工作绩效的影响是积极且显著的（$\beta=0.443, p<0.01$），验证条件③。模型四表示当胜任力模型感知和组织支持感知同时进入时对工作绩效的回归分析结果，模型四在统计学上显著，R^2为0.450，发现组织支持感知的回归系数达到显著（$\beta=0.199, p<0.05$），胜任力模型感知的回归系数相较模型二显著减小，但仍达到显著水平，则组织支持感知在胜任力模型感知与工作绩效的关系中起部分中介作用。由上可知，假设H_7得到验证。

表4.20 组织支持感知对胜任力模型感知与工作绩效的中介作用的回归分析结果

变量	工作绩效			
	模型一	模型二	模型三	模型四
控制变量				
性别	−0.070	−0.038	−0.039	−0.034
学历	0.033	−0.061	−0.011	−0.052
工龄	0.207*	0.146*	0.235**	0.177*
企业性质	−0.016	0.014	0.020	0.021
职务	−0.175*	−0.126	−0.121	−0.116
职业资格等级	0.163*	0.089	0.122	0.093
自变量				
胜任力模型感知		0.495**		0.345**

续表

变量	工作绩效			
	模型一	模型二	模型三	模型四
中介变量				
组织支持感知			0.443**	0.199*
R^2	0.216	0.432	0.401	0.450
R^2 变化	...	0.216	0.185	0.234
F	9.690**	22.835**	20.063**	21.349**

注：** 表示在 0.01 水平上显著，* 表示在 0.05 水平上显著。

公司根据战略目标和岗位特征开发并实施胜任力模型，为员工提供在职培训、员工援助和公平且持续的奖励措施等组织支持，当员工感知到胜任力模型的相关性与公平性，其也会对组织支持有一定程度的感知，员工为了回报组织给予的支持而更加努力地工作，更加出色地完成工作任务，采取更多的利组织行为，与同事和睦相处，积极营造融洽的组织氛围，并表现出超越本职工作之外的工作奉献行为，主动承担具有挑战性的工作，积极主动地解决工作中的难题，以更高的工作绩效来回报组织对其的关心与支持。因此，组织支持感知在胜任力模型感知与工作绩效之间的关系中起中介作用。

5. 调节作用的检验

为了检验假设 H_8，将胜任力模型感知作为自变量、职业承诺作为调节变量、工作绩效作为因变量。自变量胜任力模型感知和调节变量职业承诺均采用李克特五点量表进行测量，可看作连续变量，因此本书采用带有以胜任力模型感知与职业承诺相乘的交互项的回归模型，进行层次回归分析，并按以下步骤检验职业承诺的调节作用：① 为消除共线性，分别对胜任力模型感知和职业承诺进行标准化处理；② 以胜任力模型感知、职业承诺为自变量，工作绩效为因变量，进行回归分析；③ 以胜任力模型感知、职业承诺和交互项（胜任力模型感知 * 职业承诺）为自变量，工作绩效为因变量，进行回归分析；④ 比较步骤②和③的回归分析结果，如果交互项回归系数达到显著性水平，则职业承诺在胜任力模型感知与工作绩效的关系中起调节作用。

层次回归分析结果如表 4.21 所示。模型一表示对控制变量进行回归，该模型在统计学上显著。模型二表示当胜任力模型感知和职业承诺加入时对工作绩效的回归分析结果，该模型在统计学上显著，发现胜任力模型感知和职业承诺对工作绩效的影响是积极的和显著的。模型三表示当胜任力模型感知、职业承诺和交互项加入时对工作绩效的回归分析结果，该模型在统计学上显著，发现胜任力模型和职业承诺的回归系数显著，但交互项（胜任力模型感知 * 职业承诺）的回归系数未达到显著性水平，因此职业承诺在胜任力模型感知与工作绩效间未起调节作用。由此可知,假设 H_8 不成立。

职业承诺在胜任力模型感知与工作绩效间不起调节作用,对其解释如下:胜任力模型感知属于角色感知的范畴,在组织行为理论中,角色感知指的是人们对分配到的任务或被期望的工作职责的了解程度,角色感知明晰的员工不仅能够与同事和其他利益相关者等保持较好的合作关系,还会有较高的工作动机;工作绩效受到胜任力模型感知的影响,主要是因为员工对自身角色感知程度的高低,员工感知到组织要求他们按照胜任力模型来承担相应的任务和职责,以及员工在完成任务、履行职责的过程中感知到胜任力模型的相关性和公平性,从而认真完成工作任务,与同事保持合作,营造和谐的组织氛围,表现出工作奉献的行为与态度;胜任力模型感知含有被动性,而职业承诺是员工对职业的态度,是完全主动的,因此职业承诺在胜任力模型感知与工作绩效的关系中不起调节作用。此外,样本仅限于南京和上海等四个地区的先进制造企业,有效样本量仅为218,因此,样本选择区域有限和样本数量不足也可能是一大原因。职业承诺在胜任力模型感知与工作绩效间的调节作用也是今后的研究方向之一。

表4.21 职业承诺对胜任力模型感知与工作绩效的调节作用的回归分析结果

变量	工作绩效		
	模型一	模型二	模型三
控制变量			
性别	-0.070	-0.058	-0.059
学历	0.033	-0.067	-0.066
工龄	0.207*	0.164**	0.166**
企业性质	-0.016	0.036	0.036
职务	-0.175*	-0.065	-0.066
职业资格等级	0.163*	-0.009	-0.006
自变量			
胜任力模型感知		0.274**	0.264**
调节变量			
职业承诺		0.441**	0.440**
交互项			
胜任力模型感知*职业承诺			-0.019
R^2	0.216	0.545	0.545
R^2 变化	…	0.329	0.000
F	9.690**	31.303**	27.721**

注:** 表示在0.01水平上显著,* 表示在0.05水平上显著。

五、研究结果分析及管理建议

本章在中国背景下,探索组织支持感知在胜任力模型感知与工作绩效间的中介作用和职业承诺在胜任力模型感知与工作绩效间的调节作用,并构建概念模型,以南京、上海、淮安等规模以上先进制造企业技能型员工为研究对象,对概念模型进行验证,得到以下研究结果:

(1) 验证了胜任力模型感知与工作绩效之间的相关关系,证实了胜任力模型感知与工作绩效呈正相关关系。其中,相关性感知、公平性感知与工作绩效均呈正相关关系。根据社会认知理论和社会交换理论,个体、行为和环境互为依赖、互相影响,个体认知因素可以预测个体行为,当组织重视员工对组织的贡献并关心员工福利,作为回报,员工会更努力工作,采取有利于组织的人际促进行为和工作奉献行为,工作绩效得到提升。企业根据自身的战略目标和岗位特征开发胜任力模型,制定岗位知识、技能和行为标准,开展差异化技能培训和员工援助计划,并对符合胜任力模型标准的员工采取公平的奖励措施,当员工感知到胜任力模型与公司战略目标和个人发展目标的相关性和在职培训、援助计划及奖励措施的公平性,会更加努力地工作,与同事和睦相处,营造有利于企业的和谐组织氛围,并表现出超越本职工作之外的工作奉献行为,从而提高工作绩效。

(2) 验证了胜任力模型感知的相关性感知和公平性感知均对工作绩效有显著正向影响。公平性感知源自员工对企业实施的差异化培训、员工援助计划和奖励措施是否公平的感知,培训与援助计划均由企业管理层决定,是否给予奖励及奖励的形式也是根据企业对员工的岗位知识、技能和行为的评估结果,员工在这些方面缺乏参与感,因此员工对此可能没有比较深刻和具体的感知,公平性感知对工作绩效的影响有限。相关性感知指的是员工对胜任力模型与企业战略目标、工作任务和个人职业发展目标的相关性的感知和员工对胜任力模型的认同感,员工对与自身工作和个人目标相关的内容会有比较具体和深刻的感知,因此,相关性感知对工作绩效有显著正向影响。

(3) 在中国情境下,探索性地将组织支持感知引入胜任力模型感知与工作绩效的关系中,验证了组织支持感知在胜任力模型感知与工作绩效间的部分中介作用,为组织支持感知的研究提供新的思路,是在中国情境下的胜任力模型感知与工作绩效间的作用机理研究。公司根据战略目标和岗位特征开发并实施胜任力模型,开展在职培训、员工援助计划,制定岗位知识、技能与行为标准,并根据此标准采取公平且持续的奖励措施,这些都是组织支持的具体表现形式,是企业关心员工、重视员工对企业的贡献的行为,当员工感知到胜任力模型的相关性与公平性,其也会对组织支持有一定程度的感知,即员工的胜任力模型感知水平越高,其组织支持感知水平也会越高,因此组织支持感知在胜任力模型感知与工作绩效间的关系中起着重要的作用。国外有研究发现,胜任力模型感知对工作绩效的工作努力维度有显著正向影响,交换关系在胜任力模型感知与工作努力间起中介作用,本章经研究发现,当员工的胜任力模型感知水平越高,其组织支持感知也会越高,从而有更高的工作绩效。研究组织支持感知在胜任力模型感知与工作绩效间的中介效应,可启迪企业开发更加适合技能型员工的胜任力模型,而提高员工的工作绩效也可从提高员工的组织支持感知着手,根据员工需求提供物质方面和精神方面的关心与支持,重视员工对企业所做出的贡献,在员工遇到特殊问题时给予相应的帮助,以此来提升员工的组织支持感知,促使员工提高工作绩效。

(4) 探索性地研究职业承诺在胜任力模型感知与工作绩效间的调节效应,但研究结果表明职业承诺在胜任力模型感知与工作绩效的关系中未起调节作用。胜任力模型感知属于角色感知的范畴,在组织行为学中,角色感知指的是人们对分配到的任务或被期望的工作职责的了解程度,角色感知明晰的员工不仅能够与同事和其他利益相关者等保持较好的合作关系,还会有较高的工作动机;工作绩效受到胜任力模型感知的影响,主要是因为员工对自身的角色感知,员工感知到组织要求他们按照胜任力模型来承担相应的任务和职责,以及员工在完成任务、履行职责的过程中感知到胜任力模型的相关性和公平性,从而认真完成工作任务,与同事保持合作,构建和谐的组织氛围,表现出工作奉献的行为与态度;胜任力模型感知含有被动性,而职业承诺是员工对职业的态度,是完全主动的,因此职业承诺在胜任力模型感知与工作绩效的关系中不起调节作用。此外,样本选择区域有限和样本数量不足也可能是重要原因。

(5) 通过分析先进制造企业技能型员工对胜任力模型相关性和公平性的感知,探究胜任力模型感知对工作绩效的影响,丰富了人力资源管理实践的内容,对有关技能型员工的管理实践具有指导作用。在制造型企业中,很多技能型员工并不了解企业及自身岗位的胜任力模型,即使知晓企业实施的胜任力模型,也没有明确的角色感知和角色定位,甚至认为企业及岗位的胜任力模型与工作绩效无关,即使不了解胜任力模型,也不会对工作绩效有显著影响。而本研究发现,胜任力模型感知对工作绩效有显著正向影响。因此,若加强员工对企业及岗位的胜任力模型感知,则能够提高员工的工作绩效。为加强员工的胜任力模型感知,企业应充分了解员工对岗位工作内容和薪酬福利等方面的诉求,注重胜任力模型中与员工工作任务和职业发展相关的内容,以及相应的培训、援助计划和奖励措施,使胜任力模型既能够促进企业战略目标的实现,又能够促使员工工作任务的完成和职业发展目标的达成。企业通过了解员工的胜任力模型感知程度来评估胜任力模型在企业及岗位中的适用性及实施效果,指导人力资源实践,采取相应的措施,促使员工提高工作绩效。

第六节 结论与建议

本节主要阐述得到的研究结论,并提出管理建议,同时指出研究的不足以及对下一步研究方向的展望。

一、研究结论

主要研究技能型人力资本胜任力模型感知、组织支持感知、职业承诺与工作绩效间的相互作用关系,发现胜任力模型感知与工作绩效、胜任力模型感知与组织支持感知、组织支持感知与工作绩效、职业承诺与工作绩效间存在显著的正相关关系。

(1) 在中国情景下,探索胜任力模型感知对工作绩效的影响,研究结果发现,胜任力模型感知对工作绩效的影响是正向的和显著的。主要是由于公平性感知源自员工对企业实施的差异化培训、员工援助计划和奖励措施是否公平的感知,培训、援助计划和奖励措施均由企业管理层决定,员工对于胜任力模型中的公平性措施缺乏参与感,因此员工的公平性感知可能不够具体与深刻,导致此方面的感知不能够有效影响行为,从而对工作绩效的影响有限。而相关性感知涉及员工对胜任力模型与企业战略目标、工作任务和个人职业发展目标相关性的感知和员工对胜任力模型的认同感,员工比较关注与自身工作和个人目标相关的内容,对胜任力模型的相关性会有比较具体和深刻的感知,因此,相关性感知对工作绩效有显著正向影响。

(2) 探索性地将组织支持感知引入胜任力模型感知与工作绩效间的关系中,研究结果发现,组织支持感知在胜任力模型感知与工作绩效间起部分中介作用,为组织支持感知研究及胜任力模型感知与工作绩效间的作用机理研究提供新思路。企业依据战略目标和岗位特征开发并实施胜任力模型,开展在职培训、员工援助计划,制定岗位的知识、技能与行为标准,并根据此标准采取公平且持续的奖励措施,这些都是企业给予员工的组织支持,是企业关心、重视员工的表现。当员工感知到胜任力模型的相关性与公平性,其也会对组织支持有一定程度的感知,即员工的胜任力模型感知水平越高,其组织支持感知水平也会越高。国外研究表明,胜任力模型感知对工作绩效的工作努力维度具有显著正向影响,交换关系在胜任力模型与工作绩效间起中介作用,本书研究发现,当员工的胜任力模型感知水平越高,其组织支持感知也会越高,从而有更高的工作绩效,组织支持感知在胜任力模型感知与工作绩效之间起中介作用。主要是因为当员工感知到胜任力模型与企业战略目标和自身的工作任务、职业发展目标的相关性以及在职培训、援助计划和奖励措施的公平性,其也会感知到来自组织的支持,那么,员工会产生回报企业的义务感,从而更努力工作,提升工作绩效。企业应开发更加适合技能型员工的胜任力模型,可从提高员工的组织支持感知入手探索提高员工的工作绩效的方法,如根据员工需求提供物质方面和精神方面的关心与支持,在员工遇到特殊问题时给予相应的帮助,重视员工的工作成就及其对企业的贡献,以此来提高员工的组织支持感知,促使员工提高工作绩效。

二、管理建议

在工业4.0背景下,新一代信息技术和制造业技术深度融合,传统制造业受到冲击,先进制造业迅速崛起,技能型员工成为先进制造企业中不可或缺的人才资源,而胜任力模型在制造型企业中的应用也促使其与员工的工作绩效与企业绩效联系起来。在企业中实施胜任力模型,既要考虑到企业整体的战略目标,又要考虑到与员工切身利益相关的内容,并适当地给予员工相应的关心与支持,以促使员工更好地完成工作任务,自愿营造和谐的组织氛围,主动为企业奉献。此外,还要注重培养技能型员工的职业承诺,进一步提高员工的工作绩效。如何将胜任力模型应用于先进制造企业的日常运营和技能型员工的管理中,以使其能够更好地为企业管理服务,转化为更高的绩效,是人力资源管理需要解决的问题。因此,根据研究结果,本书从企业与员工的双重角度提出以下管理建议:

1. 构建适用于技能型岗位的胜任力模型

基于胜任力及胜任力模型,国内外学者构建了医生、护士和公务员等职业的岗位胜任力模型,也研究了企业中高层管理者、技能人才、创业人员等的胜任力构成维度,但针对制造型企业及技能型员工的胜任力模型研究较少。如今,很多企业所使用的胜任力模型依然属于通用型,应用于企业中所有普通工作岗位,对细分的工作岗位并没有开发专用的胜任力模型。而技能型员工所从事的工作岗位对技能有特定的标准与要求,对能力素质也有特殊的要求,细分岗位的技能要求也是略有差别,有别于一般非技能型员工。因此,先进制造企业应着力构建适用于技能型岗位的胜任力模型,并针对细分岗位的不同技能需求开发不同的胜任力模型,使之更适用于技能型员工的工作内容,使技能型员工能够具体感受到自身所处岗位的胜任力模型。

2. 完善胜任力模型中员工职业生涯发展的相关内容

企业构建并在日常运营中应用胜任力模型,不仅应考虑企业整体的战略目标,还应关注与员工的个人职业生涯发展密切相关的内容。比如关注员工是否有对职业培训、特殊援助或晋升的需求,针对员工的不同需求,运用胜任力模型对员工实施差异化的职业培训、员工援助计划,给予员工公平的晋升空间,制定公平且持续的奖励制度。员工对与自身职业生涯发展的内容较为关注,若企业能够考虑到员工的个人目标和价值观,所实施的胜任力模型也有助于员工实现职业发展目标,员工会更愿意主动了解企业及岗位的胜任力模型,从而增强胜任力模型感知能力,推动胜任力模型在企业中的顺利实施。当员工感受到胜任力模型中与自身职业生涯发展相关的内容和来自企业的关心与支持,会以加倍的努力工作和工作忠诚度作为回报,从而提高工作绩效。

3. 加强胜任力模型中相关奖励流程的管理

根据研究结果,胜任力模型感知中的公平性感知对工作绩效的影响比相关性感知更弱,因此应加强员工对胜任力模型的公平性感知。公平性感知指员工对差异化培训、员工援助计划和奖励措施是否公平的感知,当员工因按照胜任力模型对工作岗位知识、技能与行为的要求完成任务,企业应给予其相应的物质奖励或精神奖励,如增加薪酬、提供在职培训机会、给予内部晋升资格等,因此,对奖励流程的管理至关重要。为保证奖励措施的公平性,企业应采取措施对相关奖励流程进行监督,由上级或专业人员对员工的工作成果进行多轮的专业化评估,以决定是否按照胜任力模型的标准对其进行奖励。当员工感知到奖励措施与奖励流程的公平性,会更主动地将胜任力模型对技能和能力素质的要求应用于日常工作中,从而促进绩效提升。

4. 重视胜任力模型在企业及岗位中的应用

研究课题选择在规模以上的先进制造型企业中进行调查研究,既考虑到以技能型员工为研究对象,又考虑到小型制造企业可能没有在人力资源实践中应用胜任力模型和对不同工作岗位没有实施差异化的胜任力模型的实际情况。在人力资源实践中应用胜任力模型,有助于人力资源管理及战略目标、绩效的实现,不仅要在企业及岗位中应用胜任力模型,还应采取措施使员工了解并认同胜任力模型,对胜任力模型的相关性和公平性有一定的感知,强化胜任力模型的实施效果。通过在公司章程中加入胜任力模型的相关说明,在工作说明书中加入胜任力模型的具体内容,在职前培训时对员工普及公司及其所在岗位的胜任力模型,在绩效考核中加入胜任力模型的相关内容,使员工感知胜任力模型的战略意义和具体岗位的胜任力模型,并重视胜任力模型对于工作的重要性,同时为员工的工作内容和工作方向提供指导。

5. 加强企业的人文关怀

对技能型岗位而言,工作绩效和工作成果是检验员工工作技能和素质的重要指标。但企业不应一味注重员工的工作绩效,还应关注员工的工作努力,关注员工的生存状况、精神状态及幸福感,为员工的工作成就感到骄傲,并重视员工对企业的贡献。企业文化不仅体现企业的目标与价值观,还体现了组织氛围和员工的工作状态,因此,企业文化不应只为企业服务,还应考虑到员工的目标和价值观,而在实施胜任力模型时也应充分考虑员工需求,并给予员工充分的组织支持。加强企业对员工的人文关怀,关注员工的工作状态以及员工是否能够从工作中获得幸福感,在员工遇到特殊问题时及时为其提供帮助,充分尊重员工在工作中的付出和对企业的贡献,使员工认同企业文化,树立与企业共同发展的意识。

三、研究不足及下一步研究方向

由于受到内外部环境因素的影响和自身知识水平的限制,在研究过程中尚有许多不足之处,需要在下一步研究中加以完善。研究的样本仅来自南京、上海等四个地区,样本容量也仅有218份,今后应扩大样本来源和样本容量,对胜任力模型感知与工作绩效间的关系及两者之间的作用机制进行深入研究。

关于下一步研究方向,首先,由于国内有关胜任力模型感知与工作绩效的关系研究较少,在今后的研究中应加强这方面的研究。其次,以先进制造行业的技能型员工为研究对象,今后的研究可考虑研究不同行业或不同类型员工的胜任力模型感知与工作绩效之间的关系。再次,分别以组织支持感知和职业承诺为中介变量和调节变量,研究胜任力模型感知与工作绩效间的作用机制,但未验证职业承诺在两者之间的调节效应,今后研究可考虑其他中介变量,选择合理的调节变量,构建中国情境下的胜任力模型与工作绩效间的关系模型。最后,还可考虑研究胜任力模型感知的其他结果变量,如工作满意度、离职倾向等,构建更多的有关胜任力模型感知的理论模型。

第五章 技能型人力资本深化：职业结构-教育层次结构的协同演进与互动效应分解

第一节 引　　言

Schultz(1960,1963)充分论述人力资本深化与经济发展的关系，指出人力资源是一切资源中最主要的资源。在经济增长中，人力资本的作用大于物质资本的作用。经济发展是生产力进步的集中表现，人力资本深化提高了人力使用自然和改造自然的能力，是对生产力发展的根本推进。但应指出人力资本作用的凸显集中体现在技术革命之后，人力资本超过物质资本对生产的贡献也是在此之后。

从经济学相关理论来看，一方面，新古典主义、创新学派认为劳动者存量增加和素质提升是经济发展的重要因素，结构主义认为产业结构调整也同样可以促进经济发展；另一方面，经济发展总是伴随着技术进步，使新兴产业不断发展，由此又引发产业结构升级，并且创造新的就业机会。

在人力资本理论看来，人力资本深化的核心是提高人口质量，教育投资是人力资本投资的主要途径。职业培训是形成人力资本的另一重要途径，它依据人的身心发展规律传授系统的技术知识，训练科学的劳动技能，有计划、循序渐进地激发个体的职业潜能，促进劳动者在职业岗位上提高劳动生产率，与基础教育相比更具针对性，更易实现人力资本转化。终身职业培训体系与经济社会发展存在良性的互动循环。教育培训不仅提升人力资本的质量，而且增强劳动者职业迁移能力，直接推动经济发展；反过来，经济发展又对教育培训体系建设具有引致作用，对劳动者素质和职业迁移能力提出更高的要求(具体关系参见图5.1)。

人力资本生产性作用发挥需要一定的经济和社会条件，经济发展的不同阶段对人力资本的要求不同，从而不同阶段人力资本对经济发展的作用也不同。当前，新一轮科技革命和产业革命正在兴起，经济发展动力已从要素驱动、投资驱动转向创新驱动，对劳动者素质提出新的要求，低劳动力素质已不再适应高新技术产业发展和产业结构升级转型。

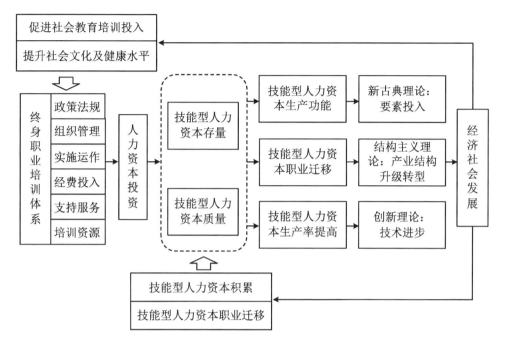

图 5.1 教育培训体系与经济社会发展的内在机理与作用途径

本章研究内容有两个方面：一是研究职业结构-教育层次结构的协同演进与互动效应，为产业结构转型升级的背景下职业结构高级化、教育层次结构体系设置等提供有益借鉴；二是企业职员培训调查研究，选择先进制造企业较发达的城市了解企业技能人才的培训现状和存在的问题。通过对典型企业与优秀高技能人才的访谈调查，探索企业在新型技能人才培养中的成功实践，给企业提供示范作用，并给政府、企业和职业学校在技能人才培养方面提供一些建议。

第二节 职业结构-教育层次结构的协同演进与互动效应研究

职业结构是指在一定社会经济条件下人们所从事的职业类型、比例及分布状况，是一个国家的基本社会结构。职业结构变动是职业自身演进与外在因素双重作用的结果，一方面，生产力水平的提高与劳动分工的发展，使得职业种类与内涵发生变化，职业的技能与要求、劳动工具等职业内在因素也发生变化；另一方面，经济体制和产业政策等外在制度因素也在不断调整职业结构。教育结构有纵向和横向结构之分，纵向结构如学历、职业能力层次结构等，横向结构如专业设置结构等。

本书中的教育结构概念仅指狭义上的纵向教育层次结构。教育层次结构跟随产业结构的变动,制约着职业结构的劳动力供给数量和质量,对职业结构的演进起指导作用。

职业结构现有研究主要包括职业结构变迁、职业结构高级化、职业结构和产业结构互动关系等方面。Wan(2013)等提出职业结构分析能够反映各地区的经济产业成长的劳动力供给情况;Storper(2010)等认为职业结构将一直处于演进分化的过程中,影响区域经济结构的形成和系统发展;杨胜利(2017)认为产业结构、劳动者受教育年限以及年龄是影响地区职业结构的主要因素,要推动职业结构高级化,必须要提升劳动者素质;陈凌(2008)应用产业-职业就业结构模型研究产业结构与职业结构的互动关系,发现产业结构变动在职业结构变迁中起主导作用;许欣(2017)认为行业结构趋于多样化、高级化,职业结构逐渐趋于专业化、高级化,职业分布与行业特性紧密相连。

职业结构与教育结构关系研究主要集中在匹配度、互动关系等问题上。盛晓君(2016)认为现阶段职业结构体系和职业教育专业结构体系匹配存在问题,提升匹配度的途径是明确界定专业标准的原则以及构建职业教育自身标准;陈晶晶(2015)对创业型经济的发展研究指出引起职业结构诸要素变化以及人才培养与职业结构间匹配关系问题;陈万明(2012)认为高等教育结构以及职业教育发展与产业结构实质上存在着互动和协变关系,教育结构变化与职业结构变化关联度较大,具有时滞性;郭继强(2014)探讨两者在逻辑上同时存在直接互动和间接互动关系,教育市场制约劳动力市场中的劳动力供给,决定劳动力市场的就业状况,同时教育市场也会及时响应劳动力市场传递对劳动力需求的新要求,调适自身对劳动力市场的劳动力供给。

本书试图在现有研究基础上对职业结构、教育层次结构互动关系进行理论梳理,构建互动演进模型,对两者相互作用机制进行定性分析,然后采用人口普查数据、劳动统计年鉴等资料,运用比例差分法,再对职业结构、教育层次结构协同互促效应进行定量分析,以期在产业结构转型升级的背景下对职业结构高级化、教育层次结构体系设置等提供有益借鉴。

一、职业结构-教育层次结构协同演进的理论分析

职业的形成与发展与分工有着密切的联系。由于劳动分工,社会劳动分解成多个工作程序,多人合作共同完成劳动产品的生产。不同的劳动环节,有其各自特殊的劳动对象,有各自专门适用的劳动工具,有独特的具体活动支出形式,均有一定的职责与任务,随之产生职业。

职业结构的形成需要一定的社会条件,社会生产力的发展是根本原因。生产力水平的提高不断地改变社会分工体系,产生越来越多的生产部门,各产业部门的

构成及相互之间的相互关系形成不同的产业结构。职业结构依附于产业结构,生产力越发达,社会分工越细,产业部门越深化,职业种类就越多,劳动力按照职业的要求配置产业其中就形成了职业结构。产业结构的变化必然引起职业结构的变动,通过三种效应对职业结构发生作用:一是增加效应,产业升级和技术创新,使得产业结构高级化,产生了一些新的职业,对劳动者提出了全新的技能要求;二是减少效应,产业结构的进步与发展使得一些落后的产业被淘汰,一些职业逐渐消失;三是替代效应,职业本身没有发生变化,但职业的内涵发生了变化,高层次的职业替代低层次的职业,产业变化引起职业的高级化。

教育为职业提供具有一定知识与技能的劳动力。每个职业对劳动力的要求是不同的,劳动力素质的提高主要是后天经过教育投资获得,教育赋予劳动力以一定的知识、专业技能等,形成具有不同知识与技能的劳动力,为职业提供符合其需求的劳动力。

一方面,教育层次结构跟随产业结构、职业结构的变化而变化;另一方面,合理的教育层次结构对经济和社会发展、经济结构的合理化又有重要作用,调整教育层次结构是提高教育经济效益的重要途径。一般来说,劳动力的素质在一定时期相对稳定,从而职业结构也相对稳定,但是产业结构总是不断调整与升级,对劳动力的知识、技能等提出新的要求,如果教育使得劳动力具有较高的素质,并能满足产业发展的需要,即职业结构高级化与产业结构相互适应,就具有促进效应,同时劳动力培训与学习需要时间,相对于职业结构的调整也有时间上的滞后性。新兴产业发展初期,教育无法及时提供适应新产业要求的劳动力,制约效应尤其明显。

职业结构与教育层次结构存在互动循环关系,具有类似 DNA 双螺旋模型结构的若干规律性特征,似"麻花状"绕一共同轴心以右手方向盘旋,相互平行而走向相反形成双螺旋构型。通过对比研究,职业结构与教育层次结构的互动关系不是简单、单向的对应关系,而是通过各要素围绕着人才供需关系主线形成的动态的、稳定提升的共同螺旋式发展,同时具有阶段式发展的特点;职业结构高级化与教育层次结构优化的各自经验(含优化理念、管理模式等),可以通过双螺旋结构彼此借鉴和学习,并基于双螺旋互动关系,可以通过一方的具体情况来对另外一方的未来发展趋势进行预测。由此,构建职业结构-教育层次结构互动演进的双螺旋结构模型,如图 5.2 所示。

从纵轴看,显示职业结构及其影响因素演进关系,包括生产力发展、社会分工、产业结构调整与升级等;从横轴看,显示教育层次结构及其影响因素演进关系,包括制度变迁、产权制度与创新活动、产业政策、教育政策等;从斜向看,上下对应各模块存在静态匹配、动态互动关系。生产力是社会制度变迁与人类社会发展的决定性力量,高效率的制度又为科学和技术应用和发展提供可能性空间,推动生产力发展;产权保护、创新活动与分工深化存在互动影响;产业结构形成与产业政策、教育政策存在跟随变动、引致需求以及优化配置作用。

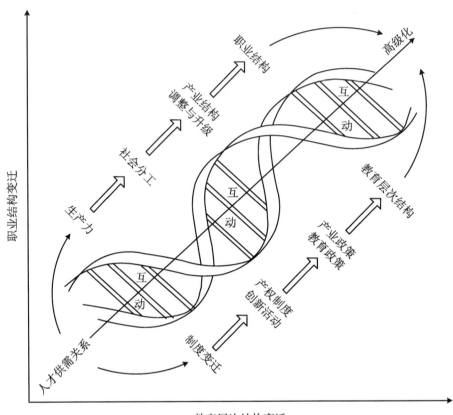

图 5.2 职业结构-教育层次结构互动演进理论模型

二、职业结构－教育层次结构互动效应分解

1. 数据来源及处理

研究数据来源于第四次《中华人民共和国人口普查资料》和《中国劳动统计年鉴》,选取其中的职业结构、教育层次结构以及不同职业的教育层次结构的数据进行分析,时间跨度为 2000—2016 年,2000—2008 年为第一阶段,2009—2016 年为第二阶段。其中,2000 年"职业-教育层次结构"数据采用第四次《中华人民共和国人口普查资料》中的"不同的职业受教育层次人口"资料折合百分比进行运算。教育层次结构的分类依据以往经验,将 2000 年教育层次结构中"扫盲班"归入"上过小学",将 2016 年教育层次结构中的"中职"归入"初中","高职"归入"高中",将受教育层次类型分为未上小学(E_1)、小学(E_2)、初中(E_3)、高中(E_4)、大学专科(E_5)、大学本科及以上(E_6)。根据职业分类,将职业类型分为单位负责人(O_1)、专

业技术人员(O_2)、办事人员和有关人员(O_3)、商业服务业人员(O_4)、农林牧渔水利业生产人员(O_5)、生产运输设备操作人员及有关人员(O_6),职业类型中"其他"这一类职业,由于不便归类和分析,因而本书不做讨论。

2. 结构模型

"比例差分法"早期用于研究人口特征变化、劳动力流动等问题,在多因素共同作用条件下估计各因素影响净效应及交互效应。该模型研究职业结构、教育层次结构交互效应,可以表达结构变动之间的主从作用关系,解释模型内不同结构变动对经济体就业人口变化的作用以及对职业结构变迁是否发挥促进或抑制作用。

假设一个有 m 种职业 n 种受教育层次构成的经济体,在 t 时刻它内部有第 j 种受教育层次中第 i 种职业的就业人口为 X_{ij}^t。职业-教育层次分布用如下矩阵来表示:

$$X^t = \begin{bmatrix} X_{IJ}^t & X_I^t \\ X_J^t & L^t \end{bmatrix}$$

其中,不同职业内的受教育层次分布:

$$X_{IJ}^t = \begin{bmatrix} x_{11}^t & \cdots & x_{1j}^t & \cdots & x_{1n}^t \\ & & \cdots & & \\ x_{i1}^t & \cdots & x_{ij}^t & \cdots & x_{in}^t \\ & & \cdots & & \\ x_{m1}^t & \cdots & x_{mj}^t & \cdots & x_{mn}^t \end{bmatrix}$$

职业分布向量 $X_I^t = (x_1^t, \cdots, x_i^t, \cdots, x_m^t)^T$, $x_i^t = \sum_{j=1}^{n} x_{ij}^t$,其中 T 表示向量或矩阵转置;受教育层次分布向量 $X_J^t = (x_1^t, \cdots, x_j^t, \cdots, x_n^t)$, $x_j^t = \sum_{i=1}^{m} x_{ij}^t$;总劳动力 $L^t = \sum_{i=1}^{m}\sum_{j=1}^{n} x_{ij}^t$。

再看职业-教育层次结构矩阵,由 X^t 可得到职业-教育层次结构状况为

$$R^t = \begin{bmatrix} R_{IJ}^t & R_I^t \\ R_J^t & 1 \end{bmatrix}$$

其中,职业内受教育层次结构矩阵:

$$R_{IJ}^t = \begin{bmatrix} r_{11}^t & \cdots & r_{1j}^t & \cdots & r_{1n}^t \\ & & \cdots & & \\ r_{i1}^t & \cdots & r_{ij}^t & \cdots & r_{in}^t \\ & & \cdots & & \\ r_{m1}^t & \cdots & r_{mj}^t & \cdots & r_{mn}^t \end{bmatrix}, \quad r_{ij}^t = x_{ij}^t / \sum_{i=1}^{n} x_i^t$$

职业结构向量 $R_I^t = (r_1^t, \cdots, r_i^t, \cdots, r_m^t)^T$, $r_i^t = \sum_{j=1}^{n} x_{ij}^t / \sum_{i=1}^{m}\sum_{j=1}^{n} X_{ij}^t$;教育层次

结构向量 $\boldsymbol{R}_j^t = (r_1^t, \cdots, r_j^t, \cdots, r_n^t)$，$r_j^t = \sum_{i=1}^{n} x_{ij}^t / \sum_{i=1}^{m}\sum_{j=1}^{n} X_{ij}^t$；在 t' 时刻的向量和矩阵表示为：职业分布向量 $\boldsymbol{X}_I^{t'} = (x_1^{t'}, \cdots, x_i^{t'}, \cdots, x_m^{t'})^T$，职业结构矩阵 $\boldsymbol{R}_I^{t'} = (r_1^{t'}, \cdots, r_i^{t'}, \cdots, r_m^{t'})^T$，$r_i^{t'} = \sum_{i=1}^{n} x_{ij}^{t'} / \sum_{i=1}^{m}\sum_{j=1}^{n} X_{ij}^{t'}$，以及教育分布向量、教育分布矩阵等相应的向量和矩阵。在现有研究中，职业、教育分布向量和结构向量通常以一维视角用于就业结构的演变分析。

最后，看职业-教育层次结构变动分解，即通过比较不同结构由 t 时刻运动 t' 时刻的变化，设定 t 时刻为基期，t' 为报告期，$RC^{tt'} = L^{t'}\boldsymbol{R}_I^{t'} - L^t\boldsymbol{R}_I^t$（实际变动：real change）表示 t 至 t' 时刻 m 种职业实际从业人数变动量；$EC^{tt'} = (L^{t'} - L^t) \cdot \boldsymbol{R}_I^t$（期望变动：expected change）为趋势变动，用基期职业结构估计的报告期职业从业人数变动表示；$UC^{tt'} = L^{t'}(\boldsymbol{R}_I^{t'} - \boldsymbol{R}_I^t)$（未预料变动：unexpected change）为净变动，用基期职业结构未预料变动估计的报告期职业从业人数变动表示，正向净变动反应该职业在职业结构呈扩张态势，反之则为收缩态势；$ESE^{tt'} = L^{t'}\boldsymbol{R}_{IJ}^t(\boldsymbol{R}_J^{t'} - \boldsymbol{R}_J^t)^T$ 为受教育层次变动效应（education shift effect），用基期职业结构内受教育层次和教育层次结构未预料变动估计的报告期职业从业人数变动表示；$OSE^{tt'} = L^{t'}(\boldsymbol{R}_{IJ}^{t'} - \boldsymbol{R}_{IJ}^t)(\boldsymbol{R}_J^t)^T$ 为职业变动效应（occupation shift effect），用职业结构内受教育层次未预料变动和基期教育层次结构估计的报告期职业人数变动表示；$IAE^{tt'} = L^{t'}(\boldsymbol{R}_{IJ}^{t'} - \boldsymbol{R}_{IJ}^t)(\boldsymbol{R}_J^{t'} - \boldsymbol{R}_J^t)^T$ 为交互效应（interaction effect）表示用基期职业结构内受教育层次未预料变动和受教育层次未预料变动估计的报告期职业从业人数变动表示。通过矩阵计算可以证明这些向量存在如下关系：

$$RC^{tt'} = EC^{tt'} + UC^{tt'} \tag{5.1}$$

$$UC^{tt'} = ESE^{tt'} + OSE^{tt'} + IAE^{tt'} \tag{5.2}$$

公式(5.1)表示在某一个经济体内职业从业人数的实际变动可分解为趋势变动和净变动；公式(5.2)表示某一种职业的净变动人数可分解为受教育层次变动效应、职业变动效应和交互效应作用分别引起的人数变化，由此分析受教育层次变动、职业变动和两者之间的交互作用对整体职业结构状况的影响。

教育层次结构对职业结构的影响包括：一是不同受教育层次决定该受教育层次内各职业的比重。二是受教育层次变动对职业结构演变产生影响，教育层次结构变化的演变通过职业-教育层次结构产生作用，导致职业结构整体的变化。教育层次结构高移化推动职业结构的高级化，低技能劳动者数量减少，专业技术人员所占的比重增加。职业结构的演变对教育层次结构的变动也同样发挥着促进或抑制作用。劳动者从事某种职业具有延续性，在产业结构升级和技术进步的推动下，日趋专业化的职业分工对知识技能提出更高的要求，劳动者进行职位转换需要较大的人力资本投资，因而一部分已就业或未就业人口选择放弃职业流动转而进行人力资本投资，不断推动教育层次结构的转化。

三、结构变迁特征分析

1. 职业结构变迁

2000—2016年职业结构如图5.3所示,从各类职业结构占比来看,农林牧渔水利业生产人员从业人数在三个时间点上为各职业类别中占比最高,分别为64.5%,60.4%,28.3%。这是因为农业人口基数大,农业在职业结构中占主要地位。但从变动率上看,两个时间段内的农林牧渔水利业生产人员总体从业人数变动率分别为-4.1%,-32.1%,大量剩余劳动力从农林牧渔水利业中转出,从业总人数下降。商业、服务业从业人数在职业结构占比分别为9.2%,12.15%,24.7%,变动率分别为2.9%,12.6%,为两阶段变动率最高的职业。生产运输设备操作人员及有关人员从业人数总量亦有显著增量。专业技术人员从业人数是衡量职业结构高级化的重要指标,第二阶段的变动率相比第一阶段显著提高,增长速度快。办事人员和有关人员从业人数在第二阶段显著增加。单位负责人在职业结构中的占比和变动率保持相对稳定。综合来看,全国就业人员整体呈现向上流动的趋势,劳动力从知识、技术门槛较低的职业中流出,高层次职业从业人员的数量和比重大幅增加,技术型劳动者数量显著增长,职业结构遵循向高级化演变的进阶路径。

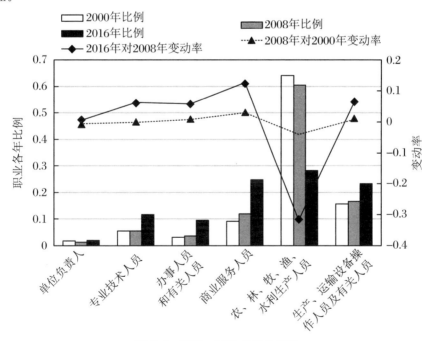

图5.3 2000—2016年职业结构

2. 教育层次结构变迁

按《中国劳动统计年鉴》的"全国就业人员受教育层次"分类标准,受教育层次包括未上小学、小学、初中、高中、大学专科、大学本科。2000—2016年教育层次结构如图5.4所示,在2000年、2008年、2016年三个时间点上,初中及以下学历的就业人数分别占全国就业人口的84.2%,81.2%,68.7%,受教育层次为"未上小学"和"上过小学"的人数占比持续下降,"上过小学"的人数下降速度为两阶段最大,变动率分别为-11.7%,-10.5%。受教育层次为初中的就业人员在第一阶段增速最高,为10.7%,这表明九年制义务教育政策成果显著。高中学历的就业人员占比保持稳定,高中教育普及进入攻坚阶段。受教育层次为大学专科、大学本科及以上的占比不断增加,第一阶段的变动率分别为1.8%,1.0%,第二阶段的变动率分别为4.9%,6.0%,受教育层次为大学本科及以上的变动率为第二阶段变动率最高,增速最快,大批配备有专业知识、技能的人才进入劳动力市场,这对人才市场而言既是机会又是挑战。从教育层次结构的流动方向和流动速度上看,教育层次结构上移与职业结构的高级化发展路径基本吻合,但是哪些职业变动归因于教育层次结构变动效应,哪些归因于职业结构本身的变动效应以及职业结构净变动的方向和强度均不明确,需要应用"职业-教育层次结构模型"进一步分析。

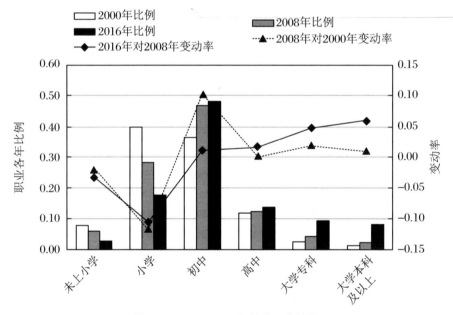

图 5.4 2000—2016 年教育层次结构

四、结构变动效应分解

将年鉴中"按职业分的全国就业人员受教育层次构成(人口)"数据分为 2000—2008 年和 2009—2016 年两个时间段,应用"职业-教育层次结构模型"分别对两期职业结构变动分解,其中受教育层次为六大类,职业为六个职业大类,即 m

=n=6,可得净变动、受教育层次变动效应、职业变动效应和交互效应,三种效应的构成情况如表5.1所示。

表5.1 分时期全国就业人员职业净变动构成分析

年份	职业		职业变动效应	教育变动效应	交互效应	净变动
2000—2008年	单位负责人	占比	22.76%	63.8%	13.44%	4.1%
		人数	7102873	19907677	4194384	31204935
	专业技术人员	占比	51.85%	48.87%	−0.72%	4.78%
		人数	18851173	17770620	−261719	36360074
	办事人员和有关人员	占比	−28.55%	129.82%	−1.27%	1.94%
		人数	−4217669	19175651	−187280	14770702
	商业服务业人员	占比	−19.79%	93.07%	26.71%	3.42%
		人数	−5151422	24232527	6954643	26035748
	农林牧渔水利业生产人员	占比	132.99%	400.06%	−433.05%	−0.32%
		人数	−3289139	−9894587	10710447	−2473279
	生产运输设备操作人员及有关人员	占比	4.98%	81.85%	13.16%	4.67%
		人数	1773417	29120460	4682484	35576361
2009—2016年	单位负责人	占比	22.28%	67.67%	10.05%	3.2%
		人数	5517609	16759171	2488458	24765238
	专业技术人员	占比	48.04%	51.88%	0.08%	5.99%
		人数	22305113	24086346	238018	46429478
	办事人员和有关人员	占比	32.67%	61.25%	6.08%	5.28%
		人数	10821454	20289358	2012297	33123109
	商业服务业人员	占比	295.61%	−3.02%	−192.59%	−0.31%
		人数	−7099159	72468	4625147	−2401543
	农林牧渔水利业生产人员	占比	−16.92%	121.82%	−4.9%	−3.1%
		人数	4058432	−29224211	1176475	−23989304
	生产运输设备操作人员及有关人员	占比	−32.47%	651.53%	−519.06%	−0.08%
		人数	198275	−3978969	3169979	−610715

1. 净变动的方向和强度

净变动分析是指从基期到报告期的职业-教育层次结构变动中,除去人口自然变化导致的期望变动之外的未预料变动。分时期净变动效应情况如图5.5所示,2000—2008年,农林牧渔水利业生产从业人员从业人数下降,其他职业从业人数实现出不同程度的增长。其中,专业技术人员增长最快,生产、运输设备操作人员次之;2008—2016年,农林牧渔水利业生产从业人员从业人数依然较大幅度下降,商业、服务业人员和生产、运输设备操作从业人员也呈下降趋势,专业技术人员从业人数增长仍为各职业最快,单位负责人、办事人员及有关人员从业人数也有增加。比较两个时期职业结构变动,专业技术人员始终保持最快的增长速度,农林牧渔水利业生产从业人数持续减少,下降速度也最快,商业服务业以及生产人员、运输设备操作人员从业人数由上升转为下降,发生方向上的变动。

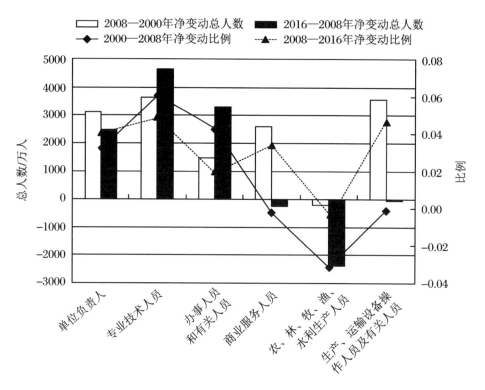

图5.5 分时期分职业净变动和净变动占从业人员比重

职业-教育层次结构变动是由职业变动效应、教育层次变动效应以及交互效应共同作用的结果,三种效应在不同时期对各类职业从业人员的作用效果也有较大差异。

2. 职业变动效应分析

职业变动效应是指由于科技进步、产业发展带来新职业产生、传统职业淘汰等职业自身变化而影响职业结构变迁的效应。2000—2008年,单位负责人、专业技术人员、生产运输设备操作人员及有关人员从业人数增加,其中,专业技术人员从业总人数占比增加51.85%,导致该职业类别净变动效应最大为4.78%。办事人员和有关人员、商业服务业人员、农林牧渔水利业生产人员从业人数均有不同程度减少;2008—2016年,单位负责人、专业技术人员、办事人员和有关人员从业人数增加,其中,专业技术人员从业总人数变动效应最大,为48.04%。商业服务业人员、农林牧渔水利业生产人员、生产运输设备操作人员及有关人员总体来看,有的就业占比下降,有的从业人数下降,其中商业服务业从业人员较2000年前有较大减少。

从两个时期的比较来看,单位负责人、专业技术人员从业人数变动方向均为正向,办事人员和有关人员也由负向转为正向,农林牧渔水利业生产人员依旧持续下降,但趋势放缓,商业服务业人员从业占比增加但就业绝对人数下降,而生产运输设备操作人员及有关人员正好相反,从业占比相对下降,就业绝对人数增加。具体主要由于产业转型、制造升级、新商业模式产生等原因引起的。

3. 受教育层次变动效应分析

受教育层次变动效应是指因受教育层次变动导致的从业人数在职业分布上的变化。2000—2008年,教育层次提高使得全部职业从业人数比例均为正向变动,仅农林牧渔水利业生产人员从业绝对人数减少;2008—2016年,教育层次提高使得全部职业从业人数占比,除商业服务人员为-3.02%负向变动外,均为正向变动,但农林牧渔水利业生产人员、生产运输设备操作人员及有关人员就业绝对人数呈下降趋势。

过去几十年,我国教育事业飞速发展,各职业从业人员的教育层次也不断提高。由于不同的职业类别对从业人员知识能力素质的要求不同,因此不同职业从业人员的受教育层次变化,在过去的几十年间也呈现不同变化。总的来说,教育的发展使得专业技术人员、企事业单位负责人以及办事人员从业人数持续增长,为高新技术的发展储备技术、管理人才,为职业结构高级化打下了坚实基础。另一方面,较低的受教育层次也制约了部分劳动力在从第一产业向第二、三产业的转移,人力资本水平的提高使得劳动力从农业中脱离,但有限的知识、技能水平也限制了劳动力向较高级职业的转移,面临被自动化生产和智能制造取代的挑战。

4. 交互效应分析

职业-教育层次结构变动除了职业自身变动、教育层次变化影响及两者的交互影响外,也有其他众多因素会对职业结构整体状况发生作用,如经济政策变化、消费水平升级、生产组织结构变革、社会观念变迁导致的职业选择偏好等,从两个时段来看,2000—2008年,专业技术人员、办事人员和有关人员交互效应与净变动方向不一致,其余变动方向基本一致。

5. 不同职业的效应分析

职业-教育层次结构净变动原因可以从以下几个方面解释:① 产业结构演进:

伴随人均国民收入的提高,劳动力依次由第一产业向第二产业进而向第三产业转移。改革开放以来,我国产业结构变动,释放了农林牧副水利生产业中的大量剩余劳动力,两个时段内,一直呈下降趋势。② 劳动力供给缩减:自 2012 年起,我国劳动年龄人口的数量和比重连续 7 年出现双降,7 年间减少了 2600 余万人。受劳动年龄人口持续减少的影响,劳动力供给总量下降,2018 年末全国就业人员总量也首次出现下降,预计今后几年还将继续下降。劳动力供给呈缩减趋势,使得第二阶段非专业技术人员等一般劳动者下降明显。③ 制造业转型升级:新一代信息技术与制造业深度融合,制造企业从技术含量低、附加值低的传统生产方式向智能制造转型,对专业技术人员的需求持续扩大,教育的发展也使得具备较高层次知识、技能的劳动者数量增多,满足了劳动力市场对专业技术人员的需求。④ 商业模式创新:电子商务的兴起促进网商的飞速发展,商业服务人员下降,其中有些转变为经营者,加上"双创"政策,也使得企业负责人、办事人员等职业增加。

具体来说,不同职业的效应分析如下:

农林牧渔水利业生产从业人数在两个时间段内都显著减少,且 2009—2016 年的净变动比例远高于 2000—2008 年的净变动比例。在 2000—2008 年,农林牧渔水利业生产从业人员的受教育层次提升使其具备了一定的知识、技能水平,加上产业结构转型释放了部分农村剩余劳动力,使得这一部分劳动力有机会转移至第二、三产业。但是职业技能知识的缺乏以及劳动与社会保障措施的不完善,部分外出打工的劳动者无法长久地停留在城市,因此无法完全脱离农业生产者的身份。在 2008—2016 年间,在国家由第一产业向第二、三产业的转型过程中,大量的农村剩余劳动力获得了非农工作机会,制度政策的利好条件使得这部分劳动力可以真正地实现由农业生产者向产业工人的角色转换,结束"两栖"状态。因此,在 2009—2016 年间,农林牧渔水利业生产从业人数有了较大幅度的下降。

专业技术人员从业人数在两个时间段的净变动方向均为正向,无论是受教育层次的变动还是产业升级导致的职业结构变动,都对这类职业从业人数的增加起到促进作用。专业技术人员这类职业对从业人员有一定的知识、技能要求,需要具备适应科学技术快速更迭的能力,这就为专业技术人员的职业设置了门槛。智能机器、生物工程、新能源以及大数据的兴起,刺激劳动力市场对高新技术人才的需求,本科及以上学历人数的增多恰好填补了这一缺口。产业结构优化对专业技术人员的需求越高,同时教育层次结构能够匹配产业转型的需求,因而专业技术人员总体从业人数能够获得可持续的增长。且在 2009—2016 年间,由于政府对科学研究、教育层次结构、医疗和金融部门的体制改革以及政策支持,进一步扩大了专业技术人员的内存,因而该类别从业人数进一步攀升。

商业、服务业人员从业人数在 2000—2008 年间为正向净变动,2009—2016 年间则为负向变动,从业人数减少。在 2000—2008 年内,受教育层次的提高使得商业、服务业从业人员增多,这是因为这一时期国家政策制度放宽,鼓励第三产业的发展,互联网的发展伴随着"电商平台""淘宝村"的兴起,使得劳动力市场对商业、服务业从业人数的需求增加,加上初中学历就能满足大多数商业、服务业企业对求职者的学历要求,所以这一时间段内的商业、服务业从业人数有较大幅度的增长。在2009—2016年间,第三产业内部发展不完善的弊端逐渐显现,在人才使用过程中岗位与人才学历不匹配、高才低用等人才高消费现象,使得这类从业人员职业流动频繁,整体从业人数减少。

影响国家机关从业人数变动在两个时间阶段内均为正向净变动,总体变化幅度不大。经"创新创业"政策提出要使次级小微型企业规模壮大,组织管理和变革的需要刺激了市场对企事业单位管理者的需求。再者,国家机关、党群机关、企事业单位负责人属于国家与社会管理者阶层的范围,在社会资源配置中处于优势地位,享有较多的经济、社会资源,始终是高层次人才偏好选择的职业。现阶段的管理层级和干部的选拔更重视学历文凭,组织内国家机关、党群机关、企事业单位负责人明显呈现年轻化、知识高级化的特点,因此受过高等教育的从业者数量增多后,这类职业的从业人数就能实现增长。

办事人员和有关人员的从业人数在2000—2016年间均为正向净变动,且在2009—2016年的增长强度提高。这是因为办事人员和有关人员主要包括行政办事人员、邮政和电信人员等,在2000—2008年电信等新型通信行业的崛起和迅猛发展,各产业内部信息化程度提高造成低效能岗位冗余,抑制了劳动力市场对从业人数的需求,而2009—2016年国内电子通信的国际影响力增强以及"顺丰""中国邮政"等物流企业的快速成长,刺激了劳动力市场对该类别从业人数的需求。

生产运输设备操作人员及有关人员从业人数在2000—2008年为正向净变动,2009—2016年则为负向变动,从业人数减少。这一现象的出现可能源于以下几个原因:第一阶段内生产运输设备操作人员及有关人员这一职业类别吸收了大量从农业中转出的低素质劳动力,因而这一时间段内从业人数激增;第二阶段内的从业人数的减少则可以结合2009—2016年的国情来看,不同行业内企业由劳动密集型与资本密集型转向技术密集型,较低的人力资本水平已经无法满足现实生产的需要,劳动力供需市场匹配不协调,导致这一类职业从业人数减少。

五、结论与建议

本书在现有研究基础上,对职业结构、教育层次结构互动关系进行理论梳理,认为职业结构与教育层次结构存在互动循环关系,并运用人口普查数据、劳动统计年鉴等资料进行量化分析,形成如下结论:

(1)构建职业结构、教育层次结构互动演进的双螺旋结构模型,对其相互作用机制进行理论分析。职业结构具有独立性和特殊性,受到科技进步、产业发展的影响,教育层次结构演进以职业结构的高级化需求为导向,反过来由于人力资本形成需要时间,教育层次结构跟随变动也存在滞后制约性。

(2)采用2000—2008年、2009—2016年两段时期内的年鉴数据,运用比例差分法,再对职业结构、教育层次结构协同互促效应进行量化分析:① 农林牧渔水利业生产人员由于产业结构调整,持续向二、三产业转移;② 劳动力供给呈缩减趋势,使得第二阶段非专业技术人员等一般劳动者下降明显;③ 制造业转型升级,对专业技术人员的需求扩大,教育的发展也使得高层次知识、技能人才满足了劳动力市场的需求;④ 电子商务的兴起促进商业模式创新,加上"双创"政策影响,商业服务人员下降,其中有些转变为经营者,使得企业负责人、办事人员等职业增加。

一方面,职业结构、教育层次结构存在互动关系,改进职业结构,推进职业结构的高级化与合理化,不仅是提高就业质量的需要,还是促进产业发展、实现经济增长的需要。因此,有必要采取一些措施,推动职业结构转换。政府要实行积极的产业政策,如制造业转型升级、发展战略性新兴产业、现代服务业等,通过产业结构的升级与调整,推动职业结构的高级化。另一方面,教育服务于社会经济发展的发展需求,担负着为社会发展提供合格劳动力的重任。为此,建立与劳动力市场相适应的教育结构,改善劳动力的素质结构,使其能够适应职业变化与职业转换的需要。不仅要考虑目前职业结构的需要,而且要考虑未来职业结构变化的趋势。

第三节 企业技能型人力资本开发:"国家高技能人才振兴计划"企业调研

一、调研背景

近年来,党中央和国务院格外关注技能人才的培养问题。习近平总书记指出,"作为一个制造业大国,我们的人才基础应该是技工""工业强国都是技师技工的大国,我们要有很强的技术工人队伍"。随着《国务院关于加强职业培训促进就业的意见》《国家高技能人才振兴计划实施方案》等相关文件的出台,各地方政府也推出了符合地方发展需求和特色的相关举措,如江苏省发布了《关于加强技能人才队伍建设促进产业转型升级的意见》,启动了"十三五"高技能人才海外培训计划。

工业4.0时代对劳动者素质提出更高的要求,如何实施技能型人才能力培养已成为战略性新兴产业面临的一大挑战。传统制造业虽拥有较丰富的劳动力资源,但重点产业和战略性新兴产业技能型人才的短缺仍是一大突出问题。如何迅速培养与经济发展相匹配的新型技能劳动大军?采取何种培训方式打造新型技能人才?已取得突出成效的企业有哪些经验值得推广?带着这些疑问,我们选择先进制造企业比较发达的南京、苏州和扬州等城市,通过问卷调查,深入了解企业技能人才的培训现状和存在的问题;通过对典型企业与优秀高技能人才的访谈和调查,探索企业在新型技能人才培养中的成功实践,构建新型技能人才培养体系,以为企业提供示范作用,并为政府、企业和职业学校在技能人才培养方面提供一些建议。

二、调研设计

1. 概念界定

(1) 工匠:自手工业从农业中分离出来,就出现了手工艺匠人。工业革命后,能够从事机器操作、具有一定技能知识的人才也称其为工匠。随着技术形态的转变,作为技术主体的工匠,逐渐完成了转型,主要表现为由经验技术转变为理论知识以及操作方法的转变。如今,专注于钻研自己的生产领域或者行当、传承老技艺的同时不断融入自己的创新成果、在工作中精益求精、一丝不苟的技能人才,皆可称其为工匠。

(2) 新型技能人才:技能人才是指在生产、运输、服务等领域岗位一线的从业者中,掌握专门知识和技术,具备一定的操作技能,并在工作实践中能够运用自己的技术和能力进行实际操作的人员,主要包括取得高级技师、技师、高级工、中级工和初级工职业资格以及相应技能的人。我们将新型技能人才定义在战略性新兴产业领域从事生产工作的技能人才,具备更高层次的理论知识和创新能力,是推进"中国制造2025"战略的重要力量。在某种程度上,新型技能人才就是现代工匠。

(3) 工匠精神:工匠精神是经过历史沉淀的精神底蕴,可以概括为精益求精、爱岗敬业、开拓创新三个基本特征。李克强总理在2016年政府工作报告中提到要"培育精益求精的工匠精神"。因此,现代人认为,在知识密集型的战略性新兴产业,强化工匠精神尤为关键。精益求精和开拓创新的精神毫无疑问符合产业"高""精""尖"的发展需求,而爱岗敬业的思想能够让人才获得自我认同的同时,为企业减少人才流失的后顾之忧。目前的培训方式更多地讲究知识和技能的输入,忽视了精神层面的感化。因此我们也希望能够在新型技能人才培养模式的探索中将精神层面纳入研究。

(4) 终身职业技能培训:是一种从劳动预备开始贯穿劳动者学习工作终身和职业生涯的全过程培训方式,适应就业创业和人才成长需要,以及经济社会发展需求。

(5) 国家技能形成体系:是国家协调社会各部门、各相关主体的利益关系,以达成社会合作的方式,培育社会经济发展所需技能的系统性制度。

2. 研究思路和方法

本研究主要分为4个阶段:① 收集整理文献,了解相关背景;② 鉴于江苏省是先进制造业比较发达的地区,项目团队首先对苏州、南京技能型人才和苏州战略性新兴产业企业进行了广泛的问卷调研,总结基本情况,挖掘目前技能人才培训的存在的问题;③ 经过江苏省人社厅和各市人社局推荐,选择在技能人才培养具有成功经验的典型企业,特别是近年在国内和国际大赛中有着优异表现的7家企业和1所职业培训机构进行深入访谈,选择其中6家企业,对其培训方法进行总结,并对企业优秀高技能人才进行深度访谈,了解新型技能人才的成长事迹与工匠特质,挖掘企业人才培训方式的成功之处;④ 归纳企业培养的特色做法,构建包括课程体系、教学资源体系和成果鉴定与评价体系的新型技能人才培养体系,并对以企业为核心的大国工匠的精进之道进行讨论和思考。研究思路如图5.6所示。

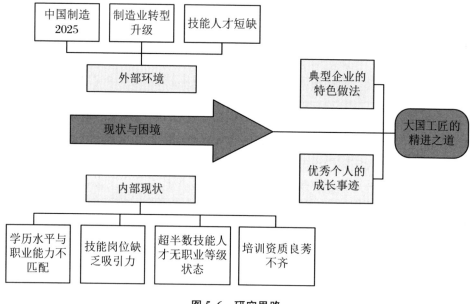

图 5.6　研究思路

本研究使用的方法主要有以下3种:

一是问卷调查:在个人调查问卷上,从培训状况、培训偏好和培训需求3个维度出发,设计了相关问题;在企业问卷上,从企业基本情况、培训情况和劳动力素质结构3个维度设计了调查表。

二是访谈调查:我们与优秀高技能人才以及其朋友、同事等人员,典型企业的人力资源部门领导对技能人才培养相关情况进行了直接的、面对面的半结构式访谈。

三是案例研究:取6家典型企业进行案例研究。从企业培养的6个阶段:导入期、探索期、发展期、优化期、成熟期和卓越期,分别选取对应企业,对其特色做法进行归纳总结。

3. 调研过程

调研活动于 2016 年 9 月启动。在江苏省人力资源和社会保障厅职业能力建设处、南京市人社局、扬州市人社局、南京市总工会职工技术协会和相关企业的支持和配合下,制定调研方案,并对通过江苏省人力资源和社会保障厅职业能力建设处向有关企业和个人发放了问卷。为了进一步了解典型企业的成功经验,团队成员多次前往江苏省苏州市、南京市和扬州市开展实地调研。在开展调研的同时,对回收的问卷数据和访谈资料进行整理,并撰写报告。调查过程如表 5.2 所示。

表 5.2 先进制造典型企业及技能型劳动者个人调查

阶段	工 作 内 容	时 间	工 作 成 效
前期准备	收集资料	2016.09	国家高技能人才振兴计划实施方案、江苏省"十三五"人力资源和社会保障发展规划、中国制造 2025 江苏行动纲要等
	走访省人力资源与社会保障厅;南京、苏州、扬州市人社局		获省人社厅和各市人社局的支持
设计研究方案	设计问卷及访谈提纲	2016.10	形成对个人情况和培训需求和对企业培训现状的问卷
发放问卷	问卷调查:新型技能人才	2016.11	抽样选取南京市江宁区、栖霞区共 71 人,苏州市常熟市、昆山市、吴中区、相城区、工业园区共 151 人进行个人情况和培训需求的问卷调查
	问卷调查:战略性新兴产业企业		抽样选取常熟市 27 家、昆山市 35 家、太仓市 9 家、吴中区 21 家、相城区 4 家和工业园区 9 家共 105 家企业进行企业培训现状的调研
企业实地调研	捷梯教育	2016.12.09	与人事经理等进行了深度访谈,挖掘企业培训的亮点,并深度思考
	苏州百得科技		
	金城集团	2017.03.09	
	南京依维柯	2017.03.12	
	中电熊猫	2017.03.22	
	扬农化工	2017.03.24	
	亚威机床		
	南京汽轮电机	2017.03.27	

续表

阶段	工作内容	时间	工作成效
个人深度访谈	郎旭东	2017.03.09	了解技能大师成长轨迹,挖掘工匠精神特质,折射企业培训之道
	雍宁	2017.03.12	
	陆骏、陆跃忠	2017.03.22	
	陈军	2017.03.24	
	赵智林		
	柳政	2017.03.27	
资料整理分析	对问卷和访谈内容进行处理	2017.01—2017.04	通过问卷分析得出技能人才培养的现状和问题,通过访谈总结企业在各阶段对技能人才培养采取的特色做法
报告撰写	撰写调研报告,总结技能人才培养方式	2017.02—2017.04	总结具有推广价值的新型技能人才培养体系

二、技能型人力资本培养现状及问题

大国工匠访谈调研期间,课题组也开展了企业和技能劳动者个人问卷调查。从2016年11月起,在南京、苏州等地发放企业问卷300份,回收有效问卷300份;发放个人问卷1300份,回收有效问卷1245份。结合访谈、文献研究,分析了技能型人力资本培养现状与问题。

1. 学历水平与职业能力不匹配

个人问卷中,仅有34%为本科及以上学历,有51%的被调查者是专科/高职学历,还有15%为初中及以下学历。企业问卷中,高中及以下学历的劳动者占到70%以上的企业有25家,只有3家企业本科及以上学历者占到40%以上。这说明技能人才的学历水平与职业能力并不匹配,由于越高层次的技能人才越需要相应的学历支撑,因此整体偏低的劳动力素质会阻碍技能劳动者向技能人才发展。

以南京汽轮电机公司为例,目前高级工程师有119名,技师165人,高级技师99人,这在目前的制造业企业技能人才职业等级中已经是处于较高水平,但是相对应的学历水平与职业能力不相匹配。技能人才中,本科及以上学历只有24人,大专学历300多人,而更多的是技校、中专学历。

结合实际调研情况,总结学历水平与职业能力不匹配的原因如下:① 企业与技能人才没有建立良好的交互关系,一方面,企业不愿意投入资金去组织培训提升员工职业能力;另一方面,学历水平较低的员工自身的培训欲望也不是很强烈。② 技能员工掌握的职业能力与自身学历水平成正相关,表现在较低的学历水平匹配较低的职业能力。

2. 技能岗位缺乏吸引力

调查数据分析显示：在面临岗位变动时，只有30%的技能人才愿意坚守在一线工作岗位上，有35%的技能人才希望走上管理岗位，在愿意从事管理岗位的技能人才中精力充沛的年轻人占比70%左右，经验丰富的中年人大约占比35%。

从我们现有的调查和访谈来看，待遇问题成为了技能人才发展的一个绊脚石。金城集团刘思峰院长表示，在提倡长、家、匠（长：领导，家：专家，匠：工匠）分离的今天，三者之间待遇差别较大，尤其是工匠，即便在技术领域达到了顶级状态，与同等级领导、专家等收入差距仍十分明显。甚至于有些企业管理人员的平均工资能达到一线工人平均工资的6倍甚至更多。

"技能大师为啥不让儿女干工人——培养大国工匠呼唤破除歧视，让技工涨薪酬有地位。"这是2016年6月1日新华日报针对目前技能人才的情况刊登的一篇文章。"为什么家长对孩子高考如此焦虑？还不是担心孩子进工厂没前途。"南京汽轮电机（集团）有限责任公司国家级技能大师柳政认为，"做一名踏实敬业的工人，如果像德国工人那样，有不错的收入、体面的地位、稳定的前途，家长肯定能接受子女上高职院校干工人。"

对技能人才而言，技能岗位缺乏吸引力的原因归纳如下：① 薪酬待遇没有与技能等级挂钩；② 企业的技能员工对高技能岗位的认同感表现不强；③ 社会环境对技能人才的影响很大，技能人才的社会地位普遍不高。

3. 超半数技能人力资本处于无职业等级状态

调查显示：在个人调查者中，有67%的技能人才处于无职业等级状态，仅有19%的技能型人才达到了中高级工的水平，达到技师水平及以上的技能人才更是仅有3%。在调查中，我们发现拥有职业资格的技能人才多数分布在电工、叉车、电焊等领域，并且以初级和中级为主。

以奥特斯维能源（太仓）有限公司提供的员工培训情况为例，除了行业和国家审核机构进行的评估，企业自己拟定了职业资格等级。并且内部操作员工技能鉴定培训更加灵活，能够做到课堂教育及在岗OJT相互结合。

但是根据上述描述可以发现，企业采取的灵活的资质认定目前还只限于高级技能人才，同时在对航空工业金城集团的采访中，我们也发现，只有高级技师以上的人员才有相关的集团及总部资质认定，这对一线人员来说帮助并不大。

技能人才处于无职业等级的状态，对自身或企业发展都是极其不利的，通过调研数据分析将原因总结如下：① 企业未开展多样化的技能培训，技能培训较为单一，不能满足岗位需要；② 政府没有对各式各样的技能职业开展体系化的建设工作，企业未深刻认识到技能等级与资质认定的关联，导致出现无职业等级的失联状态。

4. 培训资质良莠不齐

(1) 培训经费来源渠道狭窄

在此次苏州调研发放问卷的企业中,有63家企业回答了企业培训经费来源及占比问题。从统计的结果来看,受到过政府补贴的企业仅占到27%,可见企业的培训经费十分受限。我们从捷梯教育马校长那里得知,苏州市不同区补贴政策不尽相同,市里有对机构的补贴,区里对个人有补贴,但是无论是落实到个人还是落实到培训机构,对企业的内部培训帮助都较小。

在谈到培训经费时,金城集团的刘思峰院长向我们介绍,金城员工的培训费用主要来自企业,按照上一年工资的1.5%～2.5%进行计提。只有在对紧缺型人才或是比较优秀的技能人才培训时,政府才会进行补贴。

(2) 企业培训地位处于被动

一方面,在我们采访的8家企业中,几乎每个企业都曾有过企业学校,但是由于社会功能分离,教育任务大多交给了学校和培训机构,此后企业在培训方面就受到了限制,加之培训经费紧张,企业的培训工作就处于举步维艰的状态。

另一方面,在问卷调查的300家企业中,只有不到一半的企业具备企业办校、校企合作、建有国家级或省级高技能人才培养示范基地、建有省级专项公共实训基地、具备企业技能人才评价资格五种培训资质。很多企业在技能人才培训中处于被动地位,达不到以上培训资质,但相关岗位需要取得政府机构颁发的资格证书,只能高成本聘用持证人员,或者寄希望于政府组织相关的培训项目,缺乏培训上独立选择的能力。

培训资质良莠不齐的原因有多点:① 企业的经费来源有限,政府没有在其中起到很好的引领作用,适当时候政府需要给予资助补贴;② 企业的培训来与其他培训渠道展开合作关系,如可以与学校达成校企合作、与社会培训机构共同培养技能人才等;③ 企业培训没有把技能等级与激励津贴、奖惩制度结合起来,内部培训的体系有待完善。④ 企业的技能培训没有实时进行输出,可以借助培训使技能人才技能水平实现提高,从而促进生产水平的提高,达到增产目的,供应培训经费,形成良性循环。

三、新型技能型人力资本培养的6个企业典型案例

在江苏省人力资源与社会保障厅和南京市、苏州市和扬州市人社局的推荐下,先后访谈了在技能人才培养具有成功经验的典型企业,特别是近年来在国内和国际大赛中有着优异表现的7家企业,从技能人才培养规律的6个阶段,即导入期、探索期、发展期、优化期、成熟期和卓越期,分别选取6家对应企业,对新型技能人才培养的做法进行归纳整理,具体如下:

1. 导入期:南汽电机的两阶段培训

企业性质:宁港合资企业;

企业员工数量:1710;
特色做法:新员工入职两阶段培训;
访谈对象:人力资源部长吴同启、人力资源专员季卫、创新工作室的创办人柳政大师。

(1) 特色做法:入职期分段教育,技能大师开班授课

针对技能人才,南汽电机对入职期员工采取两阶段培训的方法。鼓励员工参与质量攻关,在项目改造中了解企业问题,了解本人技能缺陷,使学习更有针对性。企业为具有创新能力的高技能人才开办创新工作室,鼓励其深入研究、获得专利,并将创新成果共享,以形成孵化器作用。其中,企业在员工入职阶段采用的两阶段培训方法很值得借鉴。

两阶段培训是将传统师徒制分为两个阶段。第一阶段,将学生按工种分组,各组导师是由企业按既定标准选择的技能大师,导师对学生进行理论课的集中授课,实践操作课的分别授课。九个月后进行考核,考核不合格者予以淘汰。第二阶段,企业为每位学生各分配一位导师并与学生签订师徒协议,该协议对两者的职责进行了界定。协议期满学生参加职业技能晋升鉴定,并与聘用、定级、评职称挂钩,对导师分别给予奖金奖励。师徒制是被广泛采用的一种培训方式,但在走访中,我们只发现了南汽电机这一家企业对入职员工采用两个阶段的培训方式(图5.7),与传统师徒制相比,两个阶段的培训方式,解决了企业"师傅不想教,师傅不敢教"两个问题。

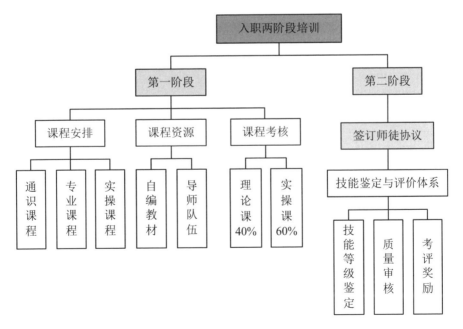

图 5.7 入职两个阶段培训体系

关于该体系,吴部长向我们提出了三个重点:

① 第一阶段导师的选拔需严谨:入职两阶段培训主要是为了解决企业存在的"师傅不想教,师傅不敢教"的问题,"师傅不敢轻易教,因为'胆大心不细'的新员工易操作失误而造成企业的损失;二是师傅不想教,因为有些师傅担心'教会徒弟,饿死师傅'"(吴部长)。导师的选拔需严格遵守5个标准:一是具有该工种的高级技师认证;二是在该工种从业超过10年;三是在专业杂志发表论文不低于两篇;四是每年员工互评都获优秀;五是有强烈的意愿开班授徒。5者缺一不可,以保证企业雄厚的师资力量。

② 重视理论知识的传授:理论课程分为通识课程(计算机、英语等)和专业课程(钳工技能、数控中心、机械制造、金属材料与热处理等),专业课程所用教材是由导师率领团队编制,使培训内容契合企业实际。最终课程考核中,理论得分占总分的40%。所有工种集中授课可以保证新员工的知识储备,总共540课时的理论课可以使理论传授更加深入。此外,企业还会安排论文发表者为新员工讲解国内外最新研究,以帮助其了解最新的技术发展,并培养员工的国际思维与创新能力。

③ 注重学习教育:企业定期让学生参与到质量攻关项目,进行产品、机器、技术的改进,学会在实战中学习技能。企业开通了线上平台收集学生的改进意见,如意见被采纳,可以在考评中加上附加分,还会予以物质奖励。

(2) 培养成效:打好员工技能基础,培养学习型技能人才

完善的两阶段体系使员工有着扎实的技能基础,在866名一线技能工人中,南汽电机现有高级技师99人,技师165人,技师在技能工人中的占比达30.5%。高级工119人,其他均为中级工和初级工。正是众多的高技能人才提高了企业的人均生产率,使得企业在精减员工后,2016年产值达27亿元,利润1.8亿元。

正是因为在入职之初的学习教育,员工们乐于创新,进行质量攻关,对企业的机器进行改造,平均每年可产生1000万元的效益。勇攀高峰QC小组在2014年和2016年均获得了"全国机械工业优秀质量管理小组活动成果一等奖",2012年和2013年分获二等奖。

(3) 柳政:两阶段培训的倡导者

柳政,是国家级技能大师,全国技术能手,获得了江苏省"五一"劳动奖章等多项荣誉,并且率领团队创办了国家级的技能大师工作室(图5.8)。

已经退休又返聘的柳政大师,在几十年的带徒生涯中,深感传统师带徒方法的不足,因此总结以往经验,创办了两阶段培训这一做法。柳大师认为在员工入职时师傅就需要以身作则,让员工不仅要掌握扎实的技能,还要学会从工作中学习、创新。在聊到他的工作时,他兴致勃勃地向我们介绍他对设备的改进,那份激情感染了在场的每一个人。柳大师说:"我是打心眼里喜欢我现在做的这些,所以我才会去钻研,发论文,申专利。"在他的培养下,他的徒弟都成了各车间的顶尖技能人才,

陈智宝、孙翔更是先后获得了南京市劳动模范的称号。

图 5.8 南汽电机柳政的职业生涯

此外,柳大师还创办了国家级的技能大师工作室。工作室成员包括全国劳模朱海,全国五一劳动奖章获得者朱丹,江苏省企业首席技师胡家泉等优秀人才。工作室的宗旨是"知识转化为能力、能力转化为成果、成果转化为效益"。迄今,他和他的团队已获得了 26 项国家专利,包括 5 个发明专利和 21 个实用新型专利,并在专业杂志上发表了多篇论文。

柳大师是典型的具有学习能力和创新能力的"不一般"的高技能人才。这两种能力为他创办工作室、发明专利、发表论文奠定了坚实的基础,也正是这两种能力使得他从普通工人中脱颖而出。在中国制造 2025 背景下,企业就需要像柳政大师这样善于学习、创新的人才,提升"中国智造"水平。

2. 探索期:苏州百得的 S-OJT 多技能培训

企业性质:外资企业;

技能劳动者数量:超过 3800;

特色做法:结构化的多技能在职培训;

访谈对象:生产制造人事经理李庆山。

(1) 特色做法:多技能培养,实现工位分层

百得(苏州)科技有限公司是一家研发生产电动工具、工业配件的外资企业,公司的一线操作工占了总人数的 80%左右,百得(苏州)对于技能人才的培养也形成了自身独特的体系。通过特色 NOE 培训、自编内部教材、内部资格鉴定、线上+线下、理论+实操、分层培训、细化评估等方式使得入职的新员工快速成长为企业需要的人才。百得技能人才培养的最大特色在于其体系化的 S-OJT 多技能培训。

百得的市场是面向全球的,经营环境的复杂性和多变性要求其产品的生产和销售具有更快的反应速度。其培训体系如图 5.9 所示。

这种多技能结构化的在职培训的特色在于以下几个方面:

① 工位分级,培训交叉。将一线操作工按照工位分级,包括普通工位(OJT1)、关键工位(OJT2)、技术工位(OJT3),工位之下再细分工种(例如关键工位之下划分主装配、焊锡点焊、外观检验、机动工),员工根据岗位需求和发展规划横跨多个工种甚至是工位,由此来培养主精多通的关键能力。

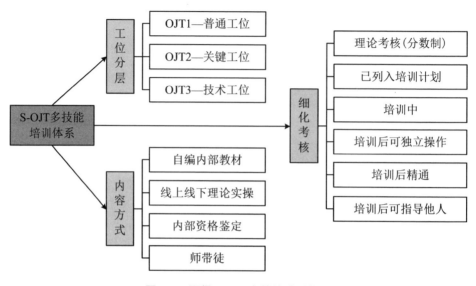

图 5.9 百得 S-OJT 多技能培训体系

② 自编教材,自行鉴定。百得(苏州)得益于百得集团的资源优势,在生产工艺、技术、师资力量等方面突出培养特色,通过自编更具针对性和特色的内部教材以及定期举办的内部专家知识分享会,对于职工技能的考核鉴定加入自己的特殊要求,使得技能人才的适用性更强。

③ 细化考核,价值优化。对于各工种和工位培训考核分为理论考试和技能考评,技能考评再细分为已列入培训计划、培训中、培训后可独立操作、培训后精通、培训后可指导他人五个层级。理论考试占 40%,技能考评占 60%,由此来记录员工培训成绩,强化考核的激励督促作用,并筛选出有潜力的人才,以优带劣扩大人才效用价值。

(2) 培养成效:人才快速成型,技能人才后备充足

百得通过特色 NOE 培训、自编内部教材、内部资格鉴定、线上+线下、理论+实操、分层培训、细化评估等方式使得新入职的员工快速成长为企业需要的人才,同时公司为员工提供了两条明确的职业晋升路线,分别为技术研发方向和管理方向。而百得技能人才培养最大特色在于其体系化的 S-OJT 多技能培训。

目前企业 S-OJT 培训每年开展 3 期,每期持续 4~5 周,每周进行 2~3 次理论或技能培训,每次培训时长在 2~3 小时,每年有 500 余人接受不同阶段的培训,S-OJT 培养模式为技术型员工的成长提供了有利环境,使得员工的岗位技能熟练且全面。在企业的产品产量和特性需要针对市场做出调整时,一线生产人员可以快速做出适应性调整,企业的市场竞争力也就越强。企业内逐步建立了一线操作员—中级工—高级工—技师的人才梯队,这些人才除了获得企业内部资格认证外,

有33%左右的人才获得社会技能证书,并屡次在省(市)级技能竞赛中获奖。

同时,百得的这种贴合特色需求、高效速成的技能人才培养方式使得初级和中级技能人才占到企业技能人才总人数的75%左右,这些人会沿着企业提供的职业发展路径稳步上升,逐渐成为技术研发或者管理方向的中坚力量。

作为外资企业,百得不像大型国企一般对高技能人才多加投入,百得主要培养大量具有坚实技能基础的基层人才,因此,我们没有对百得典型个人进行访谈。

3. 发展期:江苏亚威的作业指导信息化

企业性质:股份制上市公司;

技能劳动者数量:742人;

特色做法:协作作业指导信息系统;

访谈对象:副总经理王艳、人力资源部长刘俊伟、钣金装备事业部装配班长赵智林。

(1) 特色做法:作业指导信息化,促成部门联合

江苏亚威机床股份有限公司是一家技术密集型的效益型企业,正努力向高端智能化转型升级。为了培养出专而精的技能人才队伍,企业通过自行开展职业等级鉴定、汇编作业指导书库、评聘分离、让技能劳动者参与技术和质量攻关项目等方式,切实提升员工的技能素养,为亚威产品行业尖端化奠定坚实基础。生产、测试、质监、技术研发人员协作汇编的作业指导系统是亚威迈向智能化道路上的一大特色。

亚威机床走的是一条技术领先的特色路数,很多产品和解决方案并没有可供参考借鉴的经验和标准,因此标准化、细致化、规范化的作业指导对于员工技能提升和减少失误成本极为重要。作业指导的信息系统化建设的几个关键点如下:

① 作业指导书的编写者具有多样性,包含技术研发者、生产线的班组长、高级技师、质监人员、整机测试人员等,促成多部门联合,保证技术和技能的优势互补。

② 作业指导的形式多元化,包括技术人员和生产人员合作开发的图文并茂的课件、各岗位的优秀者撰写的技术文章和经验总结、整条生产线的作业指导书和流程视频,全方位提升技能劳动者的素养。

③ 信息化的集成和管理,将所有的作业指导书导入系统平台,根据员工技能等级和岗位职责分配权限,开放意见征集渠道,每周讨论一线操作员对作业指导提出的修改意见,真正做到作业指导的不间断更新和修订。

(2) 培养成效:优势互补,人才培养的质量和效率高

为了培养出专而精的技能人才队伍,生产、测试、质监、技术研发人员协作汇编的作业指导信息化平台是亚威迈向智能化道路上的一大特色。

亚威副总经理王艳表示,自建这种作业指导信息平台既是企业需求,也是一种被迫选择。"当前职业院校培养的技能人才跟不上企业的特殊需求,这种内部平台

能让新员工的培训更有针对性,有效降低培养成本和操作失误损失,同时也是亚威以需求为导向,缺什么补什么的培训原则的体现。"

通过调研了解,企业建立这一作业指导信息化平台之后,员工的培养成本降低了58.9%,操作失误减少了76.3%,节省管理与保管成本,实现30秒内产线全线SOP切换和生产的无纸化办公。

这种针对企业需求创建的系统平台还有一个重要的功能就是不同岗位员工经验想法的碰撞交流。目前通过这一平台年收集员工建议200条左右,通过技术工作会等采纳实施建议30条左右,这些建议主要涉及产品线的改造、产品质量改进、生产技术革新等方面,对企业技能人才的高端复合化起着不可忽视的作用,也为亚威产品走向行业尖端化奠定坚实基础。

(3)赵智林:作业指导的完善者

赵智林,钳工技师,亚威机床钣金装备事业部装配班长,获得国家机械工业联合会技术能手、江苏省"五一"文明职工等多项荣誉(图5.10)。

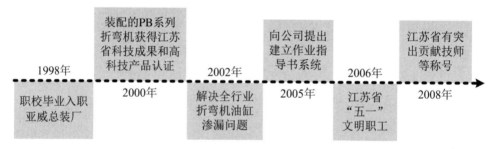

图5.10 亚威赵智林大师职业生涯

赵智林师傅是作业指导书的直接受益者,也是作业指导系统的丰富与完善者。"在我刚到亚威的时候,也有作业指导书,不过那时还没有实现系统化,详细的作业指导对于自身技能提升有很大帮助。"后来以赵师傅为首的几位高级技师一起向公司提出了建立一个作业指导信息化系统的想法,他们认为建立这样的系统可以帮助一线员工更快掌握工位操作技能,节省培训成本与操作失误成本,这一想法得到了企业的重视并得以实施。"我感觉兴趣对于做好工作很重要,有兴趣才会愿意去多做、多钻研、多请教,包括后来我提出的几项技术革新和新产品的试制成功都是这样"。

在访谈中,从赵师傅身上我们能感受到勤奋好学和积极进取的品质。对工作多一点兴趣,多做、多想、多问、多交流,就是他技术不断精进的终极秘诀,普通而又不普通,平凡而又不平凡,正是"工匠精神"的体现。

4. 成熟期:扬农化工的体系化培养

企业名称:扬农化工有限集团;

企业性质:国有企业;

技能劳动者数量:2201;

访谈对象:扬农集团化设分厂彭桂珍书记、人力资源管理部唐巧虹主任、化设保全段长陈军。

(1) 人才培养特色做法:技能型人才体系化培养

扬农化工集团在技能型人才培养上开展了技能等级内部评定、校企合作、竞赛教学等活动,形成了一套成熟的高技能人才培养体系(图5.11),该体系包含了基础培训日常化和技能提升标准化两个部分。

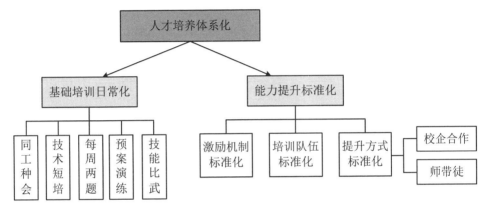

图 5.11 扬农化工体系化培养

基础培训上,从发现问题当天解决问题的同工种会,到每周五固定开展的"每周两题"练习,从培训时间不超过1小时的高效的"技术短培",到需要三四个月进行筹备的"预案演练""技术比武",多样高频的基础培训活动确保了技术型人才能在日常工作中得到技术训练。"基础培训要落实在日常工作中,像开同工种会,某一个工种发现了问题,我们要求员工利用下工后的一点时间进行讨论,争取当下就把问题解决。"(扬农化工人力资源管理部唐巧虹主任)

技能提升方面,企业在激励机制、培训队伍、提升方式上都有标准化要求。

企业从1996年开始建设内部技能等级鉴定制度,将薪资待遇标准与人才技能等级挂钩。"技能等级提高意味着待遇的提高,并且等级认证是招聘前提,许多岗位流动、海外培训学习机会都与技能等级相挂钩"。(扬农集团化设分厂彭桂珍书记)

同时企业组建了一支以公司兼职教师为骨干、分厂和工段教师为主体的师资队伍,共有内训师110人。内训师队伍也分级别,一线师傅指导生产线上的员工,讲师负责在特定工段范围内授课,再高一级别的导师负责公司层面的培训。

培训方式上,一方面与扬州工业职业技术学院进行校企合作,另一方面实施标准化的"现代师徒制",规定高级技师必须每年带领一名新员工,签订一对一的双方协议,为徒弟量身制订培养计划,一年后对徒弟进行考核。

(2) 培养成效：人才培养流程标准化，人才结构合理

扬农集团在技能人才培养上形成了一套标准化的流程，提高了企业大规模培养技能型人才的效率，使企业技能型人才结构日趋合理。目前企业共有2124名技能型人才，其中高级技师25人，高级工214人，中级工753人，初级工1134人（图5.12），企业有4人获"江苏省首席技师"称号；陈军等两名高级技师成立了技能大师工作室。企业形成了以初级工为基础、中级工为主体、高级工为核心、高级技师为顶部的金字塔形技能人才结构。

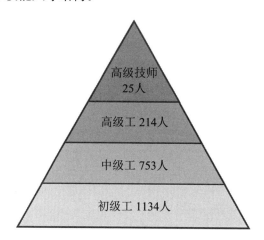

图5.12　扬农化工技能人才结构

(3) 陈军：体系化培养的践行者

陈军，机械设备维修钳工，现任江苏扬农化工集团有限公司化设保全段长。扬州市五一劳动奖章获得者，成立扬州市陈军技能大师工作室、扬州市名师工作室等（图5.13）。

图5.13　扬农化工陈军的职业生涯

从初中毕业到进入扬农化工之前，陈军师傅一直在扬州机械总厂做钳工，从学徒到初级工、中级工。那时的他没有机会接触全面系统的技术培养，厂里的师傅对他也是"放养"型教学，十几年来全靠自己摸索与钻研。

一直到2000年，陈军师傅通过人才引进加入扬农集团，在这里他接触了系统的培训体系，有了更宽广的平台。他十分重视日常基础培训活动，同工种会上不想

出解决方法他就不肯散会,每周两题的练习中也名列前茅,很快就脱颖而出。三年后,陈军师傅赶上公司开放考工晋级通道的机遇,顺利晋升为高级工,他说:"那时候有干劲啊,从中级工到高级工,到技师、高级技师,每一次技术升级都是有加薪的,也就是说,有一门硬的技术就不愁吃饭啦!"如今已是高级技师的陈军师傅,薪资待遇上已经和扬农中层领导相当。

陈军师傅十分推崇扬农现行的师徒制,"我自己早年主要是靠个人的钻研,所以我非常清楚,有名师指导和完全靠自己的学习效果是完全不一样的"。他认为每一个学徒的天赋、性格各异,师傅为徒弟量身打造培养计划,既保证了师傅全身心投入,又在计划上更加灵活。

从学徒到高级技师,陈师傅的成长一是靠自己的钻研,二是得益于扬农体系化培养。陈军师傅坦言,日常化基础培训夯实了自己的基础技能,标准的激励机制使他更愿意提升技术水平,校企合作弥补了他理论知识的不足。陈军师傅是从这种体系化培养中走出来的,也希望能通过师徒制走回到体系化培养中去。

5. 优化期:金城集团的寓教于赛

企业性质:国有企业;

企业员工数量:超过8000;

特色做法:寓教于赛,以赛代教;

访谈对象:金城集团人才发展/企业文化中心部门刘思峰院长、中航工业南京机电十一分厂郎旭东厂长。

(1) 特色做法:寓教于赛,以赛代教

中航工业金城集团对技术人才的培养,不再局限于传统的授课与操作培训,而是通过各种"走出去"带队交流比赛和内部的技能运动会,将技能人才的水平有效地提升到一定的高度。在对刘思峰院长的访谈中,我们了解到,金城集团对一线员工和高技能人才实行不同的比赛方式,如图5.14所示。

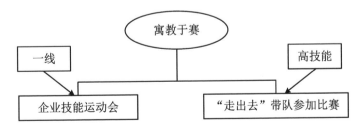

图 5.14　金城集团寓教于赛体系

① 技能运动会。金城集团从2001年开始,已经连续17年在企业内部举办员工技能大赛,在2013年更名为技能运动会,旨在面向各方面的技能人才,让更多的人参与进来,具体信息如下:

举办周期:一年一次,每次历时半个月;

举办部门:集团人才发展/企业文化中心部门;
比赛项目:涉及电工、钳工、设计、CAD、UG等;
比赛评委:企业内部高技能人才;
参赛流程:依次是组内比赛、车间比赛、分厂比赛;
获奖奖励:除相应的物质奖励外,还可以通过企业内部的资质认定。

②"走出去"。江苏省各省市级政府组织会定期举办技能大赛,如南京市电工技能大赛、江苏省技能大赛、2012年开始举办的与世界技能大赛接轨的江苏技能状元大赛等。金城集团对各种省市级比赛都会踊跃地参加,2015年,金城集团更是冠名"金城杯"南京市钳工技术大赛。2013年,在德国莱比锡举办的第42届世界技能大赛上,刘思峰院长带队参加的制造团队挑战赛项目获得了世界第六。

郎旭东厂长结合自己20多年参加各种比赛的经历总结道:"技能大赛,是一个不断选拔和推进的过程,这是一个通过技术练兵,技术比武不断精进的过程"。同时刘思峰院长之前就是一名获奖无数的高级技能人才,他作为全国教育教学指导委员会技能大赛组委员、教育部高职院校技能比赛裁判长,多年亲身参与技能比赛。对比赛给技能人才发展带来的影响,刘院长表示"比赛擦出的技术火花与其对技能人才的启发都促进着技能人才向更高的水平发展"。

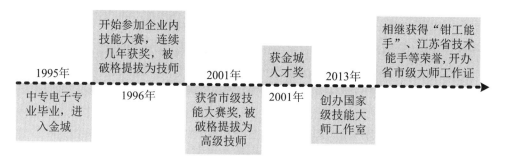

图 5.15 金城集团郎旭东大师职业生涯

(2)培养成效:以赛促学,技能和眼界同步提升

一方面,在各种技能大赛的推动下,金城集团涌现出了一大批高技能人才,刘院长介绍道:近几年陆续出现国家级大师工作室,如郎旭东师傅,还有省级技能大师工作室、市级技能大师工作室以及一线工人中涌现出的全国技术能手、省级突出贡献研究专家、国务院政府特殊津贴专家、江苏省"333工程"第三层次培养对象等技能人才。

另一方面,刘思峰院长向我们介绍:"在培训中也好,比赛也好,很多时候不但从技术层面上进行指导,也是从思想上,从更高的层面上,不仅是为了当下,更是为了自己以后的职业发展与技术提升。"

(3) 郎旭东:寓教于赛的传承者

郎旭东,中航工业南京机电十一分厂郎旭东厂长,从事技术岗位20多年来,相继获得"中航工业技术能手""江苏省有突出贡献中青年专家"等一系列荣誉称号。

郎师傅是金城集团寓教于赛的受益者,也是传承者,在访谈中,郎师傅提到,正是因为1996年刘思峰院长鼓励和推荐他参加技能大赛,才有机会展示自己的能力,也正是因为这个机会,才有了他被连级破格提拔的成绩。"我每年都会去参加各地组织的技能大赛,每次比赛之后技术水平都会有一定的感悟和启发。同时也会担任各省市级技能大赛的评委。"在自己受益的同时,郎师傅也将寓教于赛这一精神传承给了自己的徒弟,甚至是徒孙。郎师傅的徒弟之一在他精心带领下成为全国技术能手,也是2017年南京市技能工匠。郎师傅徒孙之一的王晓福,曾作为中国唯一的选手,代表中国参加世界级技能大赛,并获得了较好的名次。

"对个人发展至关重要的,除了个人的努力外,关键的是企业的培训体制和支持力度。有伯乐才会有千里马,依靠企业搭建的平台才能发挥自己更大的价值。"(郎旭东师傅)

像郎师傅这样寓教于赛的实践与做法,实现了以赛促学,将企业多年发展中所涌现的优秀技能型人才再度发掘,形成了高精尖技能人才资源。寓教于赛的做法,不仅是对技能人才个人发展还是对企业或社会来说都是促进其长久发展的有效措施。

6. 卓越期:中电熊猫的人才库建设

代表企业:南京中电熊猫信息产业集团有限公司;

企业性质:国有企业;

企业员工数量:2.53万;

特色做法:建立大师工作室,整合人才资源库;

采访对象:中电熊猫集团人事主管沈健部长、国家级技能大师工作室创办人陆跃忠师傅、南京市技能大师工作室创办人陆峻师傅。

(1) 特色做法:建立大师工作室,整合人才资源库

中电熊猫重组成立于2007年,电子行业的高精尖特性和7691人的技能员工团队促使中电熊猫十分重视技能人才的培养。对于基础技能人才,中电熊猫会采用持续三年的师带徒和"理论+实操"的初级评定;对中级技能人才,中电熊猫也开始尝试打破工种的联合培养,而高技能人才如何做到人尽其用与能力提升,企业内部9个大师工作室的良好运作起到了关键作用。

中电熊猫以大师工作室为核心,整合人才资源库,围绕技术攻关、技术交流与传承技艺三大模块开展中高层次的技能人才培养。中电熊猫整合了人才资源,由价值输入培养人才转化为人才输出创造价值,合理利用企业现有人力资源,创办技能大师工作室,使得高层次人才不断涌现,实现了价值输入与价值输出的平衡,搭

建了中高级人才不断前进的阶梯。

运作良好的大师工作室为企业创造经济价值的同时,无疑也是一个高技能人才继续提升、传承技艺的平台,"走出去"也是资源库不断丰富的关键点。沈部长向我们介绍,"在2016年5月,我曾牵线搭桥,促成了南京多家企业技能大师工作室赴省内其他工作室,交流工作和技术创新"。借此机会技能大师横向联系的工作信息网络得到搭建,跨行业的交流也给了大师们再提升带来新思路。

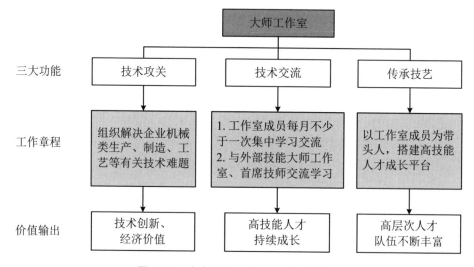

图 5.16 中电熊猫大师工作室培养体系

(2) 培养成效:引领企业文化,打造行业示范点

在以大师工作室为核心的人才库下,无论是工作室的团队价值,还是其他普通人员的企业价值都得到了充分实现。

对工作室团队而言,工作室现拥有高级技师8人、工程师2人,同水平人才间的技艺切磋和资源库内高级技师的指导有效促进着自身技术水平的进步;工作室成员定期远赴海外交流技术,进行特色的 CNC 数控实操讲解,在与高校技术人才的共同研究和走出去的交流学习中破陈立新,不断进步。

对企业中高级技能人才而言,人才资源库输出的不仅是技能,还是工匠精神。大师工作室创造了以"金蓝领"为特征的室文化,即在知识方面有着自己的专攻,用实际行动诠释"干一行、爱一行、专一行、精一行",给企业带去了技能提升的动力。自大师工作室创立以来,组织企业员工参加技能竞赛、业绩比拼、技能研发,共完成101项技能培训,人员职业晋升培养93人次,在企业内部营造了"百舸争流,以技为上"的文化氛围。

大师工作室多工种融合、团队交互的运作经验也为其他层次技能人才的培养提供了新思路。"我们在培养时尝试打破工种的间隔,提高工种融合度。工种的相互了解促使技能与团队的双重成长,这种培养方式的灵感来源于大师工作室。"陆峻师傅向我们介绍。

技能型人才培养在企业中绝不是单一发展的,而是一个环形系统,人才资源库的整合在这一系统中尤为重要,大师工作室更是其中的排头兵。在初期阶段企业需长期投入大量成本进行人才培训,一旦初代人才培养完毕,意味着企业人才资源库开始运转,带动之后的技能培养,外部资源的注入也为企业培养再增活力。

自工作室创立以来,无疑给该企业带来高质量的技术和利润的提升。2016年以来,工作室成员共获得国家授权专利4项及实用新型18项,完成技术攻关创新25项,为企业节省了近654万元的生产成本。

(3)陆跃忠:大师工作室的推动者

陆跃忠,工具钳工高级技师,拥有第十二届全国技术能手、江苏省企业首席技师等众多荣誉,是中电熊猫唯一一个国家级技能大师工作室的创办人(图5.17)。

图 5.17　中电熊猫陆跃忠的职业生涯

从对模具概念和结构的一窍不通到现在成为钳工高级技师,陆跃忠师傅在这个岗位上一干就是38年。作为一名土生土长的熊猫人,陆师傅见证了近40年来中电熊猫在技能人才培养上做出的诸多努力,而他自己也一直站在传授技艺的第一线。

"技术需要传承,个人的力量是微薄的,我要像当年师傅教我一样,把自己积累的工作经验和技能传授给年轻人,弘扬工匠精神,践行工匠承诺。"

陆师傅工作室的13人工作团队中包含了10位高级技师和工程师,走出了获得"全国技术能手"荣誉称号的夏月志、何晓丹等4位师傅,团队每年都会完成多项技术创新项目,在项目攻关中提升自身技能。

除了高端人才内部交流互相促进,陆师傅也是"名师带高徒"工程的有力推动者,"像我这样的首席技师每人会带一到两个徒弟,集团会组织从各个子公司会挑选优秀青年人才,与我们签署培养协议。"目前,陆跃忠师傅已为企业培养出技师5人和高级工10多人。

对高级技师而言,不断突破技术水平上的瓶颈最终练就一身本领,无论是通身的本领还是一颗工匠之心都不应就此尘封安放。开放的交流平台为他们打开了另一片天地,他们与企业内外部技能大师的交流不止,每年为企业创造巨大的经济价值;他们开展技术型人才"传帮带",指导新一代技术型人才实现自我价值的升华。

四、新型技能人才职业培训体系的构建

通过总结六家企业的典型做法,我们从课程体系、教学资源体系和成果鉴定与评价体系三个方面,构建了一套可供推广的新型技能人才培养体系(图 5.18)。其中,课程体系包括课程结构、课程标准和课程顺序三个方面;教学资源体系是教材或学材、教师队伍、教学设备及环境系统等资源的有机组合;而成果鉴定与评价体系包括了企业内部评价和外部评价两种。课程体系和教学资源体系的有机组合,是直接支撑培训教学活动的基础,可以转化为培训教学实施的直接要素。这些直接要素可以概括为三个方面的要素,即教学规划与内容、教学形式和教学方式。

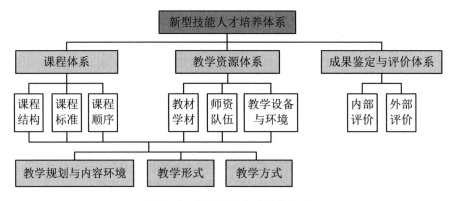

图 5.18　新型技能人才培养体系

1. 课程体系

课程体系包括三个方面:第一,课程结构。通常是规定某一专业学科的课程门类、各课程的地位、知识构成关系、各课程的搭配关系等的系统,课程结构在一定程度上体现了课程观和课程设置的价值取向(南汽电机)。第二,课程标准。通常是指规定某一专业学科的课程性质、目标、内容要求及实施建议的教学指导性文件,是更加具体、详细的教学大纲。同时也是施教者对学生在学习后应掌握什么和做到什么的界定和表述,反映了施教者对学生学习结果的期望。第三,课程顺序。通常指根据工作过程的要求和职业能力增长的一般规律所确定的按时间顺序排列的课程安排。即先进行什么课程,后进行什么课程,包括同时进行什么课程的安排(百得科技)。

2. 教学资源体系

教学资源体系是指进行职业培训所需投入的各种资源的有机组合。广义来说,教学资源体系包括教材/学材体系、教师队伍、教学设备及环境系统。

教材是指记载教学中要传授的知识与技能的内容和要掌握知识、技能点的提示的教学材料,如课本、讲义等(百得科技)。"学材"是记载课业方案的文本文件。

如工作页记录课程名称、课时数、学习情境和学习任务描述、学习目标、内容引导、学习背景、评价建议、学习建议与说明等等(亚威机床)。

教师队伍是指有关教师队伍的构成及管理制度体系,包括四个方面。第一,教师标准,即有关师资的基本条件、不同专业等级的师资所要达到的基本能力要求及考核方法的规定(南汽电机)。第二,师资队伍建设规划,即在一定时期内,从职业培训的社会需求及职业培训体系的构建目标出发,对教师队伍人才等级结构、专业结构、能力要求做出的系统性规划(扬农化工)。第三,师资队伍职业能力提升工作,即根据教师标准及师资队伍建设规划,通过有计划、有步骤、常态性地开展教师队伍培训和其他工作(如交流、实习、观摩等),提升师资队伍职业能力(中电熊猫、金城集团)。第四,教师考核评价,即对教师的职业能力和工作业绩进行的考核评价(南汽电机)。

教学设备及环境是指用于培训教学的教学设备及教学场地,包括政府举办的公共实训基地,政府指定的作为公共实训基地的职业院校、企业举办的实训中心(金城商学院)、政府以及其他社会组织投资构建和运营的网络教育培训系统(百得网络课程、亚威作业指导书信息系统),也包括部分企业内部可用于培训实习的真实生产设备和环境。

课程体系和教学资源体系的有机组合,是直接支撑培训教学活动的基础,可以转化为培训教学实施的直接要素。这些直接要素可以概括为三个方面的要素,如图 5.19 所示。

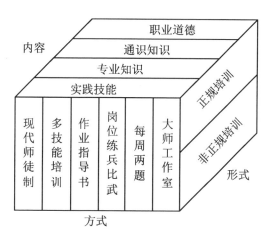

图 5.19　培训教学实施的直接要素

第一,培训规划与内容。培训规划是由某一专业(岗位)工作任务特征决定的培训目标,如课程结构、课程标准、课程顺序。而教学内容则由课程标准规定。从内容上看,包括职业道德、通识知识、专业知识与实践技能 4 类。

第二,教学方式。即教学采取的具体途径和手段。我们总结了调研的 6 家企业对人才成长不同阶段的特色做法作为该体系的教学方式,为现代师徒制、多技能培训、作业指导书、岗位练兵、每周两题和大师工作室等。

第三,教学形式。即教学主体与受教者的身份关系或教学中受教者的时间利用形式和培训成果形式。按教学主体与受教者的身份关系和成果形式可分为正规培训(在正规教育机构接受培训,颁发证书)与非正规培训(在就业岗位上,不颁发证书,或者观摩、参观、实习、实训等)。

3. 成果鉴定与评价体系

成果鉴定与评价体系,是一系列能够动态反映培训项目必要性、教学运行状况信息,对教学效果进行检验和评价的制度安排,如图5.20所示。

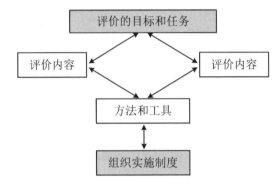

图5.20 成果鉴定与评价体系

从评价的要件来看,通常这一体系包括评价的目标和任务、评价内容、评价指标体系、评价的方法和工具以及评价的组织实施(主体、职责、程序、标准和要求等)。

从评价内容来看,通常这一体系包括培训项目的必要性和可行性评价制度、教学过程的监控评价制度、培训效果的分析评价制度。

从评价的主体来看,培训评价包括内部评价与外部评价。内部评价主要由培训机构及教师来实施,其在功能上既有监控又有评价。监控主要是对教学组织过程、老师的教学表现、学生的态度等基础信息、数据进行收集,并对某些偏差及时纠正。外部评价由外聘专家来进行,主要是对培训项目的必要性可行性、课程质量、学生综合职业能力水平进行评价。例如,可以针对现有课程进行分析评价,找出问题,提出课程改进和发展的目标以及相关的建议指标,同时提出实现路径和措施,进而对改进效果进行评价。

第六章 技能型人力资本区域流动：
紊流与层流的进化博弈分析

第一节 引　　言

　　技能型人力资本作为企业人力资源的重要组成部分，承担着产品的制造和质量保证、技术的改进与革新以及成本的降低等众多任务，但由于薪酬福利、社会保障等原因，这一群体流动风险较高。东部与中西部的经济差异，带来了20世纪90年代特有的"民工潮"，众多劳动者为了更高的经济收益涌向东部城市。然而，近十年来技能型劳动者的流动方向更呈现复杂化的趋势。

　　人力资本区域流动问题一直受到学术界的持续关注。经典模型主要有基于推拉理论的托达罗模型（Harris，Todaro，1970）、流动动因模型（Steers，Mowday，1981），以及新经济地理学模型（Krugman，1991）等。国内外学者也做了相关研究，蔡昉等（2009）通过比较发现工业重新配置带来的劳动力区域配置调整尚未显著发生，黄翔等（2009）从技能互补角度论证了劳动力向人力资本集中地区流动，侯爱军等（2015）从人才供需视角分析和预测未来流动趋势，Manning等（2011）从工作搜寻行为这一微观角度探讨了距离成本和工作效用对区域流动的影响等。此外，一些学者也运用博弈方法分析人才区域流动行为：张晓旭等（2012）建立静态博弈模型分析创新技术人才的国际和流动评价问题；李光红等（2013）运用进化博弈论的方法将人才流动和集聚的因素锁定为机会成本、人才努力程度和激励措施。

　　对人力资本单一流向的研究已经难以解释多极化的人力资本流动现状，由于区域经济动态发展，人才流失、引进与环流等现象并存。进化博弈论将生物进化论和经典博弈理论相结合，利用动态分析的方法研究有限理性群体行为的演化过程和决策行为。面对技能型人力资本区域流动的多极化趋势，进化博弈模型可以从动态角度解释流动方向的变化过程。因此，本书将流体力学中紊流和层流的概念引入人才流动的研究领域，希望通过建立地区技能型人力资本流动的非对称进化博弈模型，分析区域经济差异权变条件下异质性技能型人力资本流动的进化稳定策略，从而解释技能型人力资本流动行为和趋势。

第二节 紊流与层流：技能型人力资本区域流动复杂化

拥有技能型人力资本是指在生产和服务的等领域岗位一线、掌握专门的知识和技术、具备一定的操作技能并能够运用这些能力解决生产操作中的实际问题的人员。根据技能型劳动者的不同职业资格等级，本书分为两类，即一般技能人力资本（初级工、中级工及拥有同等技能水平的人才）和高级技能人力资本（高级工、技师、高级技师及拥有同等技能水平的人才），两者在职业技能熟练度、理论知识储备与专业创新能力上有着一定差距。从微观角度来看，不同类型的技能型人力资本对薪酬福利、发展机会、外部环境等方面有着不同的诉求，诉求的不同会带来流动行为的差异，他们会根据自身需求和外部环境等因素的变化不断改变自己的流动策略。从宏观角度来看，我国技能型人力资本结构相对于发达国家较为低端化，即学历、技术较低的一般技能人力资本数量庞大而高级技能人力资本稀缺，而低端化人才结构会加速人才流动。

我国正处于劳动力自发流动向自主流动的转变期。在早期，我国技能型人力资本同质化严重，追求更高的收入是流动的主要原因，东部沿海地区发展进程较快，对人才资源需求高，因此我国一直呈现着人才由中西部向东部的单向流动。而随着经济不断发展，对劳动力的需求开始升级，对高级技能人力资本的需求不断提高，技能型人力资本的异质性也越发明显，高级技能人力资本的追求不再仅仅是薪酬，非经济因素包括社会环境、发展机会等方面也成为影响他们流动的重要因素，这也使得流动方向更为复杂化。近年来，我国大都市圈协同周边地区互动发展，对各层次人才需求量巨大，同时中西部不断发展带来巨大的人才空间，使得人才流动从边缘到中心的单向线性流动变为由中心扩散的多向流动。因此，经济发展和劳动力异质性是技能型人力资本流动多极化的重要因素。

紊流和层流是流体力学中液体的两种流动状态。当流体做稳定而有规律的流动形态称为层流；当流体做不规则运动、互相混掺、随机流动的形态称为紊流。人才同流体类似，当受到各种因素影响时，流动状态会发生改变，因此将紊流和层流的概念引入技能型人力资本区域流动的研究中。当技能型人力资本的流动方向呈现随机流动时，我们将这种流动状态定义为紊流；当技能型人力资本的流动方向会依据一定规律流动时，我们将这种状态定义为层流。

那么技能型人力资本到底是处于无序紊流还是有序层流的状态？下面利用进化模型进行剖析和解答。

第三节 进化模型的构建

为了便于构建进化博弈模型,做出以下假设:

假设1 现只有 A 和 B 两个地区,A 地为经济欠发达地区,B 地为经济发达地区。

假设2 参与博弈的技能型人力资本户籍所在地均为 A 地。身在 A 地技能型人力资本为博弈方 A,已流动到 B 地技能型人力资本为博弈方 B。博弈方 A 策略空间为{流向 B 地,不流动},博弈方 B 策略空间为{不流动,回流到 A 地}。

假设3 由于经济发达程度的差异,B 地技术先进,能够提供技能型人力资本更多的学习和向上流动机会,而 A 地的生活成本小于 B 地。

假设4 为了吸引技能型人力资本流入,地方政府会依据奖励政策对技能型人力资本给予一定补贴。

假设5 根据工作搜寻理论,在技能型人力资本选择流动时,需要付出时间成本、交通成本等流动成本。

根据以上假设,设置了以下参数(均大于0):

(1) 在 A、B 两地的薪酬差异水平为 D,两地政府对引进技能型人力资本的补贴分别为 P_A 和 P_B。

(2) B 地更多的学习机会和向上流动机会能够带来额外的收益 E,但随着流入人才增加,竞争加强,收益会由 E_1 减少为 E_2。

(3) 在 B 地需要额外的生活成本 F。

(4) 技能型人力资本的流动成本均为 C。

根据以上假设和参数,可以得到博弈方 A 和博弈方 B 的收益矩阵(表6.1)。

表6.1 博弈方 A 与博弈方 B 的收益矩阵

		博弈方 B	
	策略	不流动	回流到 A 地
博弈方 A	流向 B 地	$D+E_2+P_B-C-F, D+E_2-F$	$D+E_1+P_B-C-F, P_A-C$
	不流动	$0, D+E_1-F$	$0, P_A-C$

假设博弈方 A 流向 B 地的概率为 $x(0 \leqslant x \leqslant 1)$,那么不流动的概率为 $(1-x)$,博弈方 B 不流动的概率为 $y(0 \leqslant y \leqslant 1)$,那么回流到 A 地的概率为 $(1-y)$。

博弈方 A 流向 B 地和不流动的期望收益为 U_{A1} 和 U_{A2},平均期望收益为 U_A。博弈方 B 不流动和回流到 A 地的期望收益为 U_{B1} 和 U_{B2},平均期望收益为 U_B。

根据演化博弈论适应度函数公式,得到博弈方 A 的期望收益为

$$U_{A1} = y(D + E_2 + P_B - C - F) + (1 - y)(D + E_1 + P_B - C - F) \quad (6.1)$$
$$U_{A2} = 0 \quad (6.2)$$
$$U_A = xU_{A1} + (1 - x)U_{A2} = x[D + E_1 + P_B - C - F + y(E_2 - E_1)] \quad (6.3)$$

得到博弈方 B 的期望收益为

$$U_{B1} = x(D + E_2 - F) + (1 - x)(D + E_1 - F) \quad (6.4)$$
$$U_{B2} = 0 \quad (6.5)$$
$$U_B = yU_{B1} + (1 - y)U_{B2} = y[x(E_2 - E_1) + (D - F + E_1)] \quad (6.6)$$

因此,博弈方 A 流动比例的复制动态方程为

$$F(x) = \frac{dx}{dt} = x(U_{A1} - U_A)$$
$$= x(1 - x)[D + E_1 + P_B - C - F + y(E_2 - E_1)] \quad (6.7)$$

博弈方 B 不流动比例的复制动态方程为

$$F(y) = \frac{dy}{dt} = y(U_{B1} - U_B)$$
$$= y(1 - y)[x(E_2 - E_1) + (D - F + E_1)] \quad (6.8)$$

由于高级技能人力资本与一般技能人力资本的差异性,因此对参数给定条件从而进行进一步分析。

(1) 对高级技能人力资本,报酬收益足以弥补额外的生活成本,并且由于人才的稀缺性,工作机会远高于一般技能人力资本,各政府对高级技能人力资本也给予相当丰厚的补贴。因此在分析高级技能人力资本的区域流动时,条件如下:

① A、B 两地报酬差异水平高于生活成本差异,即 $D > F$。

② 政府为引进高级技能人力资本制定的奖励政策收益高于高级技能人力资本的流动成本,即 $P_B > C$。

③ 由于人才的稀缺性,高级技能人力资本都拥有足够的学习工作和向上流动机会,并享有收益,即 $E_2 = E_1$。

(2) 由于一般技能人力资本供给充足,政府也少有对一般技能人力资本的补贴,并且由于能力趋同性,当他们集聚时,激烈竞争会对个人获得的向上流动机会造成影响,从而影响实际收益。因此在分析一般技能人力资本的区域流动时,条件如下:

① 政府对一般技能人力资本的引入不设立政策奖励,即 $P_B = 0$。

② 当一般技能人力资本集聚时,学习机会和向上流动机会带来的实际收益会减小,即 $E_2 < E_1$。

第四节 稳定均衡分析

令 $F(x)$ 和 $F(y)$ 等于 0 时,可得到四个固定的均衡点,分别为 $E_1(0,0)$,$E_2(1,0)$,$E_3(0,1)$,$E_4(1,1)$,以及一个可能的均衡点 $E_5\left(\dfrac{D-F+E_1}{E_1-E_2},\dfrac{D+E_1+P_B-C-F}{E_1-E_2}\right)$。对 $F(x)$ 和 $F(y)$ 分别关于 x 和 y 求偏导数,可得雅克比矩阵:

$$J = \begin{bmatrix} (1-2x)[D+E_1+P_B-C-F+y(E_2-E_1)] & 2x(1-x)(E_2-E_1) \\ 2y(1-y)(E_2-E_1) & (1-2y)[x(E_2-E_1)+(D-F+E_1)] \end{bmatrix}$$

根据雅克比矩阵,可以得到矩阵的行列式 $\mathrm{Det}\,J$ 与迹 $\mathrm{tr}\,J$:

$$\mathrm{Det}\,J = (1-2x)(1-2y)[D+E_1+P_B-C-F+y(E_2-E_1)]$$
$$\cdot[x(E_2-E_1)+(D-F+E_1)]-4xy(1-x)(1-y)(E_2-E_1)^2$$
$$\mathrm{tr}\,J = (1-2x)[D+E_1+P_B-C-F+y(E_2-E_1)]$$
$$+(1-2y)[x(E_2-E_1)+(D-F+E_1)]$$

为了分析均衡点是否为稳定点,可以通过分析雅克比矩阵的局部稳定性来确定。当且仅当行列式大于零而迹小于零时,均衡点是稳定点。下面根据参数条件,对高级技能人力资本和一般技能人力资本的进化稳定策略进行具体讨论。

一、高级技能人力资本的稳定均衡分析

对各均衡点的稳定性分析结果如表 6.2 所示。

表 6.2 高技能型人力资本局部稳定性分析

条件	均衡点	$\mathrm{Det}\,J$	$\mathrm{tr}\,J$	结果
$D>F$	(0,0)	+	+	不稳定点
$P_B>C$	(1,0)	−	不确定	鞍点
$E_2=E_1$	(0,1)	−	不确定	鞍点
	(1,1)	+	−	稳定点

局部稳定性分析结果绘制的系统演化相位图如图 6.1 所示。表示系统收敛于 $E_4(1,1)$,即(流向 B 地,不流动),即高级技能人力资本向经济发达地区聚集。

在地区经济差异的背景下,发达地区相较于欠发达地区对高级技能人力资本有着更大的需求,政府和企业愿意为之提供政策补贴和较高收入,因此高级技能人力资本在发达地区能获得更高的经济收益。除了有形收益外,与一般技能人力资本不同的是,高级技能人力资本同样重视非经济收益。新经济地理学将推动集聚

的内生力量归结为两类:一是传统经济活动产生的关联,二是知识溢出。对于高级技能人力资本而言,发达地区提供了更多的发展机会与合作竞争平台,实现自我技能水平和创新效率的提升。因此高级技能人力资本能够通过向发达地区的集聚获得更高的经济和非经济收益。系统演化的最终结果也与我国高级技能人力资本集聚现状相吻合,以我国北上广及周边一线都市圈为例,高级技能人力资本会面临相对高昂的生活成本,但同时享有高收入、政府补贴以及自我提升机会,因此大量集聚于此。

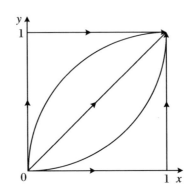

图 6.1 高级技能人力资本系统演化相位图

二、一般技能人力资本的稳定均衡分析

各参数的大小关系对应着地区经济差距水平,由于平衡点的稳定条件与各参数大小相关,下面将根据各参数关系变化分为 4 种情况,对一般技能人力资本的局部稳定性进行分析。

情况 1 $D-C-F+E_2>0$

即 A 地一般技能人力资本流动到 B 地的净收益大于 0。局部稳定性分析如表 6.2 所示。

表 6.2 情况 1 局部稳定性分析

条件	均衡点	Det J	tr J	结果
	(0,0)	+	+	不稳定点
$E_2<E_1$	(1,0)	−	−	鞍点
$D-C-F+E_2>0$	(0,1)	−	不确定	鞍点
稳定点	$P_B=0$ (1,1)	(1,1)	+	−

根据分析结果绘制系统演化相位图,如图 6.2 所示。表示系统收敛于 $E_4(1,1)$,即(流向 B 地,不流动),即一般技能人力资本向经济发达地区聚集。

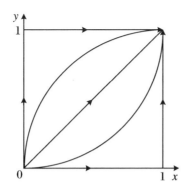

图 6.2　情况 1 系统演化相位图

此时 A、B 两地经济差距较大或流动成本较小,无论是对于 A 地还是 B 地的一般技能人力资本,在 B 地工作的收益始终为正,因此一般技能人力资本最终选择向 B 地即经济发达地区聚集。这种情况在我国经济发展初期和如今的偏远落后地区发生较多。我国经济发展初期和如今的偏远落后地区相比一线都市圈,存在较大的工资水平差距且缺少工作机会,因此在经济收益驱动下他们会选择向一线都市圈集聚寻找工作。此外,距离一线都市圈较近省份的一般技能人力资本则会因为追求较高的工资收入和承受较低的流动成本选择流动向发达地区。

情况 2　$-E_1 < D-F < C-E_2$ 且 $E_1 - C > E_2$

即 B 地一般技能人力资本的净收益大于 0,A 地一般技能人力资本流动的净收益小于 0,且 B 地人才更新的净收益大于人才留守的净收益。如表 6.3 所示。

表 6.3　情况 2 局部稳定性分析

	$-E_2 < D-F$ $< C-E_2$	$C-E_1 < D-F$ $< -E_2$	$-E_1 < D-F$ $< C-E_1$
(0,0)	不稳定点	不稳定点	鞍点
(0,1)	稳定点	稳定点	稳定点
(1,0)	鞍点	稳定点	鞍点
(1,1)	鞍点	不稳定点	不稳定点
$\left(\dfrac{D-F+E_1}{E_1-E_2}, \dfrac{D+E_1-C-F}{E_1-E_2}\right)$	—	鞍点	—

该情况下,地区经济差距依旧存在,但由于工资水平和生活成本关系的动态变化,流动收益也发展转变。随着 $D-F$ 的变化,系统演化过程发生区别(图 6.3)。

图 6.3 中(a)与(c)虽然初始状态不同但系统收敛方向相同。由于流动成本的

存在,会出现 A 地一般技能人力资本流动净收益小于 0 而 B 地人才净收益大于 0 的情况。当流动带来的工资收益增长和发展机会的收益难以补足流动成本时,A 地的一般技能人力资本选择不再流向 B 地,而 B 地人才则因为不需要额外的流动支出选择留守,并且随着人才流入减少获得更多的发展机会收益。因此演化结果为人才稳定。

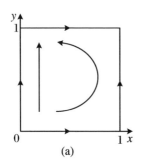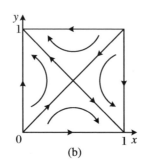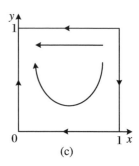

图 6.3 情况 2 系统演化相位图

这可以解释如今部分地区人才流出减少的现实情况。对部分一般技能人力资本而言,薪资报酬的差距缩小,而且由于前往东部沿海等发达地区需要交通成本和时间成本等工作搜寻成本,且租房、出行等生活成本也较高,他们更倾向于在本地寻求一份安稳的工作。而已在一、二线城市寻求到工作的技能型人力资本,无须付出额外的工作搜寻成本,因此他们会选择留在发达地区继续发展事业。

(b)则是系统收敛于 $E_2(0,1) E_3(1,0)$,E_2 表明两地人才处于相对稳定的情况;而 E_3 表明两地人才环形流动。理想状态则是介于 E_2 和 E_3 之间,即 A、B 两地在各自保有一定技能型人力资本储备的基础上,进行环形流动,既保证了 B 地一般技能人力资本的更新,又保障了部分人才回归 A 地发展地方产业。

情况 3 $-E_1 < D - F < C - E_2$ 且 $E_1 - C < E_2$

即 B 地一般技能人力资本的净收益大于 0,而 A 地一般技能人力资本流动到 B 地的净收益小于 0,且 B 地人才更新的净收益小于 B 地人才留守的净收益。

情况 3 与情况 2 的博弈结果类似,进化博弈过程大致相同。对于 A 地的一般技能人力资本而言,只有在 B 地缺少竞争时,流动带来的净收益大于 0,因此流动存在收益减少的风险。而对于 B 地的一般技能人力资本,当 A 地人才选择不流动时,净收益大于 0。由于集聚与否带来的发展机会收益差小于流动成本,因此 B 地人才集聚带来的竞争不会导致人才回流,演化系统最终收敛于 E_2。

情况 3 局部稳定性分析如表 6.4 所示。

表 6.4　情况 3 局部稳定性分析

	$C-E_1<D-F<C-E_2$	$-E_2<D-F<C-E_1$	$-E_1<D-F<-E_2$
(0,0)	不稳定点	鞍点	鞍点
(0,1)	稳定点	稳定点	稳定点
(1,0)	鞍点	不稳定点	鞍点
(1,1)	鞍点	鞍点	不稳定点

情况 3 系统演化相位图如图 6.4 所示。

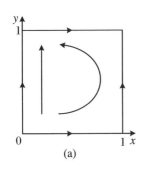
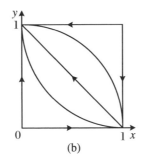
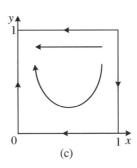

图 6.4　情况 3 系统演化相位图

情况 4　$D-F+E_1<0$

一般技能型人力资本的净收益小于 0。情况 4 局部稳定性分析如表 6.5 所示。

表 6.5　情况 4 局部稳定性分析

条件	均衡点	Det J	tr J	结果
$P_B=0$	(0,0)	+	−	稳定点
$E_2<E_1$	(0,1)	−	−	鞍点
$D-F+E_1<0$	(1,0)	−	不确定	鞍点
	(1,1)	+	+	不稳定点

系统演化相位图如图 6.5 所示。表示系统收敛于 $E_4(0,0)$，即（不流动，回流），即一般技能人力资本集聚于经济欠发达地区。

博弈双方来说 B 地已经无法带来任何收益，因此已经不具有人才吸引力，因此双方都选择了 A 地作为工作地的选择。

至于 $E_1(0,0)$，可以解释为欠发达地区的技能型人力资本流失不断减少，流失人才回流，这也符合我国劳动力输出大省在快速发展后带来的"人回乡、企回迁"的迁移新趋势。以重庆为例，随着机械制造、智能装备、新能源汽车等高新技术产业的快速崛起,对技能型人力资本的需求也与日俱增。庞大的人才需求不仅为当地技能型人力资本提供了众多就业岗位,还吸引了有经验、有技术的技能型人力资本回流。重庆等地与东南沿海的经济差距缩小,收入差距也逐渐缩小,且避免了大城市租房、交通开支等额外的生活成本。此时即使发达地区有着正反馈效应和引力场效应,对外来的技能型人力资本的影响也在不断减弱。因此,无论是本地人才还是在外务工人员都会寻求在家乡工作的机会。

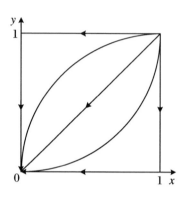

图 6.5　情况 4 系统演化相位图

第五节　结论与建议

基于以上分析发现,技能型人力资本的区域流动以层流为主。高级技能人力资本流向稳定,而一般技能人力资本的流动决策会随着工资水平、生活成本、流动成本以及发展机会收益的大小关系变化而发生层流向紊流的变化。

(1) 当经济差距导致工资差距扩大到一定程度,发达地区的人才吸引力较强,技能型人力资本向发达地区集聚;

(2) 当工资差距缩小到一定程度或生活成本过高时,发达地区的外部机会和政策优惠对高级技能人力资本仍保有吸引力,但一般技能人力资本出现回流,技能型人力资本出现分层流动;

(3) 当经济差距在一定范围内时,高级技能人力资本向发达地区单向流动,而一般技能人力资本的流动决策趋向于人才稳定,在特定范围出现人才更替的紊流形态。

技能型人力资本作为制造业产业结构转型的重要推力,其流动问题也受到了越来越多的关注。过高的流动率会给企业带来人才交替成本和人才风险成本的攀升,也不利于区域的经济发展,而人才缺乏流动也会导致整个人才市场活力丧失,最终带来整体技能素质的止步不前。把握和引导人才的有序合理流动,不仅关乎个人的提升、企业的发展,还深刻影响区域产业经济的长期稳定发展。

(1)对技能型人力资本来说,它们职业规划较弱,其区域流动较容易受到物质条件的牵引。对技能型人力资本这一群体来说,首先需要提高职业认知,进行自我定位,进而对区域经济、企业环境、发展机会进行分析,从而明确发展目标,避免盲目流动带来的物质和时间损失,做出最优的流动决策。

(2)对企业来说,建立合理的管理制度,提高物质和非物质保障,是减少流动的重要措施。企业要改善薪酬福利,重视技能型人力资本的培养和激励,提供良好的职业发展平台,鼓励和引导技能型人力资本提高自身技能水平,实现向上流动。对于高级技能人力资本除了优厚的待遇,也要通过签订竞业限制协议等手段提高其流动成本。

(3)经济水平存在差异的不同地区需要制定符合区域产业发展现状的应对措施。

对经济欠发达地区来说,人才流出大于流入,因此不仅要培养人才、保住人才,还要吸引人才回流。在自身资源有限的前提下,可以结合地域资源的优势和特色,将有限资源聚焦特定产业领域和人才群体。制定人才优惠政策,降低人才回流时的流动成本,对优秀人才加大补贴力度。政府要联合企业、社会培训机构,整合人才培养资源,完善培训体系,营造良好的技能型人力资本成长环境。积极扶持和发展地方性特色产业,引导企业建立合理的收入分配和晋升机制,缩小报酬差距。

对发达地区来说,本身就拥有着经济优势,人才流入大于流出,但产业的快速发展导致技能型人力资本依旧存在较大缺口,既要吸引新鲜血液不断注入,又要留住外来人才。首先,要放开政策限制,使人才能够进得来,减轻生活成本给外来人才带来的压力。其次,要加大对优秀人才的扶持政策,通过加强公共培训基地建设、促进技能型人力资本技术交流和提供技能培训补贴等手段,为外来技能型人力资本创造良好的工作生活环境,提高个人从集聚效应中获得的价值。最后,要利用信息化技术,发挥教育优势资源,加强政府、企业、学校的三方合作,实现技能型人力资本的高效管理。

第七章 技能型人力资本职业流动意愿：人力资本异质性构成要素的视角

第一节 引 言

在劳动力市场上，职业流动是常见现象，是企业与员工相互匹配的过程。适度的职业流动有助于员工与岗位的更加契合，频繁的职业流动则增加企业的人力资本投资和重置成本，也不利于员工个人的人力资本积累。职业流动意愿反映员工潜在的职业流动行为，职业流动意愿是否受到人力资本影响是人力资源管理研究的重要话题。符建春(2008)认为人力资本各成分具有不同特性，各个侧面都有自己相对独立的影响能力和作用机制。王超恩(2013)研究发现人力资本存量越高，职业稳定性越高，职业流动意愿弱。俞林(2016)认为性别、年龄、受教育程度等人力资本要素对职业流动能力有显著影响，职业培训与受教育经历等人力资本要素刺激职业流动。谢嗣胜等(2018)认为技能型员工受到流动收益、流动成本以及外部机会的共同作用进行有序层流。工作满意度在经济学研究中被认为是个体工作效用的反应，在心理学和社会学研究中被界定为个体对现有角色的喜好。将工作满意度引入人力资本与职业流动意愿的关系研究，是经济学假设在社会学领域的自然延伸。在过往研究中，不乏研究者考察工作满意度对员工职业流动意愿的直接影响，但该变量是否对人力资本与职业流动意愿关系有调节作用尚不明确，值得进一步研究。

本章以江苏、安徽两地的制造企业为样本，计量分析人力资本对技能型员工职业流动意愿的影响效应，特别是人力资本异质性构成要素对技能型员工职业流动意愿的不同动力作用，并进一步考察工作满意度对两者关系的调节作用。

第二节 理论假设与研究设计

一、技能型人力资本

Mincer(1958)认为在学校受教育获得的知识累积成通用人力资本,在特定工作岗位习得的经验转化为专用人力资本。从年龄及本单位工作年限来看,Mortensen(1977)的研究结果表明员工在最初被雇用时不确切知道企业的特征,当其工作一段时间后发现工作是不可接受的,他会选择离职。Farber(1994)认为随着劳动者的年龄和工作年限的增长其专有资本积累增加,工作流动性减少。从受教育程度角度来看,Knight(2004)总结出中国劳动者的职业流动行为特点:受教育程度较高者有非常显著的自愿流动倾向,受教育程度较低者则往往考虑规避风险而不主动流动。在职业技能等级方面,殷红霞(2014)认为文化知识和工作经验的欠缺制约劳动力的职业流动,受教育程度及职业技能突出则意味着较高的职业转换能力,刺激职业流动。综合现有研究成果,人力资本影响职业流动意愿,且其各要素动力作用存在差异。本书研究对象是技能型员工,与其他类型人力资本相比有其特殊性,技能型人力资本构成要素对职业流动意愿存在不一样的影响。基于此,提出如下研究假设:

假设1:技能型员工的人力资本显著影响职业流动意愿;

假设1a:年龄增长趋于工作稳定,年纪轻则倾向于职业流动;

假设1b:受教育程度对职业流动意愿有分层影响;

假设1c:职业技能等级对职业流动意愿同样具有分层影响;

假设1d:本单位工作年限增加,专用人力资本提升,迁移成本高,职业流动意愿下降。

二、工作满意度的调节效应

范皑皑(2007)通过工作满意度预测员工行为和工作绩效:较高的工作满意度会导致更低的离职率和更高的工作绩效。Chen(2011)认为随着组织任期的增长,员工的工作满意度变化与未来工作期望的关系会更加缓和,从而降低员工的职业流动意愿。基于此,提出如下研究假设:

假设2:工作满意度在技能型员工的人力资本与职业流动意愿关系中起调节作用。

三、研究设计

1. 样本选择与数据来源

样本选择的技能型员工界定为在岗位一线生产和服务,具备专门知识、技术、操作技能,并能够运用这些能力解决生产操作中实际问题的员工。

数据来源于对江苏、安徽两地制造企业技能型员工的实地调研,发放调查问卷 300 份,剔除数据填写不完整或错误的问卷,回收有效问卷 267 份。问卷内容涉及技能型员工的个人特征、人力资本、职业流动意愿以及工作满意度情况。问卷结束后与企业管理者进行交流,回收 1 份访谈材料。

2. 模型选择与变量测量

研究分析主要采用交叉分析和层次回归分析等方法,结合调查样本的特征,对自变量和因变量的设置与解释如下:

(1) 自变量:自变量包括个人特征变量、人力资本各要素变量。技能型员工的个人特征变量包括性别和婚姻状况。性别编码为:男性为 1,女性为 0。婚姻状况编码为:单身为 0,已婚为 1。人力资本包括年龄、受教育程度、职业技能等级以及本单位工作年限四个要素变量。年龄编码为:16~25 岁为 1,26~35 岁为 2,36~45 岁为 3,46 岁及以上为 4;受教育程度编码为:初中及以下为 1,高中、中专、大专为 2,本科及以上为 3;职业技能等级编码为:无技能等级证书为 0,初级工为 1,中级工为 2,高级工、技师、高级技师为 3。依据探索分析的结果,本单位工作年限数据的结果通过正态性检验,满足均值为 2.28,偏度为 0.3 的正态分布。因此,本单位工作年限编码为:1 年及以下为 1,1~3 年为 2,4~6 年为 3,6 年及以上为 4。

(2) 因变量:职业流动意愿。打算离开现有职业为 1,继续留在现有职业为 0。

第三节 结果与分析

一、交叉分析

为便于观察各研究变量的数据分布,初步筛选现有自变量因素是否能够解释因变量,表 7.1 列示了各研究变量的二维交叉分析结果。

表 7.1 研究变量与职业流动意愿的交叉分析表

类别	变量名称	变量分类	变量占比	是否换工作		χ^2（卡方值）
				换	不换	
基本特征	性别	男	74.2%	37.9%	62.1%	1.062
		女	25.8%	44.9%	55.1%	
	婚姻	未婚	12.7%	39.7%	60.3%	0.000
		已婚	87.3%	30.1%	69.9%	
人力资本	年龄	16~25 岁	13.1%	42.9%	57.1%	9.401**
		26~35 岁	55.8%	45.6%	54.4%	
		36~45 岁	18.7%	34.0%	66.0%	
		46 岁及以上	12.4%	18.2%	81.8%	
	受教育程度	初中及以下	25.5%	22.1%	77.9%	13.351***
		高中、中专、大专	55.4%	43.2%	56.8%	
		本科及以上	19.1%	52.9%	47.1%	
	职业技能等级	无技能等级证书	23.2%	48.4%	51.6%	3.132
		初级工	31.5%	34.5%	65.5%	
		中级工	26.5%	37.1%	62.9%	
		高级工、技师、高级技师	18.7%	41.2%	58.8%	
	本单位工作年限	一年及以下	29.6%	29.1%	70.9%	6.288*
		1~3 年	31.5%	42.9%	57.1%	
		3~6 年	20.2%	40.7%	59.3%	
		6 年及以上	18.7%	50.0%	50.0%	

注：表中 * 表示 $\alpha=0.1$ 的水平上显著；** 表示 $\alpha=0.05$ 的水平上显著；*** 表示 $\alpha=0.01$ 的水平上显著。

被调查制造企业男性员工占比高，职业流动意愿低于女性员工。87.3%的技能型员工为已婚，职业流动意愿低于未婚员工。性别及婚姻状况未通过卡方检验，对职业流动意愿没有显著作用。新生代员工成为制造企业的生产主力，占比为88.6%。年龄增长，员工的职业流动意愿减弱。技能型员工的受教育程度集中在高中及以下学历水平，本科及以上学历水平的技能型员工占比为 19.1%，职业流动意愿强，受教育程度对技能型员工职业流动意愿起关键作用。职业技能等级未通过卡方检验，但考虑到该变量是评价技能型员工人力资本的重要指标，暂时不予剔除。超过半数的员工在本单位工作年限少于 3 年，工作稳定性差。在本单位工作 6 年及以上的员工愿意留下的比例占 50%，本单位工作年限增长，职业流动意愿增强。

综上所述,技能型员工人力资本的各要素变量包括年龄、受教育程度、职业技能等级和本单位工作年限进入相关分析及回归分析。控制变量设计为性别及婚姻状况。

二、描述性统计和相关系数矩阵

主要研究变量的平均值、标准差以及 Pearson 相关系数矩阵直观地显示自变量与因变量之间的相关关系,具体结果如表 7.2 所示。

表 7.2 研究变量的描述性统计和相关系数矩阵

变量	平均值	标准差	1	2	3	4	5	6
1.职业流动意愿	0.39	0.488						
2.年龄	2.3	0.851	−0.164**					
3.受教育程度	1.94	0.666	0.216**	−0.258**				
4.职业技能等级	1.41	1.045	−0.042	0.062	−0.07			
5.本单位工作年限	2.28	1.083	0.136*	0.119	0.306**	0.107		
6.性别	0.74	0.439	−0.063	0.231**	−0.185**	0.282**	−0.044	
7.婚姻	0.78	0.413	0.000	0.434**	−0.173**	0.086	0.145*	−0.041

注:$N=267$。* 表示 $P<0.05$,** 表示 $P<0.01$(双尾检验)。

表 7.2 分析结果表明,职业技能等级与其他变量没有显著相关性,年龄与职业流动意愿负相关,受教育程度及本单位工作年限与职业流动意愿正相关。表中不同变量之间的相关系数低于 0.5,容差远大于 0.1,方差膨胀因子小于 5,特征值不为 0。这表明此次研究自变量之间不存在多重共线性问题。结合交叉分析及相关分析结果,可以初步得知技能型员工的人力资本对职业流动意愿有显著影响,下一步实证检验以获得更准确的结论。

三、假设检验

1. 技能型员工的人力资本与职业流动意愿

分析自变量和控制变量对因变量的作用,检验人力资本对技能型员工职业流动意愿影响,研究分六个模型操作:模型 1 仅包含控制变量;模型 2 至模型 5 依次加入人力资本各要素,包括年龄、受教育程度、职业技能等级、本单位工作年限和控制变量;模型 6 包含所有显著性变量和控制变量。回归分析结果如表 7.3 所示。

表7.3 人力资本对职业流动意愿的回归分析结果

变量	模型1	模型2	模型3	模型4	模型5	模型6
常数项	0.451***	0.409***	0.068	0.46***	0.324***	0.224
性别	-0.071	-0.015	-0.023	-0.062	-0.065	0.017
婚姻	-0.003	0.102	0.045	0.000	-0.026	0.125
年龄		-0.114***				-0.094**
受教育程度			0.161***			0.144***
职业技能等级				-0.012		
本单位工作年限					0.062**	
R^2	0.004	0.033	0.049	0.005	0.022	0.068
调整的 R^2 (ΔR^2)	-0.004	0.022	0.038	-0.007	0.011	0.054
F 统计量	0.528	3.02**	4.473***	0.405	1.996	4.771***
F 统计量概率(p)	0.591	0.03	0.004	0.75	0.115	0.001

注:$N=267$。* 表示 $p<0.1$,** 表示 $p<0.05$,*** 表示 $p<0.01$。

由表7.3可知,假设1a、1b得到验证,假设1c、假设1d未得到验证。控制变量对技能型员工的职业流动意愿未产生显著影响。年龄与职业流动意愿显著负相关,受教育程度对职业流动意愿有分层影响。R^2、ΔR^2、F统计量值等指标及其显著性水平表明模型4、模型5未通过检验,职业技能等级和本单位工作年限作用不显著。回归模型总体效果理想。

2. 工作满意度的调节效应

根据温忠麟(2005)的研究理论,人力资本是连续性变量,工作满意度强制分布为工作满意度较高和工作满意度较低两类,以调节变量的取值分组,分别做因变量对自变量的回归。若回归系数的差异显著,则调节效应显著。第一步,进入回归方程的为控制变量;第二步,人力资本各要素变量和控制变量依次进入回归方程;第三步,人力资本中的显著变量和控制变量进入回归方程。表7.4为回归分析结果。

由表7.4可知,假设2得到了验证。工作满意度对人力资本与职业流动意愿的关系有显著调节作用。当工作满意度较高时,职业技能等级的增加削弱员工的职业流动意愿。当工作满意度较低时,年龄与职业流动意愿显著负相关,受教育程度越高,职业流动意愿越强。工作满意度水平较低条件下的人力资本对职业流动的解释能力(11.5%)大于工作满意度较高水平时人力资本对职业流动的解释能力(6.8%)。

表 7.4 工作满意度的调节效应

满意度高($N=111$)

变量	模型1	模型2	模型3	模型4	模型5	模型6
常数项	0.35***	0.399***	0.149	0.416***	0.182	0.416***
性别	-0.15	-0.136	-0.115	-0.094	-0.126	-0.094
变量	模型1	模型2	模型3	模型4	模型5	模型6
婚姻	0.06	0.089	0.075	0.088	0.03	0.088
年龄		-0.037				
受教育程度			0.087			
职业技能等级				-0.093**		-0.093**
本单位工作年限					0.077*	
R^2	0.025	0.029	0.04	0.068	0.055	0.068
调整的 R^2(ΔR^2)	0.007	0.002	0.013	0.042	0.029	0.042
F 统计量	1.406	1.069	1.469	2.602*	2.09	2.602*
F 统计量概率(p)	0.249	0.365	0.227	0.056	0.106	0.056

满意度低($N=156$)

变量	模型1	模型2	模型3	模型4	模型5	模型6
常数项	0.638***	0.853***	0.064***	0.609***	0.547***	0.492**
性别	-0.017	0.085	0.021	-0.046	-0.02	0.1
婚姻	-0.172	0.015	-0.089	-0.178	-0.187*	0.052
年龄		-0.187***				-0.16***
受教育程度			0.17***			0.129**
职业技能等级				0.04		
本单位工作年限					0.046	
R^2	0.015	0.088	0.064	0.022	0.026	0.115
调整的 R^2(ΔR^2)	0.003	0.07	0.046	0.002	0.006	0.092
F 统计量	1.194	4.899***	3.466**	1.118	1.329	4.909***
F 统计量概率(p)	0.306	0.003	0.018	0.344	0.267	0.001

注：* 表示 $p<0.1$，** 表示 $p<0.05$，*** 表示 $p<0.01$。

第四节 讨论与结论

通过对江苏、安徽两地制造企业的调查研究,发现60.3%的技能型员工有职业流动意愿。员工产生职业流动意愿的原因有很多,人力资本是主要因素。结合交叉分析及回归分析结果:年纪轻的员工职业流动意愿强,这是因为他们倾向于选择挑战性强、报酬高的工作,年龄增长则趋于工作稳定。受教育程度对职业流动意愿有分层影响,受教育程度高则通用人力资本累积存量高,获得就业机会的可能性大,职业流动意愿强。相反,受教育程度低则规避风险意识高,职业流动意愿弱。分组回归分析结果表明:工作满意度的调节作用显著。工作满意度低时,工作满意度对人力资本与职业流动意愿关系未起到作用。工作满意度高时,职业技能等级对职业流动意愿的影响转为显著,年龄和受教育程度对职业流动意愿的影响转为不显著。基于双因素理论,员工对工作满意度高源于对工作本身、企业管理政策、薪酬福利、工作条件和员工关系的认可。职业技能等级的提高意味着其专用人力资本提高,职业转换的机会成本大,因而职业流动意愿弱。分组回归分析结果还表明:对比来看,工作满意度低时,人力资本对职业流动意愿影响的拟合效果更佳,这表明技能型员工的工作满意度较低更贴近实际情况。结合现实情况和访谈结果,发现制造企业多以劳动密集型方式增长,普遍存在工作环境不佳、时间长、强度大、收入低等情况。员工为了改善工作条件和劳动报酬进行频繁的职业流动,使得员工陷入"低端锁定"的困境。

人力资本对职业流动意愿的影响是一个复杂的过程,职业技能等级通过较高的工作满意度影响职业流动意愿,年龄及受教育程度对职业流动意愿的关系被较高工作满意度的削弱作用影响。工作满意度的调节作用假设获得验证,人力资本的异质性因其各要素的差异化动力作用得到支持。

综上所述,提出以下建议:新生代技能型员工应树立正确就业观念,避免过度的职业流动,注重专用人力资本累积。企业实施管理时赋予员工更多的责任、工作自主权和控制权,改善工作环境,为员工"加薪减负"。政府健全劳动力市场招聘体系,为技能型员工提供便捷的渠道,以获得准确清晰的就业信息,开展专业的职业培训,夯实技能型员工在中国制造业发展中的主力地位。

第八章　技能型人力资本城市迁移：基于VIKOR法的城市吸引力评价研究

第一节　引　　言

一、研究背景

在知识经济时代，区域间的竞争随着经济全球化和人力资本流动性的日益增强而变得愈发激烈，而竞争优势的取得也不再是依靠自然资源或是资本资源，现代竞争的本质是人力资源竞争（俞修远 等，2019），人才是技术的载体，是创新的源泉，是社会发展永恒的发动机。技能人才作为人才中的重要组成部分，技能型人力资源对资本竞争力、科技竞争力、结构竞争力、基础设施、区位环境竞争力、凝聚力、制度和文化竞争力、社会秩序、对外开放都有重要的影响和作用；吸引和聚集优秀技能人才来满足地区发展的智力和人力需求，以及成为各国、各地区的首要战略任务。目前我国进入改革的深水区与攻坚期，中国经济也正处于新旧动能加快转换，产业结构加速转型升级的关键时期，这一系列的变化都对劳动力的素质提出了更高的要求（马海涛，2017），工业4.0时代已拉开帷幕，国务院于2015年印发《中国制造2025》的通知，技能型人力资本已经成为解决发展瓶颈问题、提升竞争力优势的关键之所在。

长江三角洲城市群主要处于长江入海之前的冲积平原地带，包括上海市、江苏9市、浙江8市以及安徽8市共26市，面积21.17万平方千米，人口1.5亿，是我国经济实力最强、城镇化水平最高的地区之一，同时长三角地区还是中国对外开放的重要门户。在中国的九大城市群之中，长三角城市群综合实力排名第一，作为中国经济最发达的地区之一，集中了中国近四分之一的经济总量和工业增加值，在国家现代化大局和开放大局中具有举足轻重的地位。2010年5月，国务院正式颁布的《长江三角洲地区区域规划》，首次明确了长江三角洲的战略定位和区域范围，长三角区域即是江浙沪地区；2014年国务院出台《国务院关于依托黄金水道推动长江经济带发展的指导意见》，第一次将安徽省纳入长江三角洲城市群，与江浙沪一同参与长三角一体化发展；同时提出发挥上海国际大都市的龙头作用，加快国际金融、航运和贸易中心的作用,南京、杭州以及合肥要提升自身国际化水平。2016年5月11日,国务院通过《长江三角洲城市群发展规划》,同年国务院批复同意《合肥市城市总体规划(2011—2020)》,明确合肥市为长三角城市群副中心城市,至此长三角形成了以上海为中心,以南京、杭州、合肥为副中心的格局。

长三角作为中国经济最发达、城镇聚集化程度最高的地区,也是中国的人才高地、人才流动程度最高的地区之一,区域内人才竞争激烈(徐军海 等,2020)。南京、杭州、合肥作为长三角的副中心城市,都处在城市发展的攻关时期,人才的有效支撑是其发展的关键,人才资源相对于其他资源的一个重要特征就是自主流动性,人才总是源源不断地流向具有强大吸引力的城市,使这些城市更具竞争力,这三座同级、同定位的城市也是长三角"人才战争"的主角(苏立宁,2019)。只有对城市人力资本吸引力进行科学、全面的评价,并与其他城市进行对比才能使其认识现状、取长补短,提高自身对技能型人力资本吸引力,为城市发展注入源源不断的动力。

二、研究意义

吸引力是物理学名词,它是指宇宙中有质量的多个物体相互靠近的趋势。对城市吸引力来说,这两个物体一个是城市,另一个就是技能型人力资本。对城市的吸引力进行客观而全面的评价对于城市和技能型人力资本都有着极其重要的意义。对城市来说,对自身的人力资本吸引力进行科学评价并与其他城市进行对比,可以帮助自身认识到自己在人力资本吸引方面的优势与劣势,认清与其他城市之间的差距,为明确工作方向和制定针对性的人才政策提供支持;对技能型劳动者来说,客观、全面的城市人力资本吸引力评价有利于其更好地认识不同城市的经济生活条件、发展机遇等,帮助人才选择更适合的工作和生活城市。所以,本章对南京、合肥、杭州的技能型人力资本吸引力进行比较研究具有重要的理论价值和实际意义。

1. 理论意义

目前以技能型人力资本城市吸引力为主要研究对象的文献较少,一些是将其包含在普遍的人才吸引力之中,以较大范围的人力资本吸引力为研究对象的研究中选取的人力资本吸引力评价指标体系与技能型人力资本的实际需求情况必然有差距,本研究以舒适性理论为基础,针对技能型人力资本的特点和当下人力资源竞争的实际情况构建人力资本吸引力评价体系,并首次利用VIKOR方法,对南京、杭州、合肥的人力资本吸引力进行全面对比,对人力资本吸引力研究的相关理论进行进一步的丰富和深化。

2. 现实意义

(1) 明确南京、杭州、合肥三市增强技能型人力资本吸引力的紧迫性和努力方向随着技术的更迭换代和知识经济的发展,人工智能、大数据以及物联网等新兴产业发展迅速,工业制造业也在转型升级,科技创新的重要性越来越明显,而作为创新主体,技能型人力资本的主体作用更加凸显出来,许多城市都争先恐后地加入争夺人才的新"战争"中,在未来的竞争中,拥有更多的技能型人力资本就拥有更大的优势,想要吸引更多的技能型人力资本,关键就是要提高自身的人力资本吸引力。因此,通过对长三角三大副中心城市对技能型人力资本的吸引力进行综合评价与比较分析,可以帮助南京、杭州、合肥认清自身人力资本吸引力现状并找出短板,进而明确未来人才工作的努力方向,同时为政府的产业政策制定和促进城市经济可持续发展提供决策支持。

(2) 为企业制定人才策略和可持续发展提供意见参考

本章找出技能型人力资本吸引力的影响因素,构建人力资本吸引力评价指标体系,这对于企业吸引人力资本也有一定的借鉴价值;同时通过对宁、杭、合三市的比较评价,可以明确三市的优劣势与发展特色,为企业选择合适的城市落户和发展提供意见参考。

(3) 为技能型人力资本合理流动提供决策支持

人力资本具有较高的流动性,通过构建技能型人力资本吸引力评价指标体系对城市吸引力进行全面的评估,并将城市间进行横向对比,找出各城市间的特点与优劣势,为技能型人力资本流动方向的选择提供一定的借鉴,使他们更好地将城市环境因素与自身需求相匹配,选择更好的、更合适的工作和生活地点。

三、研究内容及方法路线

1. 研究内容

通过查阅和整理相关理论文献,厘清技能型人力资本的概念和内涵,对关于人力资本流动以及人力资本吸引力的相关理论进行归纳,并总结了近年来关于人力资本吸引力的国内外研究成果,以此作为本研究的理论依据。根据理论基础,借鉴已有的评价指标体系,结合各地实际发展情况和出台的人才政策,并考虑技能型人力资本特征及其在融入城市过程中需要付出的成本,建立具有针对性的技能型人力资本城市吸引力评价指标体系。之后,基于已建立的技能型人力资本城市吸引力评价指标体系收集数据,运用熵值法与 VIKOR 法,对数据进行统计和分析,根据分析结果对南京、杭州、合肥的技能型人力资本吸引力水平进行实证测评和分项具体评估,将三市的技能型人力资本吸引力进行对比,分析三座城市人力资本吸引力的现状、特征、优势和不足之处。根据研究结果,对提高各市技能型人力资本吸引力和城市竞争力提出针对性强、实际操作价值大的政策建议。

2. 研究方法

(1) 文献分析法:查阅有关技能型人力资本、人力资本流动以及人力资本吸引力相关的文献资料,了解国内外最新的研究动向,为本研究提供坚实的理论和方法支持,学习吸收前人研究成果的同时找出之前研究的不足之处,为研究的开展明确努力方向。

(2)比较研究法:比较研究法是依据设定的标准,对多个存在一定关联关系的事物进行分析,探寻事物之间的异同之处,进而获得某些普遍或特殊规律的一种研究方法。通过将南京、合肥、杭州的人才吸引力进行比较研究,找出三市的优劣势,并据此提出差异化的、针对性强的政策建议。

(3)VIKOR法:VIKOR方法是一种折中的多属性决策方法,其基本观点是先确定备选方案下各准则中的正理想解(最优解)与负理想解(最差解),然后比较各备选方案中的评分值,根据其与理想方案的距离来确定方案的优先顺序,其特点是用于评价复杂系统多准则问题时,得到距离理想解最近的折中可行解。

(4)熵值法:熵这一概念最初来自于物理学中的热力学,现在应用在社会经济各领域中的评价中,在信息论中,熵用来反映系统的混乱度,而信息应是有序的度量。因此,依据熵的特性,信息熵越大,各指标间的差异就越小,能够提供的信息量也越小;而信息量越大,不确定性越小,熵也越小。所以,可以通过计算信息熵值来判断各项指标要素对综合评价的影响程度,也就是各项指标的权重,熵值越大,权重越小。采用客观赋值分析法中的熵值法,通过计算信息熵的方法来确定权重,能够准确客观地评价研究对象,同时避免了主观随意性。

本研究的技术路线,如图8.1所示。

四、研究创新点

创新点主要有以下两点:

(1)模型改进。近年来随着人才战争的打响,城市人力资本吸引力的关注度越来越高,但在过往对于多区域人才吸引力比较研究中,往往缺乏理论支撑,或是生搬硬套西方理论,基于此构建的人力资本吸引力评价指标体系无法真正反映城市人力资本吸引力水平;考虑到技能型人力资本的特点以及当下技能人才竞争的实际情况,对城市舒适性理论进行改进,首次将政策舒适性与城市融入成本系统地归入城市舒适性理论之中,并将改进后的城市舒适性理论作为理论基础,构建针对技能型人力资本的城市吸引力评价指标体系,之后运用VIKOR法进行吸引力测算,能够对技能型人力资本城市吸引力进行更加科学、全面的评价。

(2)应用领域创新。过往关于城市人力资本吸引力的研究往往将研究重点聚焦在大学生、高层次人才或海外人才等群体上,技能型人力资本作为现代人才的重要组成部分,其与其他群体相比具有自身的独特性,因此城市对技能型人力资本的吸引也在一定程度上与上述人才群体有区别。技能型人力资源对促进城市经济的转型升级与持续稳定发展具有重要意义,技能型人力资本也因此成为城市人力资源争夺战中的焦点,但目前对技能型人力资本城市吸引力的研究较少,因此本章着眼于技能型人力资本的城市吸引力,通过构建科学全面的评价模型,对城市技能型人力资本的吸引力进行系统评价,既能为地方政府的人才政策制定提供参考意见,又对技能型人力资本的流动、企业的人力资源吸引具有一定的参考价值。

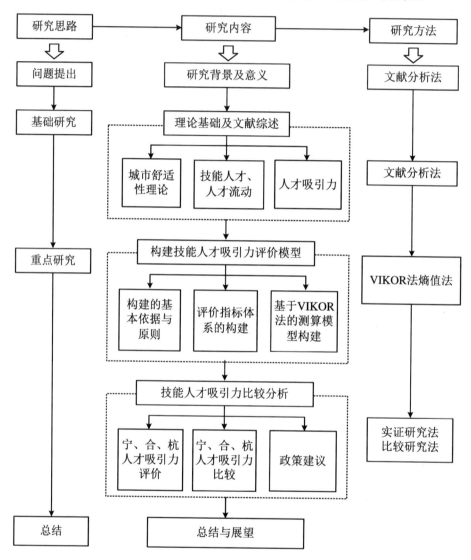

图8.1 本研究技术路线图

第二节 理论基础与文献综述

一、理论基础

1. 城市舒适性理论

美国地理学家 Ullman 于 1954 年最早提出城市舒适性,他发现美国经济发达城市的人才逐渐迁往佛罗里达州等气候宜人的地区,他认为城市地区舒适的气候环境条件,也就是地区的舒适性在人口流动中的重要性不断提高,逐渐成为城市吸引人才的主要因素,对城市舒适性的内涵,不同的学者有着自己的定义,但总体趋势是从以自然舒适性为主变为包含自然舒适性与人工舒适性,并且人工舒适性占据主导地位,本书将国内外学者提出的城市舒适性内涵进行了整理,如表 8.1 所示。

表 8.1 城市舒适性内涵

学 者	年份	内 涵
Ullman	1954	城市舒适性主要由气候舒适性构成,舒适的气候环境逐渐成为了城市吸引力人才流入的重要原因
Butcher	1989	城市舒适性具有很强的地域性,如城市所独有的自然景观、历史文化景观等,这是城市舒适性的核心竞争力
Mordechai	1991	城市舒适性是一种公共物品,它是非排他、非竞争的,比如一座城市的优良的空气质量、友好的社会氛围等
Clark	2002	城市舒适性来源于多方面,不仅包括自然环境舒适性,还包含城市的教育文化水平、安全性等人工舒适性,并且人工舒适性中的城市消费职能越来越被强调
Roberts	2008	城市舒适性是城市居民的满足感,这种满足感是居民在受到所处城市的自然环境、经济社会环境的影响而自然产生的,并会通过具体社会行为表现出来,对城市人才流动产生影响
周京奎	2009	城市舒适性是城市各方面综合实力的具体体现,主要是由自然环境舒适性、生活物质舒适性以及生活文化舒适性组成

续表

学者	年份	内涵
郑姝莉	2014	中国社会保障系统在全国各地具有明显的差异性,以户口为代表的制度性资源对人才的流动具有很强的引导性,制度舒适性是城市舒适性的重要组成部分
Bontje	2017	在信息经济时代,城市的舒适性主要由城市的科研文化舒适性决定,这也是知识技能型人才最看重的部分

由此可以总结出城市舒适性概念的几个特征:一是城市舒适性具有较强的地域性,不可替代性是地域性的核心特征;二是城市舒适性的内涵具有多样性,它对人才的吸引不仅包括自然环境对生理上的满足,还包含综合社会文化环境对人才心理上的满足;三是城市舒适性的内涵具有时代性,其随着时代的发展也在与时俱进不断变化。在中国的国情下,人才吸引力不仅受市场力量的影响,还与国家以及地方政府的人才政策息息相关(郑姝莉,2014;王晓轩,2019;陈新明 等,2020),因此本研究在前人研究的基础上增加了政策环境舒适性。本研究认为城市舒适性能够满足人们生活、文化、工作等特定需求的城市功能或属性,涵盖自然、文化以及公共服务等多个维度,不仅能满足人们在生理以及物质层面的需求,还强调人才心理层面的需要;而且城市舒适性具有时代性的特点,随着社会经济的不断发展和进步,其内涵也在不断延展,不同人群对城市舒适性的需求也会根据个体差异而变化。

城市舒适性最初被关注便是因为人口的"异常流动",人才选择离开经济水平更高的大城市转向其他城市,学者们开始认识到社会正处在向信息经济、知识经济转变的时期,人力资本正在逐步取代物质资本成为推动经济与社会发展的主要因素(Jacobs,1962;Robert,1991),而人才不同于一般性人力资源,更注重较高的生活品质,这就对城市的服务以及人文环境等方面提出高要求,传统理论认为的经济因素是影响人才迁移的决定性因素已经显现出其局限性,城市综合舒适性是人才进行城市选择时的首要考量标准,Glaeser(2006)提出城市不再只是冰冷的物质增长机器,只有创造具有高人才吸引力的城市舒适性才能获得成功,Florida(2002)提出了城市舒适性推动城市发展的模型,城市舒适性吸引人才集聚,进而影响企业的集群,最终对城市的发展产生重大影响(图8.2)。

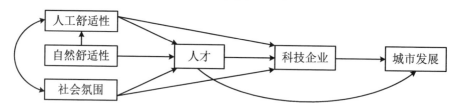

图8.2 城市舒适性推动城市发展模型图

Richard(2002)从创新阶层和技能型人力资本角度指出了城市舒适性对于人才的强大吸引力,李丽梅(2018)通过对成都进行实证研究发现,伴随着人们休闲欲望的不断扩大,城市的娱乐、消费、文化等方面的综合舒适性也变得越来越重要,当城市的休闲舒适物不断完善时,也将极大地促进城市生产力的发展与更新。在后工业社会,产品以创新与设计导向为主,人才成为企业进行选址的关键因素,Wenting(2011)认为目前产业在城市进行集聚更多是由于城市的综合舒适性吸引各类人才集聚而导致的,以荷兰的时尚设计产业集聚进行验证,王宁(2014)从城市舒适性角度来分析地区的产业发展与转型升级,认为城市舒适性不仅可通过吸引人才方面进而形成产业集聚,具有高人力资本的人才带来的消费能力还将促进城市的产业转型升级,Charlotta(2012)、马凌(2015)等学者对城市舒适性与人才吸引、城市发展的关系进行进一步的归纳,舒适性比较高的城市一般能够同时满足人才对工作条件以及生活居住环境等方面的高要求,不断地吸引着人才的集聚,而高素质的人才集聚又推动着城市人文环境的优化和整体服务水平的升级提高,促进城市可持续发展的同时,城市的舒适性水平又在不断提高,形成良性循环。

2. 推拉理论

推拉理论起源于19世纪,公认的奠基人是英国学者Ravenstein,他于1880年发表的《人口迁移之规律》的论文提出人口迁移的原因及规律,为推拉理论的产生奠定了基础;Bogue(1959)正式提出推拉理论,并首次系统化地进行该理论的阐释,推拉理论的基本假设:人口流动就是为了追逐更好的生活条件,流出地那些恶劣的生活条件会对人产生推力,而具有良好的工作与生活条件的地方就会对人产生拉力,在推力与拉力的共同作用下,人口产生迁移行为。但巴格内的理论尚不全面,美国学者E.S.Lee于20世纪60年代发表《移民人口学之理论》,在前人研究的基础上提出推力与拉力在人口流入地与流出地同时存在,人口流动是否产生取决于推力与拉力大小的对比,而推力、拉力对比还受距离的远近、语言不通、文化差异等中间障碍因素的影响。后来的学者如索瓦尼、贝斯以及特里瓦萨等对推拉理论进行了丰富,根据推拉理论促使人口外迁的"推力"包括迁出地沉重的生活负担、恶劣的气候环境以及失业等,吸引人口迁入的"拉力"包括迁入地的高收入水平、高医疗水平以及低生活成本等。推拉理论作为解释人口流动的经典理论,不同时期的不同学者由于研究问题与研究角度的不同,对推拉理论的应用重点领域也不相同。综合国内外的研究,将推拉理论的应用领域总结如表8.2所示。

人力资源相比于其他资源的显著特点就是自主流动性,人才在地域间的流动受到各方面推拉力的影响,无论是推力或者是拉力,都是由社会环境、经济环境以及自然环境构成,当迁入地的拉力或者迁出地的推力足够大时,人才便产生迁移行为,由于在同一地区不同的人所处的社会地位、经济地位和家庭社会关系不同,从而会对不同的人产生不同的推力和拉力。同时,地区之间的推力和拉力也是相对的,当一个地区发展相对滞后于其他地区时,便会对地区内的人才产生推力,面临人才流失的风险;而当一个地区经济、文化等都处在较高的水平,各方面发展领先于其他地区时,便会对本地区外的人才产生拉力,吸引着人才向本地区集聚。

表8.2 推拉理论应用领域

应用领域	学者	主要观点
国际人才流动	Marry(1992)	人才的国际流动是流出国的"推力"与流入国的"拉力"综合作用的结果,国家之间的经济实力、科技水平等方面的差距是影响学生国际流动的主要因素
	安亚伦(2020)	人才的国际流动除了受传统的经济、教育水平等推拉力的影响外,政府的政策以及学校的声誉、对待留学生的友好程度等也是不可忽视的"力"
城乡人口迁移	李强(2003)	户籍制度的存在使得中国城乡间的推拉力产生一定程度的失效性,对中国问题的分析不可直接套用西方理论模型
人才吸引	王通讯(1997)	人才是第一资源,任何组织、城市、国家都要根据自身的定位,找出相对竞争力,提升自己的人才拉力
	于斌斌(2012)	产业集群与高端人才的集聚是相互吸引的,两者会产生良性互动,产业集群对人才的具有强大的拉力,地区提升人才拉力不仅要从人才入手,更要注重产业发展

二、文献综述

1. 技能型人力资本概念及特点综述

技能型人力资本相关研究一直是伴随着工业发展对人的需求而变化。早在20世纪30年代,Knowles(1951)将技能型劳动者定义为需要经历学徒工时期多技能培训和熟练工时期实际操作的人员,并将技能型人才分为创造型人才、多技能型人才以及单技能型人才三类。技能型人才作为社会生产的中坚力量,是人才中最重要的组成部分,对技能型人力资本的研究一直是学术界的热点,学者们由于研究问题和研究角度的不同,对技能型人力资本的定义各有差别。综合国内外现有研究,我们从不同的研究角度对技能型员工的概念做如下总结。

通过对上述定义的梳理,我们可以看出通过培训与学习掌握专门的技术,并且能够将其较好地运用到实践中是技能型人力资本的核心特征。官方发布的《中华人民共和国职业分类大典》对技能型人才的定义是:在生产和服务的等领域岗位一线的人员,他们掌握专门的知识和技术,具备一定的操作技能,并能够运用这些能力解决生产操作中的实际问题。但随着科技的不断发展进步,对技能型人才的综合素质也提出了更高的要求,因此本研究认为技能型人力资本不仅包括职业分类大典中的传统技能型人才,还包括新型技能型人才,即是互联网技术与制造业技术深度融合而形成的智能制造中的高端技能型人才,不仅是生产者、操作者,更是产品的创造者与智能制造系统的管理者,具备灵活运用智能网络、熟悉多专业知识和智能制造流程、分析并解决综合性问题、有创新意识和创新能力等综合素质。

表8.3 技能型人力资本概念

研究角度	研究者	概念
技能+人才	Beliaeva (1977)	技能是指技术与能力,是可以通过后天学习而获得的,技能型人才则是通过已有的经验而进行特定的学习与练习,进而掌握某种技术与能力的人
官方认证	Johns (2011)	技能型人才是指通过经历专门的学习与培训实践后,获得政府部门、行业协会等官方机构资格认证的人才群体
技能型人力资本	于米 (2012)	技能型人力资本是通过学校、政府、企业的培训教学后形成的能够掌握的核心技术与专业能力,技能人才便是这种人力资本的载体
培养方式	李斌 (2015)	技能型人才不同于一般人才,其在学校接受基础知识学习后,更多的要在企业实践中获得锻炼与实践经验的积累,这也是技能人才的独特性所在
岗位胜任力	于志晶 (2015)	技能型人才与企业生产一线的岗位是密不可分的,只有能够胜任岗位目前的工作要求,并且不能够不断学习以持续满足岗位胜任力的人员才是合格的技能人才
时代需求	唐伶 (2016)	技能型人才不仅是要有一定的知识储备与良好的动手实操能力,在当今时代下,还要具备熟练运用智能网络技术以解决生产实践中的问题的能力

技能型人力资本与一般性人力资本相比,其在人力资本特征、培养模式、工作方式等方面具有自身的独特性,耿洁等(2010)认为技能型人力资本是人力资本中的一种类型,具有人力资本的依附性、长期性等一般属性又具有自身的高流动性、低替代性等特性。宁高平等(2019)指出技能型人力资本的培养方式需要全社会的共同参与,在当今技术变革不断加快的背景下,全面深化校企合作、发挥企业在实习实践中的主体作用与获得感是培养新型技能型人力资本的关键。王玲(2013)将一般技能人力资本与高级技能人力资本进行对比,相较于高级技能人力资本,一般技能型人力资本具有:一是学历较低,技能局限度高;二是可替代性高,流动频繁,稳定性差;三是学习意识与实践创造力较差;四是工作技术含量低,重复性高,容易

产生职业倦怠感等特征。随着技能型人力资本的重要性不断凸显,学者对技能型人力资本的特点也有了新的认识;李彬(2014)对日本的技能型人力资本进行研究发现,日本技能型人力资本的培养主体为企业,并呈现出终身制、多模式的特点;陆启光(2020)发现随着新型技能型人力资本不断增加,技能型人力资本群体已经显现出现代主体性、社会合力性和岗位专业性的特点,这一状况是主观因素(动作智能、实践性智力、情商、技商等)和客观因素(政府推动、学校改革、企业创新、知识更新、技术升级)在时代召唤和校企合作过程中共同作用的结果。

结合上述定义和观点,作为技能型人力资本拥有者的技能人才一般具有以下特征:

(1) 技能为首:技能人才与其他人才的核心区别便是对专业技能的掌握,技能型人力资本内部的存量等级划分也是主要依据对技能掌握的熟练程度。

(2) 理论与实践并举:技能人才掌握一定的理论知识,但将学到的理论知识熟练、灵活地运用到实践工作中以解决实际问题也是对技能人才的重要要求。

(3) 时代性:伴随着科学与生产技术的发展,技能人才是不断学习与进步的,在当下时代,物联网技术、智能制造技术日新月异,技能人才也必须与时俱进,成为新技能型人力资本。

(4) 需求多样化:伴随着产业的转型升级,城市经济对技能型人力资本需求增大,技能人才也在不断学习进步,其对工作、生活的要求也在不断升级提高,并且技能人才的类别、职称等各方面背景不一,导致了其需求也呈现出多样化的特点。

2. 人力资本流动概念及影响因素综述

人力资本流动是市场经济发展的客观要求和必要条件,是人力资本配置、结构调整的基本方式。人才的自由合理流动,保障了其作用的充分发挥,确保了社会价值的最大化创造,同时提高了个人收益(马海涛,2017)。杜泽林(2019)认为人力资本流动不仅是指人才在不同的地域之间的迁徙,还包括人才在不同的行业、职业以及岗位之间的变换行为,并指出人力资本的流动是一个比较复杂的系统性问题,包括人才的流入和人才的流失。林静霞(2020)也提出人力资本流动主要是人才在不同的岗位与职业间的变换,而在这些变换中可能会包含人才在不同的产业、地区以及国家之间的转换。本章对人力资本流动的定义为:人力资本拥有者从某种工作状态转换到另一种工作状态,而不同工作状态的确定可以依据工作的地点、职业的性质以及工作的岗位等因素,人力资本流动可以分为宏观社会层面,微观组织层面以及个人层面,研究主要侧重于宏观层面上的城市间的人力资本流动。

人才资源在各区域间的自由流动受到多方面因素的影响,根据传统的经济理论,人的流动总是受到薪资、产业、就业等经济因素的影响;随着城市经济不断发展,传统的经济结构向新知识经济转型升级,城市单单作为财富积累中心的思想被打破,城市更是人们居住与生活的地方,技能型人力资本的流动不仅基于经济和工作机会，还受到舒适性因素的影响。将影响因素分为经济因素、非经济因素以及限制性因素，对国内外的研究成果进行归纳如表8.4所示。

表8.4 人力资本流动影响因素

因素类别	学者	影 响 因 素
经济因素	Akcigit（2016）	税收：一个地区的税收政策对地区的人才吸引力具有重大影响，优惠的税收政策对于高收入人才的吸引力尤其明显
	谢嗣胜（2018）	薪资水平：技能型人才的职业规划能力较弱，地区的薪资水平对于技能型人才的吸引力是巨大的
	徐倪妮（2019）	地方财力：中国东部地区有着雄厚的财力，能够创造更好的科研与生活环境，这也是人才不断流入的主要原因
	胡跃福（2020）	产业发展：产业集聚水平低以及第三产业比例低等问题严重影响地区的人才吸引力，中西部地区均面临这一问题
非经济因素	赵志涛（2001）	风俗习惯与地理位置：风俗习惯、地理位置相近性等非经济因素对于技能人才的流动也有很大的影响，这是中西部地区引才时应当重点发挥的相对优势
	郑姝莉（2014）	制度性资源：大城市"户籍"是一种重要的稀缺资源，户口代表着社会福利与制度性资源，能否在城市落户，是人才进行城市选择时的重要考量
	郭洪林（2016）	家庭因素：中国人对于家乡的感情是深厚的，家庭因素也在很大程度上影响了人才对于城市的选择
	王全纲（2017）	人文环境：敢于创新、富有创造力的新知识阶层和创意阶层而言，城市的人文环境和创新氛围尤其重要
	叶晓倩（2019）	城市舒适性：自然生态环境、公共服务水平、科研创新水平等城市舒适性因素也会对人才的流动产生很大的影响
限制性因素	李叶妍（2017）	城市包容度：落户与融入城市是两个概念，一个城市对人才的包容程度对人才的流动有着重要影响，来自城市市民的歧视与排斥将会直接导致人才流失
	周映伶（2019）	高房价、高消费：大城市工资很高，越来越多的人反而不倾向在大城市长期工作与生活，大城市的高房价与高消费正在降低城市的人才吸引力

从过往的研究中可以看出，经济因素仍然在人力资本流动，尤其是技能型人力资本的流动中有着很强的影响力，但其他因素的也占据着重要的地位，在考虑技能

型人力资本的流动时不仅仅要将其作为经济人看待,更要综合考虑技能型人力资本的需求,既考虑经济因素又要综合考量非经济因素与其他限制性因素。

3. 城市人力资本吸引力研究综述

牛顿的经典力学中指出,在任何有质量的物体之间都会存在互相吸引力,这也就是万有引力定律。人才与城市之间也存在相互吸引的关系,人才需要城市给他们提供施展才能的空间与良好的生活与工作环境,城市需要人力资本来为其发展与壮大提供劳动力与智力支持(许光建,2019)。人力资本吸引力的字面意思就是指引导人才、吸收人才来到己方的能力。胡本田(2020)认为人力资本吸引力就是吸引人才的能力,从人力资本吸引力的影响因素方面将其定义为对影响人力资本流动、成长价值发挥作用因素的满足程度。张靖琳(2019)针对城市人力资本吸引力进行定义,指出城市人力资本吸引力是该地区各类城市要素能量化的有机综合和高度凝聚,反映的是城市的经济、社会、文化、基础设施,以及教育、住房等方面的综合实力。

城市人力资本吸引力在狭义上来说就是:城市通过努力提升自身经济发展水平、改善生活工作环境,引导人才意愿,使人才进入该地区,为该地区工作服务的能力,该定义强调"引才能力";广义上的人力资本吸引力不仅包括地区对于外部人才的吸引,还包括对地区内人才的吸引,即地区通过对自身经济社会等方面的持续改善,吸引外部人才向该地区集聚,同时促进人才在地区内部的合理流动,确保人才"进得来,留得住",从而为地区经济社会发展做出贡献的过程。本书的研究对象:长三角的三大副中心城市都拥有较为丰富的人才资源,所以本书选取广义上的人力资本吸引力,在对三市进行人力资本吸引力研究时不仅考虑"引才",还考虑"留才"。

在知识经济时代,人才作为第一资源,是各地区进行竞争的关键,提高人力资本吸引力首先需要对自身人力资本吸引力进行科学的评价,并与其他地区进行对比,才能查缺补漏,有针对性的提高人力资本吸引力。目前关于人力资本吸引力的研究文献比较丰富,本章将其分为人力资本吸引力评价与比较研究、人力资本吸引力评价方法研究、人才吸引政策研究三方面进行归纳与梳理:

(1)人力资本吸引力评价与比较研究

许多学者将研究对象设定在全国省份及城市,宋洪等(2006)将需求层次理论和双因素理论作为理论基础,认为地区人力资本吸引力包含两个部分:个人发展条件和区域生活条件,收集影响人力资本吸引力的指标并将其分为总量指标、平均指标以及结构指标,以此构建了区域人才评价体系,对我国各省份的人力资本吸引力进行比较评价,结果表明我国各省份人力资本吸引力有着明显的差别,全国范围内明显地显示出东高西低、南高北低特征,人力资本吸引力较低的地区面临着人才流失的风险。马凌(2018)以舒适物理论为依据,构建了城市人力资本吸引力评价指标体系,并据此对我国主要城市的人力资本吸引力进行评价,发现我国中西部地区人力资本吸引力普遍偏低,需要重视人才工作,加强对人才的吸引。

还有不少学者将特定区域作为人力资本吸引力评价的研究对象,陈蕾(2018)基于新一线城市及二线城市间的"抢才大战"愈演愈烈的情况,从经济发展水平、城市规模与环境、生活条件等五个方面建立了人力资本吸引力评价指标体系,根据统计年鉴等数据,对西安、武汉、成都、长沙、南京等新一线城市及二线城市进行了人力资本吸引力测评与对比。胡联等(2020)基于大学生就业选择去向的影响因素的收集与分析,建立了以发展规模效应、社会环境效应以及人才供给效应为一级指标的区域人力资本吸引力效应评价指标体系,并基于此体系对我国二线城市的人力资本吸引力效应进行实证分析以及对比评价。刘研(2013)以河南省各地市的人力资本吸引力为研究对象构建包含经济发展、社会服务、科技文化等方面的指标的评价体系,通过对河南各市的人才评价后发现,河南内部人力资本吸引力差别很大,并根据分析结果提出针对性建议。胡本田等(2020)基于长三角一体化国家策略实施这一时代背景,对长三角三省一市的人力资本吸引力进行了评价与对比,对比后发现上海以绝对优势处于第一档,浙江与江苏人力资本吸引力相近,安徽人力资本吸引力水平垫底,据此提出要在长三角一体化战略下根据不同定位,制定针对性政策,提高人力资本吸引力的建议。

(2) 人力资本吸引力评价方法研究

人力资本吸引力评价的常用方法有定性分析方法:访谈法,以及定量分析法:因子分析法、熵值法、层次分析法(表8.5)。

表8.5 人力资本吸引力评价方法

学者	方法	研究内容
Fran (2010)	访谈法	运用访谈法对流入加拿大的移民人才进行访谈交流,并基于访谈交流的内容对各地的人才吸引进行主观上的打分评价,通过根据评价结果指出政府要制定更好的政策才能提高对移民人才的吸引力
封荔 (2018)	熵值法	采用客观赋权的熵值法对评价指标体系中的指标进行赋权,并通过查阅统计年鉴测算出乐山市和四川省内其他地市的人才吸引力,进行比较研究,找出乐山在人才吸引力方面的不足之处,提出针对性的改进意见
王雯麓 (2019)	层次分析法	运用层次分析法对确定人才吸引力评价各指标权重,构建了完整的人才吸引力评价指标体系,并对深圳、广州、厦门、苏州、杭州的人才吸引力进行了量化评价和比较,找出深圳在人才吸引力方面的优劣势,明确其未来人才工作方向

续表

学　者	方　法	研　究　内　容
温宁宁 （2019）	因子分析法	通过因子分析法，找到对高新技术人才吸引力具有重大影响力的公因子，据此科学评价我国31省、直辖市、自治区的高新技术人才吸引力水平，并通过将人才吸引力水平与地区经济发展水平进行比对，挖掘典型地区所拥有的优势与劣势

近年来随着城市人力资本吸引力成为社会关注的热点，很多学者也将不同领域的新方法应用到人力资本吸引力的评价中来，以求对地区的人力资本吸引力进行更加科学、全面的评价（表8.6）。

表8.6　人力资本吸引力评价方法

学　者	方　法	研　究　内　容
张炜 （2017）	随机森林法	构建四维度整体分析框架，采用随机森林法进行异常点度量和特征变量选取，设计一线城市人才吸引力构成因素的Logistic回归模型，对其特征值、影响方式和影响程度进行深入分析，全面揭示一线城市人才吸引力构成因素
翟思涵 （2019）	柯布-道格拉斯函数	采用柯布-道格拉斯函数刻画人才的需求和愿望，包括发展前景、收入、社会环境等需求；并将这一函数应用于广州、杭州、苏州、深圳、厦门这5个城市的人才吸引力评价中，量化评价、比较它们的人才吸引力水平
陈茜 （2019）	ID3算法	在对人才是否选择留在某城市的主客观影响因素的吸引力数据进行了调查的基础上，使用Python编程语言，运用机器学习中的ID3算法，对样本进行了分析，构造出决策树模型，从宏观、微观角度对不同因素吸引力的强弱进行分析，并据此对武汉的人才吸引力进行评价

从上述研究中可以看出随着人才的重要性逐渐凸显，对各地区人力资本吸引力进行评价的方法也随之丰富，新的评价方法为人力资本吸引力这一主题提供了新的研究视角，也得出了许多不同于前人的创新性研究成果，时代的变化、学术研究的不断深入也需要新方法、新思路。VIKOR法是一种折中的多属性决策方法，在面对多准则决策时，VIKOR法的观点是首先确定各评估准则中的正理想解与负理想解，然后评估各备选方案的评估值，根据其与理想方案的距离大小排列方案的优先顺序（Serafim，2006）。VIKOR法得到的是距离理想解最近的折中方案，能够最大化"群体效应"、最小化"个别遗憾"，所以，其妥协解也最能够被接受，也凭借

着这一优点，VIKOR法被广泛地应用于各领域的决策与评价中，本研究将VIKOR法应用领域进行分为微观与宏观两类，并进行归纳与梳理，如表8.7所示。

表8.7 VIKOR法应用领域

应用领域	学者	研究内容
微观领域	孔峰(2008)	企业技术创新综合能力评价
	毕克新(2011)	科技型中小企业自主创新能力评价
	尹夏楠(2015)	高新技术企业成长性评价
宏观领域	胡芳(2012)	公共项目风险评价
	刘天卓(2019)	学术期刊综合评价
	刘芳(2019)	省域经济发展综合评价

从表8.7可看出，VIKOR法较早地应用于微观的企业决策与评价中，近年来越来越多地应用于宏观方面的政府决策与综合评价领域。技能型人力资本城市吸引力评价涉及多个方面的指标准则，甚至有些准则在一定程度上还存在冲突的情况，VIKOR作为妥协折中的决策方法，在多准则决策方面有着独特的优势，本研究将进一步拓展VIKOR法的应用领域，将其应用于地区的技能型人力资本吸引力评价中。

(3) 人才吸引政策研究

市场经济下，人力资本流动主要受到城市在经济、社会生活等方面的综合实力的影响，但随着地区间人才竞争的加剧，优惠的人才政策能够快速提高人力资本吸引力，受到世界各国的追捧，对国外人才政策的研究也可以为我国的人才政策制定提供参考。Christan等对维也纳和慕尼黑的人才政策进行了对比，两个城市虽然在经济结构以及地位上具有相似性，但是慕尼黑人才政策的效果与维也纳有较大差距，原因是慕尼黑从属于巴伐利亚州，其本身的财权和事权相比单独作为一个州的维也纳来说比较小，这也导致了慕尼黑人才政策的无效性。易丽丽(2016)对美国、欧盟国家、日本以及新加坡的人才政策进行分析，指出发达国家均将人才战略放在突出位置，而且具有很高的灵活性，不仅出台一系列人才政策吸引人才留住人才，还依靠世界级大科研项目等平台载体来集聚人才，同时着力于创造良好的、充满活力的制度环境来留住人才；王振(2016)通过将我国的人才政策与发达国家政策进行对比后发现，我国在工作平台、永久居留、激励保障、综合配套等四方面的瓶颈问题，并提出完善居留政策、增加激励措施等方面的政策建议。

随着国家将人才战略上升到国家战略层面，以及各地人才战争的打响，国内各城市人才政策先后发布，对各城市人才政策的研究也成为近年来的研究热点。孟华等(2017)以我国省级政府出台的高层次人才引进政策为主要研究对象，通过构建政策吸引力相关指标，利用因子分析法对测量出政策的吸引力，将各省份政策进行对比，可以把全国各省份的政策吸引力分为高、较高、中等、较低和低5档，研究发现政策吸引力与地区的经济发展水平大致相符，同时政策吸引力可以一定程度上弥补地区经济发展较差导致的人力资本吸引力不足的情况，所以欠发达地区应当制定合理的人才政策来提高自身的人力资本吸引力。苏立宁(2019)等在文本分析的基础上，从政策年度、适用对象、政策类别与政策文种四个维度，运用NVIVO质性分析软件比较分析了上海、江苏、浙江以及安徽现行有效的人才政策的共性与差异；研究发现，三省一市的人才政策对本地区的人才引进与发展具有较好的效果，但是从长三角经济区整体上来分析仍然存在着缺乏柔性引才方式以及政策的协同性不足的问题，并基于上述问题提出了强化柔性引才概念、提高人才政策的指导性和可行性以及建立区域协同机制等具体政策建议。陈新明(2020)对我国目前主要的人才政策进行文献分析与定量分析，构建引人、用人、留人三方面的政策效力测量体系，试图呈现城市"抢人大战"中的人才政策全景，为地方政府人才政策制定提供参考。

三、文献评述

本节首先阐述理论基础，以城市舒适性理论为主要理论基础，辅之以推拉理论为补充；之后界定三个重要概念：技能型人力资本、人力资本流动、人力资本吸引力；并按照技能型人力资本内涵及特征、人力资本流动影响因素、人力资本吸引力评价、人力资本吸引力评价方法、人才吸引政策等方面，对国内外的研究文献进行了归纳与梳理，为后续研究打下坚实的基础。

通过对前人研究成果的总结，我们不难看出学者们对技能型人力资本定义、人力资本流动、人力资本吸引力等方面做了比较深入的研究，但在对文献的整理中也发现：

(1) 城市舒适性理论已被国内外学者广泛认可与接受，国内学者根据我国国情提出了制度舒适物这一概念，但仍未系统地将政府政策、地方制度等方面的内容纳入舒适性理论中。

(2) 对地区人力资本吸引力评价体系的构建和地区的人力资本吸引力比较评价也做了很多尝试，但是不管是国内的学者还是国外的学者，在构建人力资本吸引力评价体系的时候都主要着眼于城市的经济社会情况，很少考虑人才融入城市的成本。

(3) 在之前的研究中，很少有人将地方人才政策的吸引力与地区的客观环境吸引力结合起来，而在现实中，地区的人力资本吸引力往往是客观经济社会发展水平与人才吸引政策组成的合力。

(4) 技能型人力资本的范围不断扩大，在城市经济转型升级、促进城市健康可持续发展方面具有重要意义,但目前关于技能型人力资本城市吸引力的研究较为缺乏。

通过对国内外过往文献的阅读与整理后发现这些尚需进一步研究和补充的地方,对后面的研究具有借鉴意义并提供了研究思路。

第三节 长三角副中心城市技能型人力资本现状分析

本节选择长三角副中心城市作为技能型人力资本城市吸引力的实证研究对象,对三市的技能型人力资本存量、技能型人力资本流动现状以及产业结构现状进行比较分析,进而对三市的技能型人力资本需求做出大致预测,将为之后的研究打下现实基础。

一、技能型人力资本存量分析

长三角地区作为中国目前经济发展水平最高、经济体量最大、最具发展潜力的经济板块,也是我国的人才高地,人力资源丰富,整个长三角地区的人才总量占到了我国人才总量的20%以上,技能型人力资本占全国技能型人力资本总量的25%以上,其中与物联网、人工智能制造等息息相关的新型技能型人力资本更是汇聚于此(叶南客,2017)。南京、杭州、合肥作为长三角的三座副中心城市,也都有着丰厚的人才资源储备。南京是江苏省的政治文化中心,同时作为全国四大科教中心,人才规模也位居全国前列,全市拥有普通高校54所,入选全国"211工程"院校8所,在校大学生与研究生近百万,截至2019年底拥有超过300万人才,其中专业技术人才总量超过151万,高技能型人力资本数量达48万人。杭州作为浙江省会,在省内首位度颇高,是浙江的政治、经济、文化中心,杭州人才实力雄厚,共有普通高校46所,其中本科高校27所,在校本科生与研究生共计超50万人,截至2019年底,全市人才存量超过270万,其中技能型人力资本总量超过122万人。合肥是安徽的省会城市,同时也是国家重点建设的中部龙头城市之一,作为综合性国家科学中心城市,合肥市拥有较为丰富的人才资源,全市聚集两院院士108人,国家级人才称号专家274人,并拥有中国科学大学等高等院校57所,在校生近60万,截至2019年底,合肥市拥有人才总量超185万人,其中专业技术人才突破80万,如图8.3所示。

由图8.3可以直观地看出南京在人才总量、技能型人力资本总量方面均领先于杭州与合肥,同时也是三市中唯一一座技能型人力资本占比超过50%的城市,由此可见,南京在技能型人力资本储备方面是三市中最为丰富的。杭州的技能型人力资本资源也较为丰富,总量过百万,在人才总量中占比也是达到了45%以上,合肥在技能型人力资本总量与技能型人力资本占比两个方面与宁、杭两市有较大差距。

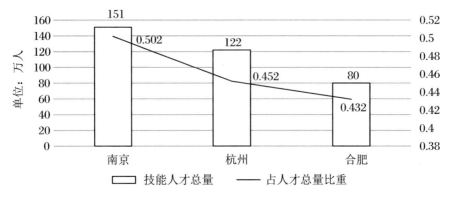

图8.3 三市技能型人力资本存量对比

二、技能型人力资本流动现状分析

人才的流动是经济活力的重要源泉,长三角地区作为我国经济实力最强、人才资源最丰富地区之一,也是我国人力资本流动最为频繁的地区,凭借着优越的区位优势不断地吸引人才流入。对职场社交平台脉脉发布的《人才流动与迁徙报告2020》、智联招聘发布的《2019人才流动报告》以及BOSS直聘发布的《突变时代,2020人才资本趋势报告》进行综合分析,多报告中指出在中央层面为促进区域间要素流动,形成优势互补、高质量发展的区域经济布局,力推以中心城市和城市群作为主要空间载体的战略背景下,长三角、珠三角、京津冀、中部城市群成为人才流入量最大、流动性最高的四个地区,技能型人才的流动性不断提升,尤其是在人工智能、先进制造业等领域的新型技能型人力资本成为各区域争相抢夺的对象。长三角地区正在形成多中心的人才吸纳格局,除传统中心上海以外,杭州、南京、合肥也正在成为新的人力资本流动的枢纽型城市,这也是与三市长三角副中心城市的定位相符合的。

南京工业基础雄厚,高校与科研院所众多,这是南京不断吸引技能型人力资本不断流入的天然优势,而长期以来南京都处于人才流出的尴尬境地(刘莉,2019),随着近年来南京经济的转型升级以及一系列人才新政的发布,这一状况得到扭转,根据南京市人力资源和社会保障厅发布的统计公报显示,南京市2018—2019年技能型人力资本流入量分别为7.14万、9.31万。南京市技能型人力资本流入主要是依靠本地高校毕业生转化以及长三角其他地区的技能型人力资本流入,如苏州、南通等城市,而南京市技能型人力资本流出也主要是流向长三角其他重要城市,其中主要流向长三角龙头城市上海以及杭州、苏州等城市(图8.4)。

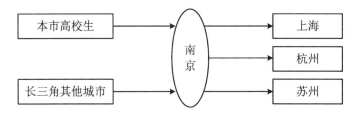

图 8.4　南京市技能型人力资本主要来源及流向图

杭州相比于南京,高校资源较为缺乏,但其在经济发展上长期领先南京,尤其是数字经济发展领跑全国,这与其不断地吸引技能型人力资本,尤其是新型技能型人力资本流入是密不可分的。本土技能型人力资本资源的匮乏以及民营经济的快速发展都促使着杭州积极吸纳技能型人力资本,杭州是最早开始实行开放型人才政策的城市之一,也取得了很好的成效。根据猎聘网、智联招聘、前程无忧发布的人才流动报告,杭州在城市人才流入排名中均排名前三位,全球职场社交平台领英携手人力资本管理咨询机构怡安翰威特联合发布《2019人力资本流动与薪酬趋势报告》显示,杭州对高技能型人力资本的吸引力排名全国第一位,人才净流入率达到3.9%。杭州的技能型人力资本流入主要来源于外地人才迁入,其中上海的技能型人力资本溢出效应明显,为杭州技能型人力资本第一大来源城市,宁波、南京也是其重要的技能型人力资本来源地,杭州本地高校毕业生留存也占据较大份额,而杭州市技能型人力资本流出的目的地主要以长三角区域其他城市为主,大多数流向上海,还有部分流向深圳以及北京(图8.5)。

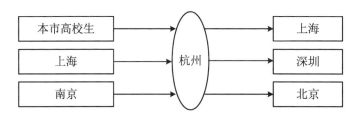

图 8.5　杭州市技能型人力资本主要来源及流向图

合肥位于整体人才流出的安徽省,长期处于引才困难以及人才流失的局面,但随着安徽近年来集全省之力发展合肥取得成效,以及合肥人才新政20条落实办法的相继出台,如《合肥市产业紧缺人才引进资助暂行办法》《合肥市新落户人才租房补贴发放实施细则》等,合肥又在长三角一体化发展规划下积极承接长三角产业转移,努力融入长三角整体发展,合肥对技能型人力资本的吸引力大增。

根据合肥市人社局2019年发布的《合肥市人力资源发展状况白皮书》中显示,

合肥市人才高地建设效果显著,皖籍人才出现回流趋势,合肥在长三角区域内的相对竞争优势逐渐显现;而且合肥对本地高校生的吸引力也在不断增强。BOSS 直聘发布的《2019 高校应届生专业就业竞争力观察》中,合肥力压苏州排名第十四位,在长三角地区排在上海、南京、杭州之后。合肥市的技能型人力资本流入过半来源于安徽籍在外人才回流以及安徽省内各市人才流入,其次是本地高校生转化,还有部分来源于其他省份流入,合肥技能型人力资本流出目的地基本在长三角地区,主要流向上海、南京、杭州、苏州等地(图 8.6)。

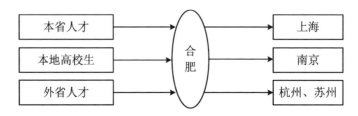

图 8.6 合肥市技能型人力资本主要来源及流向图

三、产业结构与技能型人力资本需求分析

随着国内经济体制改革进入深水区,长三角作为中国最早进行改革试点的地区之一,在新时代又有着新的使命,近年来长三角地区整体实力不断上涨,成长为第六大世界级城市群,这主要得益于长三角整体经济转型升级的成功,尤其是随着《长江三角洲城市群发展规划》《长江三角洲区域一体化发展规划纲要》的发布,长三角向内地辐射能力的增强,苏、浙、皖三省的进一步融合与协调发展为长三角地区注入了不断进步的能量,南京、杭州、合肥三大副中心在近年来的产业结构调整升级令人瞩目。

南京作为江苏省科技中心、中国软件名城,长期以来是华东地区重要的制造业基地,拥有雄厚的重工业基础以及丰富的人才资源,在全国经济结构调整、产业转型升级的大形势下,南京加快构建"4+4+1"主导产业体系,第一个"4"是打造新型电子信息、绿色智能汽车、高端智能装备、生物医药与节能环保新材料等先进制造业四大主导产业,第二个"4"指的是打造软件和信息服务、金融和科技服务、文旅健康、现代物流与高端商贸等现代服务业四大主导产业,"1"是指培育一批未来产业,围绕一批具有重大产业变革前景的颠覆性技术,加快布局新智能、新网络和新健康等交叉应用领域。南京经过数年的努力,通过淘汰落后产能,培育创新产业,加快传统制造业转型升级,在产业结构调整方面取得了优异的成绩,2019 年第一产业、第二产业、第三产业所占比重分别为 2.1%,35.9%,62%。

杭州作为民营经济高度发达的浙江省省会,电子商务、先进设备制造以及信息产业为闻名全国,但也面临着经济增长缺乏新动能的问题。在经济改革进入深水期、城市发展进入攻坚期背景下,杭州正式确立布局"1+6"产业集群建设,即信息经济产业加文化创意、金融服务、旅游休闲、健康、时尚、高端装备制造产业。在工业方面,杭州大力推进工业化与信息化深度融合,发展智能制造、高端制造,进一步提升产业能级;在服务业方面,推动服务业新产业、新模式、新业态发展,积极抢抓数字经济发展的时间窗口,推进先进制造业与现代服务业深度融合,打造具有全球影响力的"互联网+创业创新中心",加快建设"全国数字经济第一城"。杭州以数字经济作为其经济增长的"压舱石"、推动经济转型升级的主要动力,不断推动产业结构向高层次发展,2019年杭州三大产业占GDP比重分别为2.1%,31.7%以及66.2%。

合肥作为安徽的省会,是我国重点发展的中部龙头城市之一,目前已经形成了电子信息、光伏与新能源、家电、装备制造、汽车和零部件、食品和农产品加工等六大支柱产业,在加入长三角一体化发展后,合肥不仅积极融入长三角发展体系,承接长三角产业转移,推动经济的持续转型升级,发挥自身科研实力雄厚的特点,助力产学研深度融合,同时也在积极构建人工智能、生物医药以及健康产业等现代产业体系。目前合肥在智能语音、量子通信、新能源汽车等领域在国内处于领先地位。受长三角一体化发展政策红利影响,合肥积极运用科技动能推动经济转型升级,2019年合肥市三大产业占GDP的比重分别为3.1%,36.3%,60.6%。

在全国经济改革进入深水区与攻坚期、长三角一体化发展上升为国家战略的背景下,南京、杭州、合肥也都处在城市发展的关键期,面临着经济转型的压力与机遇,对技能型人力资本都有着巨大的需求,尤其是新型技能型人力资本是促进经济升级、保证城市可持续发展的重要资源保证。但通过上述分析可以看出,三市在城市发展与产业结构方面存在较大的差异,产业、行业、岗位是技能型人力资本生存与发展的基础,地方产业发展也决定了对人才的需求。杭州以数字经济为主导,服务业发展迅猛,对技能型人力资本的需求以掌握信息经济的新型技能型人力资本为主;南京长期以来以制造业为支柱产业,经过多年的经济转型,目前先进制造业与服务业是其支柱产业,南京对技能型人力资本有着广泛的需求,高端智能制造、电子信息、生物医药、软件信息等行业对传统技能人力资本、高技能人力资本、新型技能人力资本都有着较强的吸纳能力;合肥是三市中技能型人力资本资源最为缺乏的城市。这不仅体现在人才总量上,更体现在合肥的产业结构与人才需求上,合肥的第二产业所占比重是三市中最高的,其支柱产业如电子信息、汽车制造、农产品加工等行业都高度依赖传统技能型人力资本,而合肥重点培育的人工智能、生物制药、智能语音等产业对新型技能型人力资本的需求又很旺盛,合肥要实现弯道超车,充足的技能型人力资本资源是必不可少的。

第四节 技能型人力资本城市吸引力评价模型的构建

通过对前人的研究进行梳理并对三市的技能型人力资本现状进行分析,为技能型人力资本城市吸引力评价打下了坚实的理论与现实基础,但对技能型人力资本的城市吸引力进行科学且全面的评价必须要有一套系统、完整的评价模型,所以对技能型人力资本城市吸引力评价模型的构建也是本研究的一个关键,这一节主要对技能型人力资本城市吸引力评价模型的建立进行研究与分析。

一、技能型人力资本城市吸引力指标体系的构建

评价指标体系由许多具有一定内在关联的指标构成,是用来科学、全面反映被评价对象各方面性质特征的有机整体(王文寅,2019)。技能型人力资本城市吸引力涉及政治、经济、文化、自然等方面的众多因素,要完整地反映城市对技能型人力资本吸引力的全貌,必须要有科学的理论作为指导,借鉴前人的研究成果,以此作为指标体系构建的依据,并明确各指标选取的原则,在理论指导下结合技能型人力资本特点以及时代背景,选取合适的评价指标,确保各个独立的指标统一于评价指标体系这一整体,科学、全面、客观地反映技能型人力资本城市吸引力的内在特质。

1. 指标体系构建的依据

本研究构建技能型人力资本城市吸引力指标体系主要是基于伴随着知识经济而兴起的城市舒适性理论,并辅之推拉理论,前人对城市人力资本吸引力指标体系构建的成果也是本书构建指标体系的重要依据。

传统的人才流动及人才吸引理论将研究重点放在产业、就业、薪资等方面,单纯将人当作"经济人"来看待,但随着城市经济的转型升级,技能型人力资本对生活品质的要求不断提高,经济优势在人才吸引方面的重要性正在不断下降(伦蕊,2009),城市的生态环境、科技文化水平、社会氛围的重要性不断上升,城市的综合舒适性对技能型人力资本进行城市选择时的影响力不断提高,这是西方舒适性理论的基本思想,但在中国的国情下,人力资本吸引力不仅受市场力量的影响,还与国家以及政府的人才政策息息相关。近年来,"孔雀东南飞"的现象出现逆转,"逃离北上广"成为年轻人无奈的呐喊。一系列的研究表明,大城市高房价与高消费、城市居民间的隔膜等因素严重影响一座城市的引才、留才能力(李叶妍,2017;孙文浩,2020),因此结合前人的研究成果在西方经典舒适性理论的研究基础上增加了政策环境舒适性与城市融入成本。

对于城市人力资本吸引力进行评价,评价指标体系的建立是进行评价分析的

前提，之前的学者针对城市人力资本吸引力评价指标体系的研究成果也是本研究指标体系构建的重要依据。但在多变的时代背景下，各领域的不同学者也有着不同的研究目的，运用的研究方法也各异，因此其构建的指标体系也不尽相同。在研究过程中，通过知网检索近年来发表在核心期刊上关于人力资本流动以及区域人力资本吸引力的31篇研究文献，通过文献研究法对各方面指标进行频次分析，具体情况如表8.8所示。

表8.8 城市人力资本吸引力评价指标频次统计表

评价要素	二级指标	频次	评价要素	二级指标	频次
经济发展水平	GDP	28	医疗水平	每万人拥有公共汽车数量	16
	GDP增长率	21		每万人拥有卫生技术人员数量	18
	固定资产投资额增长率	19		三甲医院数量	7
	社会消费品零售总额	16		城镇职工基本医疗保险参保人数	12
	进出口总额	16		医院床位数	5
	人均GDP	11		城镇职工基本养老保险参保人数	11
	财政收入	18	生活消费便利性	刑事案件立案数下降率	10
	第三产业占比	29		基础设施建设投入	6
	本外币存款余额	9		财政支出中民生支出总额	29
	城镇登记失业率	8		恩格尔系数	7
	人均可支配收入	19		燃气普及率	5
	电耗效率	5		大型购物中心数量	4
	能耗效率	3		垃圾无害处理率	5
	在岗职工平均工资	21		人均教育文化娱乐支出	28
自然环境	全年降水量	5	科技文化环境	全社会研发经费投入总额	21
	全年日照指数	3		每万人发明专利拥有量	18
	一月平均气温	4		技术合同成交额	13
	七月平均气温	4		高新技术企业数量	7
	绿化覆盖率	7		申请专利数量	13
	人均绿地面积	19		科研项目数量	9
	全年空气质量优良率	20		高等院校数量	22
	污水处理率	16		高等院校在校生总数	21
交通环境	旅客运输总量	24		每万人公共图书拥有量	19
	人均道路面积	12		博物馆数量	16
	交通拥挤时数	3		A级及以上景区数量	18
	公路总里程	6			
	轨道交通里程	11			

2. 评价指标体系构建的原则

(1) 科学性原则:科学性原则首先是指构建的评价技能型人力资本城市吸引力指标体系要有科学价值,其次在构建过程中要以科学的理论为指导,严格按照既定的标准及原则进行指标的选取,保证指标体系构建的严谨性,从而确保指标能够准确反映评价对象的内在特征。

(2) 创新性原则:关于城市人力资本吸引力的研究众多,国内外学术界得出的研究成果也很丰富,但是随着社会不断地发展,人才的需求不断变化,政府的政策也在发生改变,在城市人力资本吸引力的研究中仍有很多可以探索的地方,对城市人力资本吸引力研究的创新,首要便是在评价指标体系的创新发展。只有不断创新才能跟上时代的步伐,才能得出实用的结果以指导实践。

(3) 系统性原则:技能型人力资本城市吸引力评价指标体系设计的指标众多,但并不是混乱无章的,各指标之间虽相互独立,但在科学理论指导下,各指标之间具有内在的逻辑关系。系统性原则要求将总的评价目标分为多个一级指标,再将一级指标分解为二级指标,以此类推,形成内在逻辑清晰、具有树形结构的评价指标体系,从而使建立的指标体系能够准确、全面地反映城市对技能型人力资本的吸引力。

(4) 可操作性原则:可操作性原则包含可量化、可得、可比三个方面的要求。首先便是选取的各指标要能够进行量化,这是之后对吸引力进行量化评价的必然要求;其次,可得即是要求选取的指标要简明易懂,便于人们理解,同时各指标数据要易于获取,最好以政府公布数据为首要选择,确保数据真实可靠;最后便是可比,这包括横向可比与纵向可比两方面,横向是指城市间的比较,因此指标选取要考虑多个城市的实际情况,纵向可比是分析历年来各市的吸引力变化,有利于揭示变化规律、预测未来趋势。

3. 评价指标的选择

基于城市的舒适物理论并参考前人的研究成果,同时考虑到我国实行社会主义市场经济的国情,政府对于国民经济具有很强的调控能力,地方政府的人才政策对于城市的人力资本吸引力具有很强的影响,结合南京、杭州、合肥三市的实际情况与技能型人力资本的特点,依据指标选取的科学性原则、创新性原则、系统性原则以及可操作性原则,本研究基于以下5个一级指标,构建了城市人力资本吸引力评价指标体系。

一是经济环境舒适性。对城市的经济发展水平进行评价时要综合考察其经济规模、发展速度、产业结构、工资水平以及就业情况等。人口数量直接反映了城市规模(何柏良,2020),城市GDP代表了城市的总体经济发展水平,GDP总量大反映出城市的经济实力强,增长速度快意味着城市具有较好的发展前景,拉动经济增长的"三驾马车"则是消费、投资与出口;人均GDP代表了地方人均创造财富水平,是技能型人力资本人均创造价值的体现,一般而言,城市的人均 GDP 越高,人才的价值越容易发挥,人才越容易集聚(崔丹,2020);财政收入是地方政府财力的体现,是城市向人才提供便利的公共服务的物质基础;根据配第-卡拉克定理,服务业的利润远高于工业及农业,人才将会从第一产业、第二产业流向第三产业,而第三产业发展更好的城市也就拥有更高的人力资本吸引力;就产业结构而言,目前三市都处在经济转型的关键时期,科技创新企业的集聚需要金融等第三产业的支持(李燕萍,2018),同时人才对生活品质的高要求也与城市的第三产业息息相关;更多的就业机会和较高的工资与收入是美好生活的支撑,这也是人才向城市流动的原动力(王君兰,2013)。基于此,本研究选取了以下 10 个二级指标:人口、GDP、GDP 增长率、社会消费品零售总额、进出口总额、人均 GDP、财政收入、第三产业占比、人均可支配收入、在岗职工平均工资(表 8.9)。

表 8.9　经济环境舒适性指标

一级指标	二级指标	指标类型
经济环境舒适性	人口 X_1	+
	GDP X_2	+
	GDP 增长率 X_3	+
	社会消费品零售总额 X_4	+
	进出口总额 X_5	+
	人均 GDP X_6	+
	财政收入 X_7	+
	第三产业占比 X_8	+
	人均可支配收入 X_9	+
	在岗职工平均工资 X_{10}	+

注:+表示为正向指标,-为负向指标。

二是生活卫生环境舒适性。这首先包括城市的自然生态环境,近年来雾霾、极端天气等城市生态问题频发,关系到人们的生活与健康的城市生态环境越来越受到重视,空气质量、绿地面积等成为技能型人力资本选择城市时的重要关注点;良好的城市生活环境离不开发达的交通,技能型人力资本频繁的商务差旅和通勤要求城市具有四通八达的交通网络和良好的公共交通系统,能否在城市间、城市内自由便捷地移动直接关系到人才的工作与生活(林晓言,2015)。良好的城市生活卫生环境还与城市的医疗资源、社会保障水平密不可分;城市的民生支出直观反映了政府对社会民生的投入,是城市生活卫生环境得以改善的重要保障。所以本研究选取了以下 9 个二级指标:人均绿地面积、全年空气质量优良率、污水处理率、旅客运输总量、人均道路面积、轨道交通里程、每万人拥有公共汽车数量、每万人拥有卫生技术人员、政府财政支出中民生支出总额(表8.10)。

表8.10 生活卫生环境舒适性指标

一级指标	二级指标	指标类型
生活卫生环境舒适性	人均绿地面积 X_{11}	+
	全年空气质量优良率 X_{12}	+
	污水处理率 X_{13}	+
	旅客运输总量 X_{14}	+
	人均道路面积 X_{15}	+
	轨道交通里程 X_{16}	+
	每万人拥有公共汽车数量 X_{17}	+
	每万人拥有卫生技术人员数量 X_{18}	+
	财政支出中民生支出总额 X_{19}	+

注:+表示为正向指标,-为负向指标。

三是科教文化环境舒适性。城市的科研教育资源和人文环境对人才具有独特的吸引力。技能型人力资本更愿意在科研创新氛围浓厚、人文环境优良的城市生活与工作。城市的科研资金直接反映了地方政府和企业对科学技术的重视程度(张所地,2019),也体现了一个城市对人才所需科研资源的投入程度,而专利数量是科研产出和城市创新能力的重要反映,科技成果的转化是推动科学技术可持续发展的市场化力量;城市丰富的高等教育资源首先为技能型人力资本提供了更多的深造培训机会和更大的发展空间,同时众多的高校与在校大学生也是当地科技发展的重要战略储备资源(李中斌,2018)。年轻具有创造力的人才队伍对城市的气质塑造与创新能力提升都发挥着不可替代的作用,教育与科研资源也是城市人文环境的重要体现之一。因此,本研究选取了以下9个二级指标:人均教育文化娱乐支出、全社会研发投入经费总额、每万人发明专利拥有量、技术合同成交额、高等院校数量、高等院校在校生、每万人公共图书拥有量、博物馆数量、A级及以上景区数(表8.11)。

表8.11 科教文化环境舒适性指标

一级指标	二级指标	指标类型
科研文化环境舒适性	人均教育文化娱乐支出 X_{20}	+
	全社会研发经费投入总额 X_{21}	+
	每万人发明专利拥有量 X_{22}	+
	技术合同成交额 X_{23}	+

续表

一级指标	二级指标	指标类型
科研文化环境舒适性	高等院校数量 X_{24}	+
	高等院校在校生总数 X_{25}	+
	每万人公共图书拥有量 X_{26}	+
	博物馆数量 X_{27}	+
	A级及以上景区数量 X_{28}	+

注：+表示为正向指标，-为负向指标。

四是城市融入成本，根据推拉定律，大城市能够提供充足的就业机会、丰富的教育医疗等资源对人才产生拉力，而农村及小城市由于各种资源的相对缺乏会产生推力使人才离开这些地方。然而从多年前出现的"逃离北上广"现象到最近的"我要回农村"的口号，都表明了城市的融入成本也正在对人才产生推力，从人才进入城市到真正完成市民化的转变是一个过程。在这个过程中，人们往往需要付出沉重的城市融入成本。在中国人的传统观念中，房子和家是紧密联系在一起的，有自己的房子才有家；高房价是人才放弃一线城市转向二线城市的主要原因（姚连营，2018），高房价、高消费严重削弱了城市的人力资本吸引力，这种影响从经济层面泛滥到心理层面，甚至成为人才选择城市的主要原因；同时在市场经济条件下，高房价和高消费一定程度上也代表了城市的繁华程度和消费能力，是城市经济实力的一种体现，工资与收入是人才购房和消费的物质基础，因此需要将工资和房价与消费进行综合评价。一座具有包容性和文化多样性的城市是富有魅力的城市，而来自城市市民的一些偏见与歧视是人才融入城市的一道藩篱（李蕾，2018），这往往会导致技能型人力资本缺乏对城市的心理认同感和归属感，直接导致技能型人力资本的流失。据此，本研究选自以下4个二级指标（表8.12）：在岗职工平均工资与房价比值、在岗职工平均工资与城镇人均消费比值、居民消费价格指数、城市包容程度（外来人口占比）。

表8.12 城市融入成本指标

一级指标	二级指标	指标类型
城市融入成本	在岗职工平均工资与房价比值 X_{29}	+
	在岗职工平均工资与城镇人均消费比值 X_{30}	+
	居民消费价格指数 X_{31}	-
	城市包容程度（外来人口占城市人口比重）X_{32}	+

注：+表示为正向指标，-为负向指标。

五是政策环境舒适性。人才政策吸引力是城市人力资本吸引力的重要组成部分,它是指地方政府通过出台人才引进政策和相关福利性保障措施对人才产生的牵引力(王晓轩,2019)。我国实行社会主义市场经济体制,人才在受市场吸引自由流动的同时,还会受到国家以及地方政府一系列政策的影响,国家层面上的西部大开发、振兴东北老工业基地等政策对人力资本流动产生了巨大的影响;党的十八大以来,为响应中央的人才强国战略,南京、杭州、合肥围绕人才引进出台了一系列政策文件以期在人才竞争中抢占先机。通过对三市人才政策文本进行分析,并结合前人的研究成果,将人才政策设为以下5个指标:人才认定范围、落户方便程度、安家生活补贴、科研创业资金、配偶及子女安排,并根据各市的政策力度对这5项指标进行打分(表8.13)。

表8.13 政策环境舒适性指标

一级指标	二级指标	指标类型
政策环境舒适性	人才认定范围 X_{33}	+
	落户方便程度 X_{34}	+
	安家生活补贴 X_{35}	+
	科研创业资金 X_{36}	+
	配偶与子女安排 X_{37}	+

注:+表示为正向指标,-为负向指标。

二、测算模型构建

1. 技能型人力资本城市吸引力各评价指标权重确定方法

熵这一概念最初来自物理学中的热力学,现在广泛应用在社会经济各领域中的评价中,在信息论中,熵用来反映系统的混乱度,而信息应是有序的度量。因此,依据熵的特性,信息熵越大,各指标间的差异就越小,能够提供的信息量也越小;而信息量越大,不确定性越小,熵也越小。所以,可以通过计算信息熵值来判断各项指标要素对综合评价的影响程度,也就是各项指标的权重,熵值越大,权重越小。采用客观赋值分析法中的熵值法,通过计算信息熵的方法来确定权重,能够准确客观地评价研究对象,同时避免了主观随意性。

本研究选取的指标来自经济、社会生活以及政策等多方面,各项指标的单位不一,为了更好地量化比较与分析,第一步要对选取的各项指标用下列A式与B式做标准化处理。

A. 正向指标标准化: $X'_{ij} = \dfrac{X_{ij} - \min[X_j]}{\max[X_j] - \min[X_j]} + 1$

B. 负向指标标准化: $X'_{ij} = \dfrac{\max[X_j] - X_{ij}}{\max[X_j] - \min[X_j]} + 1$

式中,X_{ij}表示i城市在j指标中的数值,$\max[X_j]$表示该指标序列中的最大值,

$\min[X_j]$ 表示该指标序列中的最小值,X'_{ij} 为标准化后的结果。

第二步,计算第 j 项指标的熵值 E_j。

$$E_j = -K \sum_{i=1}^{n} [P_{ij} \ln(P_{ij})] \quad (i = 1,2,\cdots,n; j = 1,2,\cdots,m)$$

式中,$P_{ij} = \dfrac{X'_{ij}}{\sum\limits_{i=1}^{n} X'_{ij}}$ 表示第 j 项指标下第 i 个城市值在此指标中所占的比重,常数 $K = \dfrac{1}{\ln(n)}$,n 为城市的个数。

第三步,计算各指标的权重 W_j。

$$W_j = \frac{1 - E_j}{\sum_{j=1}^{m} 1 - E_j} \quad (j = 1,2,\cdots,m)$$

2. 基于 VIKOR 法的技能型人力资本城市吸引力评价模型

在确定指标权重后,选用 VIKOR 法对技能型人力资本城市的吸引力进行测算,VIKOR 方法是由 Opricovic 和 Tzeng 提出的,主要用来分析评价复杂的多准则问题,VIKOR 法是一种基于理想解的最优化折中方法,其基本观点是先确定备选方案下各准则中的正理想解(最优解)与负理想解(最差解),然后比较各备选方案中的评分值,根据其与理想方案的距离来确定方案的优先顺序,其特点是用于评价复杂系统多准则问题时,得到的解释距离理想解最近的折中可行解。VIKOR 法的最大优点是其得到的是距离最优解最近的折中解,它不仅可以考虑群体效益的最大化,而且能照顾到个体偏好。

在本研究中,VIKOR 方法采用了式(8.1)中的 Lp-metric 聚合函数。

$$L_{pj} = \left\{ \sum_{i=1}^{n} [w_i (f_i^* - f_{ij})/(f_i^* - f_i^-)]^p \right\}^{1/p} \tag{8.1}$$

在式(8.1)中,$1 \leqslant p \leqslant \infty$,$j = 1,2,\cdots,m$。$m$ 表示被评价对象的个数,K_j 代表着研究中的各个评价对象,因此研究中评价对象 K_j 第 i 个评价指标的评估值就是 f_{ij};每个指标下的最优解与最差解分别用 f_i^* 与 f_i^- 来表示;聚合函数的距离参数则为 p($1 \leqslant p \leqslant \infty$,本研究中将 p 的只设定为1);选取的评价指标总数量为 n;选取的各项评价指标 i 的权重为 w_i;L_{pj} 则是评价对象 K_j 与最优解之间的距离。

在技能型人力资本城市吸引力评价中,本文假设共有 m 个评价对象,用 $A = \{A_1 A_2 \cdots A_m\}^T$ 表示,选取的评价指标数为 n,用 $D = \{D_1 D_2 \cdots D_N\}^T$ 表示。研究中评价对象 K_j 第 i 个评价指标的评估值就是 f_{ij},其中 $1 \leqslant i \leqslant n$,$1 \leqslant j \leqslant m$。测算过程如下:

(1) 计算指标体系内各指标的权重。选用熵值法确定权重,在 4.2.1 中已计算各项指标的权重。

(2) 对决策矩阵进行标准化处理。本研究采用下列式(8.2)规范化决策矩阵,

并用 $F = (f_{ij n \times m})$ 表示规范后的矩阵。

$$f_{ij} = x_{ij} / \max_i(x_{ij}) \tag{8.2}$$

(3) 依据标准化后的决策矩阵 F 分别计算出各个指标的最优解 f^* 和最差解 f^-。

$$f^* = [(\max_j f_{ij} | i \in I_1), (\min_j f_{ij} | i \in I_2)] \tag{8.3}$$

$$f^- = [(\min_j f_{ij} | i \in I_1), (\max_j f_{ij} | i \in I_2)] \tag{8.4}$$

式(8.3)、式(8.4)中的 I_1 为正向型指标，I_2 为负向型指标。

(4) 计算每个评价对象的群体效益值 S_j 和个别遗憾值 R_j。

$$S_j = \sum_i^n w_i(f_i^* - f_{ij})/(f_i^* - f_i^-) \tag{8.5}$$

$$R_j = \max[w_i(f_i^* - f_{ij})/(f_i^* - f_i^-)] \tag{8.6}$$

式(8.5)、式(8.6)中，每个评价对象的群体效应用 S_j 表示，S_j 值越大，则群体效应越小，反之 S_j 值越小，群体效益越大；评价对象的个体遗憾值用 R_j 表示，R_j 值越大，代表个别遗憾越大。

(5) 测算各评价对象的最终利益比率值 Q_j。

$$Q_j = v(S_j - S^*)/(S^- - S^*) + (1 - v)(R_j - R^*)/(R^- - R^*) \tag{8.7}$$

式(8.7)中，$S^* = \min S_j, S^- = \max S_j, R^* = \min S_j, R^- = \max S_j$，$v$ 则代表着最大群效用权重，也就是决策机制系数，本研究选取的值为 0.5，代表着折中的态度，这样不仅可以考虑群体效益的最大化，而且能同样照顾到个体偏好。

(6) 对评价对象进行排序。

VIKOR 法的基本思想是按照 S_j, R_j, Q_j 值从小到大排序，评价对象各项值越小则排名越靠前，并且如果同时能够满足下面的条件 1、2，则可以直接根据 Q_j 值来对评价对象进行排序，Q_j 的值越小则越优，Q_j 最小值即为最优值。

条件 1：$Q(k^{(2)}) - Q(k^{(1)}) \geqslant 1/(m-1)$，式中的 $k^{(1)}$ 是 Q 值中最小值，$k^{(2)}$ 是 Q 排序中的第二小的值。

条件 2：$k^{(1)}$ 的 S 值或 R 值排在 $k^{(2)}$ 的前面。

如果不满足条件 2 的话，则 $k^{(1)}$ 和 $k^{(2)}$ 都是折中解；如果不满足条件 1 的话，方案 $k^{(1)}、k^{(2)}、\cdots、k^{(t)}$ 是折中解，其中 $k^{(t)}$ 符合 $Q(k^{(t)}) - Q(k^{(1)}) \geqslant 1/(M-1)$。

第五节 长三角副中心城市技能型人力资本吸引力测算与比较分析

前文对技能型人力资本城市人力资本吸引力的理论进行了梳理与评价模型构建，在本节中将对选取的评价对象，也就是长三角的三座副中心城市进行评价模型的应用,通过实证研究来对南京、杭州、合肥三市 2015—2019 年的技能型人力资本城市吸引力进行评价,并对三市目前的吸引力现状以及 2015—2019 年间的变化趋势进行比较分析,根据测算结果找出三市在技能型人力资本吸引力方面的优势与不足之处。

一、技能型人力资本城市吸引力测算

1. 数据采集

2016 年 5 月 11 日,国务院正式颁布了《长江三角洲城市群发展规划》,同年国务院批复同意《合肥市城市总体规划(2011—2020)》,明确合肥市为长三角城市群副中心城市,至此长三角形成了以上海为中心,以南京、杭州、合肥为副中心的格局。根据三市 2015—2019 年的《统计年鉴》《中国城市建设统计年鉴》《国民经济与社会发展统计公报》进行查阅,确定城市人力资本吸引力指标体系中大部分指标数值;并通过对三市近年来发布的人才政策进行文本分析,对三市的人才政策吸引力进行评价。

2. 城市吸引力测算结果

根据熵值法测算结果,得出 2015—2019 年各项指标所占权重,如表 8.14 所示。

表 8.14　各指标历年所占权重

一级指标	二 级 指 标	所 占 权 重				
		2015	2016	2017	2018	2019
经济环境舒适性	人口 X_1	0.0273	0.0258	0.0249	0.0257	0.0269
	GDP X_2	0.0291	0.0266	0.0265	0.0293	0.0288
	GDP 增长率 X_3	0.0246	0.0251	0.0244	0.0265	0.0267
	社会消费品零售总额 X_4	0.0241	0.0237	0.0252	0.0241	0.0252
	进出口总额 X_5	0.0228	0.0231	0.0221	0.0219	0.0221
	人均 GDP X_6	0.0269	0.0261	0.0253	0.0291	0.0316
	财政收入 X_7	0.0268	0.0271	0.0258	0.0251	0.0257
	第三产业占比 X_8	0.0261	0.0273	0.0256	0.0289	0.0314
	人均可支配收入 X_9	0.0279	0.0241	0.0236	0.0242	0.0234
	在岗职工平均工资 X_{10}	0.0286	0.0269	0.0268	0.0296	0.0303

续表

一级指标	二级指标	所占权重				
		2015	2016	2017	2018	2019
生活卫生环境舒适性	人均绿地面积 X_{11}	0.0259	0.0271	0.0268	0.0273	0.0281
	全年空气质量优良率 X_{12}	0.0261	0.0269	0.0258	0.0291	0.0293
	污水处理率 X_{13}	0.0209	0.021	0.0206	0.0213	0.0218
	旅客运输总量 X_{14}	0.0296	0.0288	0.0305	0.0291	0.0292
	人均道路面积 X_{15}	0.0279	0.0276	0.0318	0.0316	0.0324
	轨道交通里程 X_{16}	0.0339	0.0327	0.0326	0.0318	0.0319
	每万人拥有公共汽车数量 X_{17}	0.0256	0.0258	0.0243	0.0219	0.0222
	每万人拥有卫生技术人员数量 X_{18}	0.0285	0.0274	0.0296	0.0288	0.0291
	财政支出中民生支出总额 X_{19}	0.0266	0.0253	0.0242	0.0258	0.026
科研文化环境舒适性	人均教育文化娱乐支出 X_{20}	0.0232	0.0243	0.0256	0.0264	0.0221
	全社会研发经费投入总额 X_{21}	0.0262	0.0271	0.0283	0.0291	0.0318
	每万人发明专利拥有量 X_{22}	0.0256	0.0251	0.0264	0.0247	0.0251
	技术合同成交额 X_{23}	0.0222	0.0242	0.0231	0.0239	0.0217
	高等院校数量 X_{24}	0.0242	0.0251	0.0255	0.0258	0.0269
	高等院校在校生总数 X_{25}	0.0306	0.0298	0.0311	0.0326	0.0339
	每万人公共图书拥有量 X_{26}	0.0269	0.0279	0.0277	0.0294	0.0336
	博物馆数量 X_{27}	0.0235	0.0263	0.0276	0.0258	0.0255
	A级及以上景区数量 X_{28}	0.0237	0.0251	0.0259	0.0256	0.0263
城市融入成本	在岗职工平均工资与房价比值 X_{29}	0.0346	0.0356	0.0359	0.0367	0.0373
	在岗职工平均工资与城镇人均消费比值 X_{30}	0.0296	0.0288	0.0264	0.0261	0.0256
	居民消费价格指数 X_{31}	0.0242	0.0231	0.0233	0.0257	0.022
	城市包容程度(外来人口占城市人口比重) X_{32}	0.0253	0.0258	0.0265	0.0272	0.0284
政策环境舒适性	人才认定范围 X_{33}	0.0286	0.0288	0.0295	0.0298	0.0293
	落户方便程度 X_{34}	0.0288	0.0304	0.0328	0.0316	0.03
	安家生活补贴 X_{35}	0.0332	0.0327	0.0338	0.0329	0.0316
	科研创业资金 X_{36}	0.0311	0.0327	0.0299	0.0286	0.0271
	配偶子女安排 X_{37}	0.0294	0.0285	0.0297	0.0261	0.0256

根据 VIKOR 法测算出三市在 2015—2019 年人力资本吸引力排名,如表 8.15 所示。

表 8.15 技能型人力资本吸引力排名

年份	城市	S_i	R_i	Q_i	排名
2015	南京	0.4825	0.0357	0.258	2
	杭州	0.3917	0.0342	0	1
	合肥	0.8864	0.0387	1	3
2016	南京	0.4136	0.0351	0.2125	2
	杭州	0.3872	0.0339	0	1
	合肥	0.8165	0.0372	1	3
2017	南京	0.3715	0.0352	0.1892	2
	杭州	0.3671	0.0345	0	1
	合肥	0.8105	0.0364	1	3
2018	南京	0.3361	0.0338	0.173	2
	杭州	0.3729	0.0329	0.0398	1
	合肥	0.7983	0.0355	1	3
2019	南京	0.3093	0.0312	0	1
	杭州	0.3563	0.0361	0.5482	2
	合肥	0.7964	0.0339	0.7749	3

二、测算结果分析

1. 各指标权重分析

通过计算,得出 2015—2019 年各要素在技能型人力资本城市吸引力指标体系中所占权重,如图 8.7 所示。在 2015—2019 年中,经济环境舒适性所占比重一直排在第一位,在人力资本吸引中发挥着基础性的作用,生活卫生环境舒适性以及科研文化环境舒适性所占比重较为稳定,对人力资本吸引具有重要作用,而人才融入成本以及政策环境舒适性所占比重在近年来呈现先升后降的趋势,表明某些要素在吸引人力资本方面发挥着关键作用。

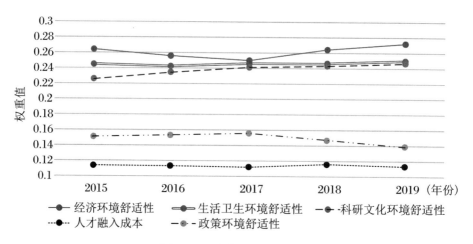

图 8.7 一级指标权重趋势图

2015—2019 年经济环境舒适性指标在构建的指标体系中所占权重一直排名第一位,最高的为 2019 年的 0.25,最低的则为 2016 年的 0.2426;其所占权重呈现出先下降后上升的趋势,从 2015 年所占权重 0.245 一路下滑至 2016 年的 0.2426,之后爬升至 2019 年的 0.25。经济环境舒适性的权重占比虽有波动,但其在对技能型人力资本的吸引中发挥基础性的作用没有变化,2015—2017 年其所占比重明显下滑,当时各地政府接连出台人才政策,很大程度上改变了市场力量对技能型人力资本流向的影响,2015—2017 年也是人才政策吸引力所占比重不断上升的阶段。在经济环境舒适性影响下,人口、GDP 等总量指标总体呈下降趋势,而人均工资、人均 GDP 等指标呈现上升趋势,其中人均 GDP 所占比重不断攀升至 2019 年的 0.0316。GDP 体现了一个城市的经济体量,而人均 GDP 更能反映个人在城市中所创造的价值,该趋势反映了人才在进行城市选择时的理性度与关注点发生的变化。除此之外,第三产业占比、人均工资所占比重也都呈上升态势,并在 2019 年中所占权重超过了 0.03。这表明就业与薪资仍然是人力资本吸引力的重要组成部分,其中根据推拉理论及配第-卡拉克定理,第三产业能够创造远超第一产业、第二产业的利润,作为理性的经济人,技能型人力资本必然倾向进入第三产业就业,而第三产业更发达的城市能够提供更多的就业机会、更高的薪资,对人才有更高的吸引力;同时,第三产业代表的服务业,与城市的生活服务环境有着密切的联系,舒适物理论的一个重要观点便是城市是消费主义的场所,从生活的角度而言,发达的服务业对追求高品质生活的人才而言具有极大的吸引力(图 8.8)。

生活卫生环境舒适性在整个指标体系中所占比重一直较为稳定,最低的为 2017 年的 0.2502,最高的为 2019 年的 0.2721,呈现稳中有升的态势。该一级指标下各项指标的均较为稳定,代表自然环境的人均绿地面积、全年空气优良率等指标所占权重均未有较大波动,2008年我国便开始了专项环境整治活动。南京、杭州、合肥作为省会城市,更是全国文明城市,均针对城市环境开展了大量的整改活动,而且随着建设美丽中国、绿水青山就是金山银山等观念深入人心,作为高素质劳动力的技能型人力资本早已形成了对良好的自然居住环境的高要求,自然环境舒适性在整个指标体系内稳定地占据较高比重;在一级指标内所占权重最高的是交通环境舒适性指标,人均道路面积、轨道交通里程数、旅客运输总量分别占比达到了0.0324、0.0319、0.0292。城市舒适物理论认为"速度"是城市舒适物重要的组成部分,技能型人力资本相比于一般人力资源,单位时间内创造的价值更高,其时间成本也就更高,技能型人力资本对日常通勤与商务差旅的要求更高,是不是可以在城市内、城市间进行方便地移动,对技能型人力资本的工作以及生活范围与效率有着直接且广泛的影响,因此技能型人力资本对城市的市内交通以及各类交通网络的建设极为看重(图8.9)。

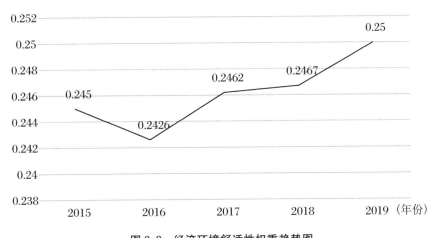

图 8.8　经济环境舒适性权重趋势图

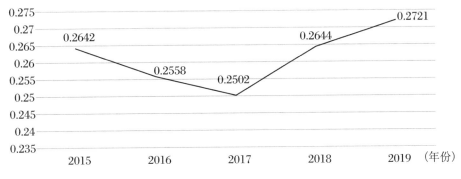

图 8.9　生活卫生环境舒适性权重趋势图

科研文化环境舒适性所占权重在 2015—2019 年内稳定上升,从 2015 年的 0.2261 持续提高至 2019 年的 0.2469,是 5 个一级指标中唯一一个所占比重逐年提高的指标。首先,城市的科研环境与技能型人力资本的工作是密不可分的,当今时代下,大数据、物联网以及人工智能等技术为各行各业带来了颠覆性的变化,技能型人力资本也不再是单纯从事一线生产的技能工人,新型技能型人力资本要承担起掌握新技术,在实践中创新解决实际问题的责任,这也是技能型人力资本不断成长与上升的重要方式,而这与城市的科研平台、科研投入等是离不开的;教育文化环境不仅和技能型人力资本的工作紧密相关,还直接影响其生活质量,技能型人力资本的一大特点就是需要持续学习以适应技术革新与工作岗位的要求,城市高校是其获得教育与培训的重要资源,同时技能型人力资本从生活的角度进行考量,技能型人力资本对孩子的教育越来越重视,他们希望自己的孩子能够拥有优质的教育资源,在更具文化氛围的城市中生活、成长。在科研文化环境良好的城市中工作、生活,技能型人力资本会有更高的工作效率、更大的发展空间以及更高生活满意度,因此科研文化环境舒适性在人才吸引中所占的比重不断提高。在此一级指标中,所占权重最高的指标为高等院校在校生总数,为 0.0339,人才不同于一般劳动力的根本在于人才的持续学习能力,因此人才对高等教育以及科研资源的需求远大于一般人,高等院校在校生总数一方面体现了城市的高等教育资源丰富程度,能否为人才的继续深造以及科研创新项目提供必要的人才与教育资源支撑,另一方面,高校生数量反映了一座城市的人口素质与活力,拥有大量高校在校生的城市有着丰富的人才储备,大规模的高素质人才必然影响整座城市的文化氛围,年轻且富有创造力的高校生将提高整座城市的创新能力与人文气质,这也是影响技能型人力资本城市选择的关键要素(图 8.10)。

图 8.10 科研文化环境舒适性权重趋势图

城市融入成本指标所占权重也较为稳定,最高值为 2018 年的 0.1157,最低值为 2017 年的 0.1121(图 8.11)。但在此一级指标下,在岗职工平均工资与房价比值所占权重逐年上升,权重值从2015年的0.0346上升至2019年的0.0373,且在2015—2019年中都是权重值最高的指标。高房价对城市人力资本吸引力的影响是巨大的,在中国人的思想中,房子这一物品与"家"是紧密联系在一起的,受到传统农耕经济的影响,"自己的房子才是家,成家必须有房"这一观念在中国人的心中是根深蒂固的。随着经济的发展,城市汇聚了大量的资源,能够提供更好的教育环境、工作机会与更高的生活品质,但越来越多的人选择离开大城市,越来越多的年轻人选择留在当地或者前往中小城市,城市的高房价让很多年轻人望而却步,虽有更好的工作机会、更高的薪资水平,但是高薪资与高房价相比还是低了很多,城市房价与薪资水平不成正比是很多人离开的原因,友好的房价也使得许多城市在人才竞争中获得比较优势。城市包容度所占权重也在逐年上升,城市包容性就是外来人员在城市内获得经济物质层面上的满足的同时,还可以被城市内原居民接纳,自己也可以简单迅速地接受城市的文化氛围、生活习惯,真正融入这座城市,进而获得深层次精神层面上的满足感,并最终乐于在城市中安家立业。城市包容性既反映了城市对来自不同地域、不同语言、不同文化背景、不同价值观的人群的接纳程度;又反映了城市不断满足居民日益增长的生存和发展的要求,更反映了不同群体,特别是弱势群体能够分享城市发展成果的程度。在城市落户不等同于融入城市,尤其是对新型技能型人力资本而言,自尊心强、需求层次高也是其主要特点,真正被城市接纳,获得精神文化层面的满足感也是其重点考虑的因素。

图 8.11 城市融入成本权重趋势图

政策环境舒适性在指标体系中所占权重呈现出明显的先升后降的趋势,权重值从2015年的0.1511逐渐升至2017年的0.1557(图8.12),后权重快速下降至2018年的0.147和2019年的0.1392。地方人才政策一直存在,但随着经济体制改革逐渐深入,传统的粗放式的经济发展模式被抛弃,城市经济的转型升级需要充足的人才资源提供支撑。随着物联网、大数据等新型产业的兴起,知识经济时代到来,技能型人力资本成为城市发展的根本支撑,地方政府开始出台一系列优惠的人才政策进行抢人大战。自2001年《关于进一步鼓励出国留学人员来杭创业的若干意见》颁布开始,以 2005 年 1 月发布的《关于加强高层次人才引进工作的若干意见》为标志,杭州市逐渐加大了对出国留学人才、海内外高层次人才的引进力度。2010 年实行"521"计划、2014 年的人才新政都提高了自身的人力资本吸引力。2016 年 3 月,中共中央印发《关于深化人才发展体制机制改革的意见》,并指出,"破除人才流动障碍""实行更积极、更开放、更有效的人才引进政策"。在贯彻落实《关于深化人才发展体制机制改革的意见》的过程中,地方政府开始纷纷出台着力引才聚才的人才政策。各地竞相抛出现金补贴、就业落户、购房低息贷款等吸引人才的优惠措施并不断加码,系列人才政策轮番出台,地方政府也频繁召开人才工作会议、成立招才局等专门机构,有计划、有方案、有措施地系统开展人才引进、培育和发展工作,各城市之间的政策竞争明显,甚至有城市前往外省省会异地召开人才政策发布会,二线城市纷纷公布未来城市人口数量目标,引发社会高度关注,城市间的"抢人大战"就此打响。这对人才流动与城市选择具有明显的影响,优惠的人才政策相比于经济发展水平、生活卫生环境以及科研文化环境等传统的人才吸引要素,有着实施快、迅速提升人力资本吸引力的优势。在地方政府纷纷实行积极的人才政策的背景下,周边城市为了维持自身人力资本吸引力也相继出台人才政策,杭州在人才政策吸引力方面具有很大的先发优势,但随后南京发布"宁聚计划"、合肥实行"人才强市"战略,在人才吸引政策方面三地措施逐渐趋同,人才落户门槛不断降低,很难再对人才产生强大吸引力。从 2018 年起,落户政策、安家补贴等人才政策吸引力所占权重逐渐降低,而与此相反的自 2018 年前经济环境舒适性所占权重不断上升,体现了市场的力量仍在人力资本流动中发挥着基础性的作用,也说明人才在进行城市选择时更加理性化,相比于短期的人才政策福利,更注重城市的综合实力以及职业本身的发展前景。

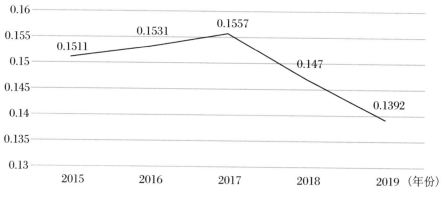

图 8.12 政策环境舒适性权重趋势图

2. 三市技能型人力资本吸引力现状比较分析

根据表 8.16,2019 年南京在群体效益值、个体遗憾值两个方面均排在三座城市的第一位,南京也成功赶超杭州,成为长三角三大副中心城市中技能型人力资本吸引力最高的城市,杭州凭借其在经济总量方面强大的优势力压合肥在三市中排名第二位,而合肥由于基础薄弱,其在经济环境舒适性、生活卫生环境舒适性、科研文化环境舒适性方面与南京、杭州相比均有较大差距,排在三市中的最后一名。

如表8.16所示,利用VIKOR方法对三市的经济环境舒适性进行对比分析,南京与杭州位于一档,大幅度领先合肥,这主要是因为南京与杭州位于我国发达的江浙地区,实行改革开放政策的时间较早,科技、人才以及资金资源丰富,且更早地融入长三角城市群并长期作为副中心城市能够更好地享受到集聚效应带来的发展红利,而合肥地处我国中部地区,在工业基础、产业结构、资金积累以及国家优惠政策等方面与东部地区有较大差距。虽然合肥发挥自身的后发优势,奋力追赶,但其在经济发展水平方面仍与南京和杭州有较大差距。南京在经济体量上仍不及杭州,杭州在人口、GDP、进出口总额、财政收入等总量指标上都力压南京位于三市的第一位,而南京在人均GDP、GDP增长率、年平均工资等指标上排名第一位。根据之前的指标权重分析,技能型人力资本越来越关注人均GDP以及平均工资等人均指标,而总量型指标在人力资本吸引力评价指标体系中所占权重不断降低。这也在一定程度上导致了南京对杭州在经济环境舒适性方面的超越,在三市中排名第一。杭州是三市中经济总量最大的、产业结构最好的,这无疑对人才有巨大的吸引力,但杭州也是GDP增长最慢的,总量虽大,但很大程度上是依靠着大量的人口积累得来,代表着人均创造价值的与薪酬水平的指标下,其表现均不如南京,因此其经济环境舒适性排在三市中的第二位。

表8.16 经济环境舒适性排名

指标	南京	杭州	合肥
S_i	0.21601385	0.227008624	0.920115389
R_i	0.076190045	0.099865006	0.117904587
Q_i	0	0.291581136	1
排名	1	2	3

生活卫生环境舒适性方面,南京再次位列三市的第一位,与经济环境舒适性相似的是,南京在多项人均是指标下均有很好的表现,在代表城市自然生态环境中的人均绿地面积和污水处理率这两项二级指标处于领先地位,同时在代表交通发达水平中的人均道路面积、城市轨道交通里程数以及每万人公共汽车数量这三项指标下也是表现最好的,这主要得益于对城市绿化环境的重视与保护以及对城市公共交通方面的良好规划和经营。杭州依靠着在三市中最大的经济体量,在多项总量指标上表现出色,旅客发送总量、财政支出中民生支出总额是三市中最高的,但其在技能型人力资本普遍关心的交通方便程度方面的其他指标与南京有着较大差

距,人均道路面积及轨道交通里程数不及南京的一半,这方面的巨大差距让其在生活卫生环境舒适性方面排名第二位。合肥在生活卫生环境方面多项指标排名垫底,这主要是因为合肥与南京、杭州相比,合肥自身的城市基础较差,随着近年来经济的发展、城市的扩张,道路、绿化、医疗等基础设施尚不完善,尤其在城市轨道交通等方面远不及南京、杭州两市,而且合肥目前尚处于城市发展的大基建时期,城市的整体生活环境难免受到影响;城市的经济发展水平决定了其对改善生活卫生环境的投入,合肥受限于自身的总体经济实力,其在大力开展基础设施建设的同时,对居民生活卫生环境的投入必定有限,这也就导致了合肥在城市生活卫生环境舒适性方面的吸引力最低(表8.17)。

表8.17 生活卫生环境舒适性排名

指标	南京	杭州	合肥
S_i	0.274679644	0.377266598	0.881455648
R_i	0.117158293	0.129856324	0.128470266
Q_i	0	0.584534452	0.945422319
综合排名	1	2	3

在科教文化环境方面,南京以其丰富的科技与教育资源以及良好的人文环境排在三座城市的第一位,作为中国的科教第三城,全市拥有普通高校54所,入选全国"211工程"院校8所,在校大学生与研究生近百万人,南京在高校在校生、技术合同成交额以及每万人拥有发明专利数量等方面大幅度领先于杭州、合肥,同时有六朝古都之称的南京在社会人文环境相关的指标也表现出色;杭州是在人文环境相关指标中表现最好的城市,其在博物馆数量、A级及以上景区数量、每万人公共图书馆藏书拥有量等指标下均排名第一,但是杭州长期以来一直受到本地高等教育资源不足的影响,发展严重依赖外来人才输入,杭州仅有浙江大学一所985高校,在高等教育资源与综合科研能力方面与南京存在着巨大的差距,这也导致了杭州在科研文化环境舒适性方面落后于南京,排名第二位;合肥作为我国的科教名城,拥有中国科学技术大学、合肥工业大学等优质高校,同时还有各类科研院所数百家,但是合肥仅在高等教育资源上稍领先杭州,与南京相比仍有较大差距,并在全社会研发资金投入、人均教育文化娱乐支出等一系列指标上排名垫底,这主要是因为长三角作为中国的人才高地,是全国科教资源最为丰富、最为集中的地区之一。南京与杭州分别作为江苏与浙江这两个科技强省的科技文化中心,集聚了大量的科技与教育资源,合肥虽然科教实力不俗,但与南京、杭州相比仍有差距;并且合肥因历史上建市较晚,在历史人文环境上与中国四大古都之一的南京、有"上有天堂,下有苏杭"美誉的杭州相比,也是逊色不少,因此合肥在科研文化环境舒适性方面排名第三位(表8.18)。

表8.18 科研文化环境舒适性排名

指标	南京	杭州	合肥
S_i	0.152722032	0.391772756	0.917575174
R_i	0.101191133	0.128268967	0.140057956
Q_i	0	0.504613535	1
综合排名	1	2	3

在城市融入成本方面,合肥在三市中拥有最高的吸引力,这主要归功于合肥相对较低的房价与消费水平,虽然合肥在工资水平上与南京、杭州相比仍然有一定差距,但相比于杭州、南京动辄超过3万元一平方米的房价,合肥1万多元一平方米的房价无疑是很有吸引力的,合肥的平均工资与平均房价比值、平均工资与城镇居民人均消费比值、居民消费价格指数两项指标上均是表现最出色的,这也让合肥在城市融入成本这个一级指标上排名第一位。之前得分一直较高的杭州与南京在城市融入成本这项一级指标的得分均较低。杭州作为第三产业高度发达的城市,对新型技能型人力资本具有巨大的需求,而其本身科研资源以及高等教育资源并不足以满足其对人才的需求,所以一直以来其对外来人才非常重视,对各地人才的包容度也很高。杭州很早发布的一系列人才政策也反映了这一点,所以杭州在三市中拥有最高的人才包容度,但是杭州的房价、消费水平都是三市中最高的,尤其是房价水平与工资水平有着很大的差距,人才对房价的敏感度越来越高,高房价对人才的驱赶效应越来越明显,这严重降低了杭州的人力资本吸引力。高昂的房价与消费水平使得杭州在社会融入成本这一项中位列三市的最后一名;南京在城市融入成本下的各指标中均排在第二名的位置,南京地处中国南北交接处,又是长三角地区向内地辐射的门户,长期以来便是多地区人民的聚集地,具有较好的城市包容度;同时其房价、物价水平略低于杭州,高于合肥,相对较为友好,然而近年来南京飞涨的房价与物价使得人才融入城市的成本越发高昂,这也一定程度上降低了南京的人力资本吸引力,其在城市融入成本指标下位于三市的第二位(表8.19)。

表8.19 城市融入成本排名

指标	南京	杭州	合肥
S_i	0.44991232	0.55008768	0.263370091
R_i	0.25345584	0.32149019	0.183002108
Q_i	0.579674058	1	0
综合排名	2	3	1

在政策舒适性方面,杭州领先南京与合肥,排在三座副中心城市的第一位。杭州在人才政策方面有制定较完善、实施时间早、政策力度大等特点。杭州早在

2001年就出台了《关于进一步鼓励出国留学人员来杭创业的若干意见》来弥补自身人才资源不足的劣势。在人才战打响之后，杭州于2014年成立杭州市人才服务局，并在人才吸引政策上继续加码，先后实施了全球引才计划——"521"计划、人才新政27条以及《关于深化人才发展体制机制改革以及完善人才新政的若干意见》等政策吸引人才，在资助力度上也是不惜重金，科研创业资金资助最高可达1亿元，并于2019年8月5日起将来杭州的应届高学历毕业生一次性生活补贴标准由之前的硕士2万元、博士3万元调整为本科1万元、硕士3万元、博士5万元。目前杭州已经在国家和浙江省相关政策的基础上形成了由人才发展公告、通知、意见以及实施细则、管理办法构成的人才政策体系，因此杭州在人力资本吸引力下的人才认定范围、安家生活补贴以及科研创业资金这三项指标中都位于第一位。虽然杭州是三市中唯一一个需要缴纳社保才可落户的城市，使其在落户方便程度上得分最低，但是杭州在人力资本吸引力这方面仍然是与南京、合肥拉开了差距。

合肥在人才政策吸引力这一指标下有着相对不错的表现，合肥作为中部省份安徽的省会，正处在城市高速发展扩张时期，对各类人才具有巨大的需求，同时经济社会发展水平与中东部城市相比并无优势，在人才战争中力图用各种人才政策提高自身吸引力。合肥市围绕"人才强市"的基本方针，先后出台《中共合肥市委关于深入实施人才强市战略的意见》《合肥市产业紧缺人才引进资助暂行办法》《关于进一步支持人才来肥创新创业的若干政策》等一系列关于人才选拔、引进以及激励的政策措施，对技能型人力资本非常关心的住房问题，合肥市为无自住房的博士、35岁以下的硕士、毕业3年内的全日制本科、大专和高职院校毕业生在3年内提供每人每年2万元、1.5万元、1万元以及6000元的生活补贴，同时合肥在全市范围内修建多个人才公寓，在配偶以及子女安排这一指标上在三座城市中得分最高。凡符合合肥落户要求的人才，其子女、配偶以及父母可以随迁，同时为子女就学提供便利服务，相比于杭州配偶子女随迁方便程度与人才层次挂钩以及南京子女随迁需要父母均符合人才引进要求，合肥市的配偶和子女安排是最为方便的。凭借着政策的全面、方便、力度大等特点，合肥在人才政策吸引力中排名第二位。

南京在人才政策吸引力中的得分是三市中最低的，南京虽然也早在2010年便启动"紫金人才"计划、2012年启动"321"人才引进计划，近年来也出台《南京市关于大学本科以上学历人才和技术技能型人力资本来宁落户的实施办法》《南京市人才安居办法》等一系列人才引进政策，但南京市人才政策在前期只针对高端人才，近期发布的政策才将范围放宽至高学历人才和技能型人力资本，但仍将专科学历排除在外。在科研创业资金方面，不同于杭州、合肥的直接资助，南京的政策相对复杂，采用资助+无息贷款的方式，而在安家生活补贴这一项中，南京的补贴水平与杭州相差甚远，甚至不如经济发展水平不及自己的合肥，南京根据《南京市高校毕业生住房租赁补贴操作办法》对来南京工作的毕业生按照博士每人每月2000

元、硕士每人每月 800 元、学士每人每月 600 元进行补贴,同时人才政策还存在配套措施不完善、相关政府部门协作性不强等问题,这都导致了南京市人才政策对技能型人力资本吸引力低下(表 8.20)。

表 8.20 政策舒适性排名

指标	南京	杭州	合肥
S_i	0.798617638	0.397236547	0.308161429
R_i	0.213558093	0.197075673	0.201382382
Q_i	1	0.090808431	0.13064553
综合排名	3	1	2

3. 三市技能型人力资本吸引力变化趋势分析

根据表 8.15 的计算结果可知,在 2015—2019 年,南京、杭州、合肥三市在人力资本吸引力方面,S_i、R_i、Q_i 总体呈现下降态势。这代表着三市在人力资本吸引力水平方面的不断提高,也反映了三市在人才竞争中投入大量资源取得了不错的成绩。

计算结果显示,杭州长期保持在人力资本吸引力第一名,领先南京与合肥,但始终未与南京拉开差距,且领先优势逐渐被蚕食,最终在 2019 年被南京反超。这主要是由于杭州人才政策红利的消失,而其在城市竞争中的相对短板未得到解决。杭州的人才吸引政策相比于南京与合肥具有实施时间早、力度大等优势,但随着南京与合肥人才政策的发布,杭州在人才政策方面的先发优势被很大程度上抵消;而与南京相比,杭州在生活卫生环境舒适性以及科研文化舒适性上并无优势,尤其是在科研文化舒适性方面,作为电子商务之都,杭州一直受困于本地高校以及科研院所相对较少的制约,使其非常依赖外来人才的流入,这与作为中国科教第三城的南京相比是其非常突出的短板,且无法在短期内进行改变;而杭州在交通方面长期受到诟病,道路拥挤、城市轨道交通发展速度慢等问题一直未得到很好的解决;杭州在经济总量上具有一定优势,但在多项人均指标上一直被南京压制。在多种原因的影响下,杭州对技能型人力资本的吸引力虽在不断上升,但随着其在人力资本吸引力方面的优势要素所占比重不断降低,劣势被不断放大,杭州在人力资本吸引力方面还是被南京反超。

在 2015—2019 年,南京的人力资本吸引力一直在稳步提升,并于 2019 年赶超杭州成为长三角三大副中心城市中的第一位,这主要归功于南京在人才政策方面的及时追赶、经济改革的稳步推进以及传统优势的保持。在对三市 2015—2019 年的人力资本吸引力评价中,南京的表现是最稳定的,人力资本吸引力持续上升,首先这归功于南京良好的经济社会环境基础,且无明显短板,南京作为江苏省省会,是江苏的政治文化中心、华东老牌工业基地、我国重要的科教中心,具有基础设施完善、工业基础雄厚、人才储备丰富等优势，同时作为六朝古都，具有深厚的文化底蕴，使其在经济环境舒适性、生活卫生环境舒适性以及科研文化环境舒适性方面都具有很高的竞争力和稳定性；不同于杭州，南京在人才竞争力方面的相对短板在于人才政策吸引力方面的不足，但这方面的短板是能够通过出台人才新政快速弥补的。随着南京出台一系列人才吸引政策，虽与杭州、合肥的人才政策相比仍有较大不足，但有效地弥补了自身在人才政策吸引力方面的相对劣势；同时伴随着人才政策吸引力在城市人力资本吸引力所占权重的下降，城市人才竞争逐渐回归为城市综合硬实力的较量，城市经济舒适性、生活卫生环境舒适性、科研文化环境舒适性所占权重不断上升，南京在城市人力资本吸引力方面的表现随之变得越来越好。

合肥在人才竞争力方面一直弱于南京与杭州，但凭借近年来的快速发展，其与宁、杭两市的差距不断缩小。最初的舒适性理论将城市对人才吸引的关注点从经济发达程度转移到自然生态环境，但舒适性理论仍然认为经济环境在人才吸引方面起到基础性作用，尤其是在如今的社会环境中，各类资源集中到大城市，城市为居住者提供的各种便利均是建立在城市经济基础之上的。合肥与南京、杭州的巨大差距，主要原因便是其在经济方面落后于宁、杭两市，经济环境舒适性不仅代表着经济的发展水平，更是城市提供各种服务与发展机会的物质基础，其与生活卫生环境舒适性以及科研文化环境舒适性密切相关。由于地理位置因素以及历史原因，合肥在经济体量、城市规模上不及杭州与南京，产业结构优良性方面也落后于两市，一方面导致城市提供的发展机会更少、薪资水平更低，另一方面导致地方政府财政收入以及对改善城市居住与工作环境的投入不及其他两市，进而影响合肥的工作生活环境，降低城市人力资本吸引力。但合肥也凭借自身的相对优势，迅速提高自身的人力资本吸引力，其人力资本吸引力上升速度是最快的，这主要得益于其迅猛的经济发展势头，虽然在体量上远不如另外两座万亿 GDP 城市，但合肥在 GDP 增长速度方面总体高于杭州、南京，这也带来了合肥在基础设施、医疗卫生服务等方面的更大投入；同时合肥在房价水平上对人才更为友好。随着房价对人才的城市选择的影响越来越大，合肥低房价、低物价吸引力逐渐上升；而且同样的人才政策与补贴，在不同消费与物价水平的城市产生的效果是不同的，合肥很早便加入人才争夺战中，并且做到"给户口""给钱""给政策"，尤其是人才补贴绝对水平已经超过了南京。合肥的相对的低物价、低房价进一步放大了合肥一系列人才政策的实际效用价值。

第六节　结论与建议

一、研究结论

从进入知识经济时代,城市对技能型人力资本的需求不断扩大,人才争夺战在区域内愈演愈烈这一背景出发,系统地梳理了国内外对技能型人力资本、人才吸引、人力资本流动的概念界定,总结了关于城市人力资本吸引力、舒适性理论、VIKOR方法的研究成果,发现针对技能型人才城市吸引力的研究比较缺乏,并且在过往的城市人力资本吸引力研究中,往往将城市人力资本吸引力与人才政策吸引力割裂开来,同时许多指数在构建指标体系时缺乏理论支撑,指标体系中未有关于城市融入成本的指标;舒适性理论作为城市人才领域的新理论,在国内的研究存在生搬硬套的问题,未与中国国情进行紧密的联系;VIKOR作为一种出色的多准则决策方法,广泛应用于各领域的方案评价中,可以成为城市人力资本吸引力的新评价方法。在此基础上,本研究以舒适性理论为基础,以推拉理论为补充依据,并结合中国国情构建了包含经济环境舒适性、生活卫生环境舒适性、科研文化环境舒适性、政策舒适性、城市融入成本5个一级指标,37个二级指标的城市人力资本吸引力评价指标体系,并运用熵值法确定各指标权重,之后运用VIKOR方法对南京、杭州、合肥三市2015—2019年的技能型人力资本吸引力进行综合评价,并且得出以下结论:

首先,以舒适性理论为主要理论基础,以推拉理论为辅,并充分考虑中国现实国情,构建了以经济环境舒适性、生活卫生环境舒适性、科研文化环境舒适性、政策舒适性、城市融入成本为一级指标的城市人力资本吸引力评价指标体系,并通过熵值法进行权重计算,发现2015—2019年,各指标所占权重处在不停的变化中,但经济环境舒适性始终占据着最高的权重,并与生活卫生环境舒适性、科研文化环境舒适性有着紧密的联系,经济环境舒适性在技能型人力资本城市吸引力中发挥着基础性的作用。而人才政策吸引力所占比重自2017年达到最高值后逐渐下降,与经济环境舒适性则呈现相反状态,这反映出人才政策趋同化后,其发挥的效用逐渐降低,人才的流动受人才政策的影响逐渐变小,城市间的人才竞争逐渐回归至城市综合实力的竞争。

其次,根据已建立的指标体系与确定的权重,通过VIKOR法对三市的人力资本吸引力进行测算与对比分析,发现三市的人力资本吸引力总体呈现上升趋势,其中南京一直处于高位上升的状态,杭州的人力资本吸引力水平呈现波动上行的态势,而合肥虽然一直与宁、杭两市存在较大差距,但其人力资本吸引力的上升速度是三市中最快的,且有加速趋势。

最后,就当下对技能型人力资本的吸引力情况而言,长三角三座副中心城市的人力资本吸引力排名为:南京第一、杭州第二、合肥第三。南京成功赶超杭州,成为三市中人力资本吸引力最高的城市,这归功于其经济、政治、文化实力雄厚,且出台一系列人才政策弥补了之前政策舒适性低的短板,但南京仍存在人才政策吸引力不及合肥与杭州、房价偏高等问题;杭州在人力资本吸引力方面相对南京的主要优势来源于其优异的政策舒适性,随着各地人才政策的发布,政策手段趋同化,杭州的政策优势逐渐降低,而与此同时其在生活环境舒适性、科研文化舒适性方面的关键指标与南京的差距在短期内无法弥补,杭州高昂的房价以及与房价不成正比的工资水平使人才需要付出高昂的成本才可融入杭州这座城市。杭州在人力资本吸引力方面存在的短板在日渐激烈的人才竞争中被放大,也导致了杭州在人力资本吸引力方面被南京赶超,位于第二位;合肥在三座城市的人力资本吸引力比较中排名垫底,主要是由于其在经济环境舒适性方面远落后于杭州、南京,经济环境舒适性是生活卫生环境舒适性、科研文化环境舒适性的重要物质保障,其在经济方面的相对落后也在一定程度上影响了其在生活卫生环境舒适性、科研文化环境舒适性方面的吸引力,虽然其在政策舒适性以及城市融入成本方面都有着不错的表现,但随着城市间的人才竞争逐渐回归至城市综合实力的竞争,人才进行城市选择时更趋于理性化,更关注长远的发展而非短期内的政策红利,合肥还需将经济发展放在首位,提高城市综合实力。

二、政策建议

综合长三角三大副中心城市人力资本吸引力评价结果可以看出,长三角三大副中心城市中的南京与杭州在总体人力资本吸引力水平上要高出合肥不少,而南京凭借均衡的城市综合实力和一系列人才政策的发布,在2019年反超杭州,成为人力资本吸引力水平最高的城市。三座城市的发展情况有相似之处,也都有自己的特点,针对三市的实际情况以及在人力资本吸引力评价中各项指标的得分情况,对提高三市的人力资本吸引力分别提出以下建议:

1. 杭州技能型人力资本吸引力提高建议

杭州在2015—2018年一直是三座城市中技能型人力资本吸引力最高的城市,但依据杭州在城市吸引力各项指标下的得分和现实发展情况,杭州要继续吸引各类技能型人力资本不断流入,仍需在各方面提升自己的吸引力。首先在经济方面,近年来杭州电子商务以及信息产业快速发展,带动第三产业的比重不断提高以及制造业的转型升级,培育了阿里巴巴、网易、大华、中肽生化等一大批在人工智能、生命科学等新兴行业具有高知名度的企业,这都促进了杭州经济实力的不断增强和可持续发展。经济实力和产业结构是杭州能够吸引人才的重要原因,杭州在经济发展水平的大部分指标中得分较高,但GDP增长率这一项排在三座城市的最后一位,杭州要寻找新的经济增长点以保持经济实力上的优势。这要求杭州营造良好的营商环境,继续促进民营经济快速发展,依托良好的区位优势和产业基础,积极帮助新兴产业发展壮大,使其成长为杭州经济发展的新动能。

杭州完善的人才政策体系使其在政策环境舒适性方面得分最高,但杭州在落户要求上仍是三市中最严格的,杭州对落户仍然有缴纳社保期限的限制,相比于南京与合肥允许先落户后工作的政策,杭州在人才政策方面仍需继续放宽落户要求,为人才提供更大的便利。杭州作为全国文明城市、著名的历史文化名城,根据人力资本吸引力评价结果,其在生活卫生环境、科教文化环境指标上的得分较高,但在城市公共交通方面杭州的得分比较低,杭州一直是我国拥堵指数较高的城市,城市拥堵给杭州市民带来了巨大的困扰,这也反映了随着外来人口的不断涌入,杭州在城市交通建设上存在一定的滞后,对此杭州需重视基础支撑,加快城市重大交通设施建设,尤其要加大对轨道交通的投入力度,继续坚持限行政策,突出公共交通优先发展的导向,同时发挥城市互联网以及人工智能技术的优势,利用城市数据大脑,实现智慧交通;杭州作为浙江省的科技文化中心,却只拥有浙江大学和中国美术学院这两所双一流建设高校,与南京、合肥有着较大差距。为了弥补优质高等教育资源不足这一短板,杭州一方面要大力支持本地高等教育发展,另一方面也要积极引进"名校名院名所",以西湖大学的成立为契机,探索新型研究型大学的建设模式,力争将杭州建成下一个全国教育高地。

杭州高房价和物价使得技能型人力资本在市民化过程中需要付出高昂的城市融入成本,尤其是高昂的房价"逼"走了许多渴望在城市扎根的年轻人才,根据技能型人力资本城市吸引力评价结果,杭州在城市融入成本指标下的得分也是最低的,这应该成为杭州提高自身人力资本吸引力的主要入手点,杭州高的城市融入成本实质上反映了高房价与相对低收入之间的矛盾,所以,考虑到房价短时间不会出现大幅下跌的情况,杭州一方面要建立良好的收入分配机制,提高技能型人力资本薪资水平,其次要确保"五险一金"全覆盖,督促企业按时足额缴纳"五险一金",还应该灵活调整五险一金比例,可以根据人才实际需求增加住房公积金所占比重,加大监管力度,强化制约措施;同时杭州要以实现人才在杭州安居乐业为目标,加大人才住房建设力度和完善保障性住房供给体系,探索实行人才住房先租后买、以租抵购制度,依托产业园区、产业平台建设,实行园区自持并统一分配人才租赁住房制度,同时建立人才住房封闭流转机制,通过产权设置等方式确保人才住房不进入房地产流通领域。

2. 南京技能型人力资本吸引力提高建议

南京在技能型人力资本城市吸引力评价中最终赶超杭州,位于长三角三座副中心城市的第一位。在此之前,南京在技能型人力资本吸引力方面一直被杭州压制,这个成绩对南京而言是并不理想的,南京的科教资源高居全国第三位,有着54所普通高校,其中"双一流"建设高校12所,高校在校本科生与研究生数量近百万人,南京有着吸引人才、留住人才的天然优势,但南京高校培养的技能型人力资本大多数离开了南京,其中很多人流向了杭州与合肥,南京要吸引更多的人才扎根南京需要在保持自身人才吸引优势的情况下努力弥补短板,以提高人力资本吸引力。

南京在生活卫生环境舒适性、科研文化环境舒适性两项一级指标下都是长期位居第一,主要得益于南京发达的交通网络以及城市建设规划的科学性与前瞻性,将高度发达的交通城建与园林绿化相融合,同时南京作为元朝古都和国内的教育高地,厚重的文化底蕴和人文气息使得这座古都独具魅力。南京要继续重视生态环境保护、加强生态文明建设,发挥交通枢纽作用,推动对外交通与市内公共交通协同发展,加强对传统文化资源的保护,继续推动教育文化事业发展,建设具有国际影响力的历史文化名城,以良好的生活、工作环境以及特有的历史人文气息吸引人才来到南京、留在南京。

经济发展的相对滞后是南京吸引人才的一项短板,在江苏省省内,南京的经济总量一直低于苏州,在长三角范围内,风头也是被"数字经济之都"杭州所掩盖,合肥近年来也是迅猛发展,经济竞争形势逼人,南京必须加快转变经济发展方式的步伐,促进经济健康可持续发展。作为我国重要制造业基地的南京首先要淘汰落后产能,依托自己雄厚的工业基础,不断推进制造业升级,同时将自身人才与科教优势转化为创新优势、发展优势,坚持贯彻创新驱动发展战略,促进高校、科研院所、企业等创新资源有效整合,开展产学研协同创新,推动技术创新成果产业化,构建先进制造业、现代服务业、未来产业为主的"4+4+1"主导产业体系,通过扶优扶强培育南京自己的高新技术企业、瞪羚企业以及独角兽企业,同时要落实相关产业政策,加大财政税收支持力度,为南京经济高质量、高水平发展提供支持。

南京近年来飞涨的房价导致技能型人力资本的城市融入成本不断增加,尤其是对很多年轻人来说,他们想留在南京,但留不起,南京要严格落实"稳地价、稳房价、稳预期"的调控措施,继续完善人才安居政策,防止高房价削弱南京的人力资本吸引力。南京的人才政策吸引力是南京城市人力资本吸引力的最大短板,南京在这一指标下的表现远远低于杭州与合肥,直接拉低了南京的综合吸引力,因此这也是南京提高技能型人力资本吸引力的主要着力点,南京在人才政策方面存在人才引进标准不完善、政策力度小、资金投入不足、政策宣传不到位、缺乏人才后续培养配套措施等问题。针对这些问题,南京首先要完善人才引进标准,根据实际的人才需求对不同类型人才设置不同的优惠方案,实现对不同人才的合理政策倾斜,其次要加大财政投入力度和完善薪酬福利激励制度,强化组织服务保障,解决生活安居障碍,同时加大政策的宣传力度,提高政策的知晓度,配套完善相关制度,为人才提供良好的发展环境,还需加强政府各部门之间的协同合作,确保政策的衔接与执行的顺畅,发挥政策的整体最优效果。

3. 合肥技能型人力资本吸引力提高建议

合肥在长三角三大副中心城市中对技能型人力资本的吸引力最低,这主要是因为与南京、杭州两个传统副中心相比,合肥地处中部地区,城市基础较差、经济改革起步晚、工业基础薄弱、资金与政策资源也相对缺乏,因此合肥在总体经济发展水平上与南京、杭州还有较大差距。强大的经济实力是生活卫生环境与科研文化环境不断改善的物质基础,三者之间具有一定的相关性,根据城市人力资本吸引力的比较分析,合肥在生活卫生环境和科教文化环境下的得分也落后于南京与杭州,在这三项指标下的较差表现也是合肥人力资本吸引力排名最后的原因。因此大力发展经济,改善城市生活与工作环境是合肥提高技能型人力资本吸引力的重中之重,合肥目前处于工业化的后期阶段,第三产业比重只有60.6%,与南京、杭州仍有较大差距,对此合肥首先要顺应产业发展新趋势,培育电子商务、互联网金融、大数据等信息产业,在促进产业结构不断优化升级的同时推进一、二、三产业融合发展,全力打造具有国际竞争力的现代产业发展新体系。

合肥是综合性国家科学中心,拥有科研院所数近百所,在合肥工作的两院院士百余人,合肥要充分发挥这一科技创新优势,构建覆盖高校、院所、企业的创新资源交流平台和政策支持体系,理清以市场为主体的科技创新成果交易转化路径,加快创新成果向现实生产力的转化。合肥作为长江经济带和"一带一路"双节点城市,有充分独特的区位优势,发展外向型经济,依托跨境电子商务综合试验区和"一带一路"建设,优化国际营商环境,支持汽车、家用电器、信息技术等优势企业"走出去",打造"互联网+跨境贸易+中国制造"模式,不断提高自身的经济国际化水平,同时作为长三角的"后来者"以及新的副中心城市,合肥是长三角向中部地区辐射的重要门户,合肥要发挥自己的门户作用和副中心城市的辐射作用,积极参与长三角的分工与协作,推动长三角对内地的产业转移并努力带动周边城市的发展,发挥自身的集聚效应和辐射能力,努力构建合肥都市圈,正在快速发展的合肥在不断完善城市基础设施建设的同时也要狠抓环境治理,加大对民生和教育文化事业的投入力度,改善城市工作、生活环境,巩固全国文明城市建设成果,一个经济有活力、生活方便、环境宜居的合肥才能发挥对人才的最大吸引力。

城市融入成本和政策环境舒适性是合肥的优势所在,根据技能型人力资本城市吸引力评价结果,合肥在这两项指标下的表现超过了杭州与南京,在城市融入成本方面,随着合肥的发展,房价与物价一定会随着上涨,合肥要继续保持在这方面的优势,就要保证城市员工薪资水平的增长与房价、物价的增长保持在合理的水平。这需要政府一方面要发挥市场调节者的作用,稳定房价与物价,防止炒房者哄抬房价,另一方面要建立既体现出效率又促进公平的收入分配体系,保障人民收入合理增长。在人才政策方面,合肥要继续努力提高人才政策吸引力,首先要注重政策的连续性和前沿性,要根据合肥市发展的需要和人才的现实需求,不断调整人才政策内容以及出台新政策,其次合肥要增加实际操作性政策发文,如具体的实施细则、实施方案等,为人才政策的真正落地提供指导,最后,合肥还要加大政策支持力度,经济社会发展水平在短时间内难以改变,但人才政策灵活性高,短时间内更易有显著变化,对人才具有很大的吸引力,所以合肥要继续完善人才政策体系,为人才落户合肥提供更大程度的方便。

4. 一体化建议

从技能型人力资本城市吸引力指标权重的变化趋势可以看出,城市间人才竞争的重中之重仍是城市的经济发展水平,城市的经济实力是其提升各方面实力的物质基础与保障,城市的经济环境舒适性在对技能型人力资本的吸引方面起到基础性作用,但经济环境舒适性不同于政策环境舒适性,无法通过发布政策便能在短期内得到明显提高,经济实力的增长需要找准方向、脚踏实地,慢慢地进行经济优势的积累。因此,各市仍要将经济发展作为第一要务,找准城市定位、发挥比较优势,加快经济发展方式转变的步伐,提高自身综合经济实力,进而加大对构建良好的城市生活卫生环境、科研文化环境的投入力度,带动城市综合人力资本吸引力的提高。

通过对长三角三大副中心城市技能型人力资本吸引力的评价与比较研究,发现三市在发展上有一定共性,但是三座城市在产业结构、社会发展程度以及人才需求等方面都存在明显的差异性,而这并未在三市的人才政策中反映出来,南京、杭州、合肥在人才政策方面存在很大程度上的同质化现象,并没有根据城市定位、产业发展而制定专门的人才政策,同时作为长三角的三座副中心城市,在人才引进中存在过度竞争、无序竞争的现象。这不利于城市自身与长三角城市群的可持续发展,如今长三角区域一体化发展已经上升为国家战略,三市要努力推动长三角一体化建设,提高长三角地区对国内、国际人才的整体吸引力,以长三角人才一体化发展城市联盟成立为契机,重点推进长三角人才一体化建设,搭建人才交流互动平台,建立统一的人才市场,完善区域人力资源协调发展机制,促进人才在长三角合理、自由流动,在长三角一体化框架下,三市要根据自身区位特点以及产业发展优势,明确城市定位以及在长三角范围内的产业链、创新链、价值链上的分工,与其他城市相互学习、取长补短、相互合作、合理竞争,制定合理的、符合自身需求的经济社会发展战略与人才政策,积极提高自身对技能型人力资本的吸引力,保证人才引得来、用得上、留得住。

三、研究不足与展望

本研究按照科学的研究方法范式进行,以改进后的城市舒适性理论为主要的理论基础,运用熵值法与 VIKOR 法构建了技能型人力资本城市吸引力评价模型,并以长三角副中心城市为例进行实证研究,得出了一些有用的结论,具有一定的创新性与价值,但仍不免存在一些不足。首先,在设计城市人力资本吸引力评价指标体系时主要是依据城市舒适性理论以及前人的研究成果,在赋予指标权重的方法上选择了客观赋值的熵值法,而技能型人力资本进行城市选择时会受到诸多主观因素的影响,这在研究中未得到充分考虑,就可能导致无法全面地反映技能型人力资本城市吸引力的全貌;其次,选择长三角三座副中心城市作为本书的研究对象,虽然具有较强的针对性,但也可能对其他城市适用性不强,这仍需后续的研究与探讨。

第九章 劳动力技能结构变化:来自贸易格局变化的影响

第一节 引 言

随着全球经济一体化的不断深入,国际贸易成为联系全球范围内各个经济体的主要方式之一,也成为影响各国进行劳动力结构调整的重要因素(Goldberg,Pavcnik,2007)。在当前生产全球化和经济全球化高速发展的大背景下,各国的贸易模式相应地发生了根本性的变化,对我国来说,如何在这一复杂背景下有效获得持续性的比较优势,实现贸易大国向贸易强国的顺利转变,贸易和劳动力结构双向优化升级成为关键问题。全球化生产为主导的国际贸易形式颠覆了传统贸易模式对一国劳动力结构的影响,而我国劳动力在技能结构上的不足也成为制约我国经济和贸易发展的重要因素,在当前贸易和劳动力结构均亟待优化升级的双重压力下,对我国的贸易格局与劳动力技能结构的关系进行深入探讨,辨析两者间存在的困境,具有十分重要的现实意义。

在贸易对一国劳动力技能结构影响的研究上,Bloom 和 Draca(2016)认为参与全球化贸易能够提高高技能劳动力的就业比重,特别是随着全球化生产的日益深化,随之而来的贸易能够增加所有国家对高技能劳动力的需求。然而,从贸易利得角度看,贸易的高速发展的确十分有利于发达国家高技能劳动力结构的优化,但对发展中国家而言,Burstein 和 Vogel(2010)认为这一作用并不尽如人意。对我国的相关研究则多从贸易总量视角进行考察,其中就进口贸易对我国高技能劳动力是否存在显著促进作用的研究,结论并不统一(黄乾,2012)。同时,对出口贸易而言,李萍认为加工贸易的占比较高,这一贸易形式对高技能型劳动力是否存在优化作用一直存在质疑(李萍,2014)。从细分贸易角度进行的研究大多涉及某一类细分类别的贸易,如郝楠和江永红(2017)认为中间品类的进口贸易虽增加了对高技能劳动力的相对需求,但离岸外包类贸易增加了对低技能劳动力的相对需求,使得中间品类的细分进口贸易未能起到对国内就业结构的优化作用。此外,对加工类出口贸易而言,汪建新(2013)认为我国出口贸易中的商品虽有向高增加值链条攀升的趋势,但事实上仍是以低技能劳动力组装为主,因此此类出口贸易对我国技能劳动力结构是否有优化作用尚存质疑。再者,从贸易伙伴国视角的相关研究中,Brambilla 和 Lederman(2012)认为与发达贸易伙伴国之间进行的出口贸易能提升国内的劳动力技能结构,Bernard 和 Jensen(2002)认为与发展中的贸易伙伴国之间进行的贸易也能起到影响劳动力技能结构的作用,而与发展程度不高的贸易伙伴国之间进行的进口贸易则会降低国内的就业水平。然而,基于这一视角对我国的研究尚不多见,且学者认为与不同国家之间进行的贸易对我国劳动力影响存在差异(周申,杨传伟,2006;罗军,陈建国,2014;薛同锐,周申,2017)。

综上所述,一国对外贸易在一定程度上能够影响其劳动力结构的调整,若仅从贸易和劳动力的总量视角或某一类别的视角研究两者间的关系,所得结论是不全面的。目前国内学者的研究集中在贸易对劳动力市场总量产生的影响上,而对劳动力市场结构,特别是劳动力技能结构的研究较少,同时从贸易细分角度对这一问题进行研究的文献也较为鲜见。因此,在全球化生产对我国贸易格局的影响愈来愈深的大背景下,鉴于我国经济发展的现实性和特殊性,以及由于与不同贸易伙伴国之间进行的贸易对我国劳动力的影响并非完全一致,本章认为十分有必要从贸易伙伴国的视角对各类细分贸易与劳动力问题进行更为深入和系统的研究。

本章的创新之处在于:从与贸易伙伴国之间进行的各类贸易作为切入视角,剖析不同贸易对我国劳动力技能结构的影响,并对各贸易间存在的差异进行深入探讨。本章余下部分安排如下:第二节引入我国与不同贸易伙伴国之间进行的贸易的细分方式,并对其特征事实进行分析;第三节为实证模型的构建和数据说明;第四节报告和分析相关的计量结果;最后,对全章观点进行总结,并提出政策建议。

第二节 中国国际贸易格局的特征分析

本书结合 Baldwin 和 Lopez(2014)、林季红和杨俊玲(2015)的研究,将我国对外贸易分为与不同贸易伙伴国之间进行的各类贸易,具体划分为:与伙伴国之间进行的最终品类的进口贸易 I2C_DEV 和 I2C_NDEV;与伙伴国之间进行、且仅用于出口所需的中间品类的进口贸易 NI2P_DEV 和 NI2P_NDEV;与伙伴国之间进行、且仅用于国内生产所需的中间品类的进口贸易 NI2E_DEV 和 NI2E_NDEV;与伙伴国之间进行的最终品类的出口贸易 E2C_DEV 和 E2C_NDEV;与伙伴国之间进行的中间品类的出口贸易 E2P_DEV 和 E2P_NDEV,其中,DEV 代表发达伙伴国,NDEV 代表不发达伙伴国。

依上述划分方式,本节对各类贸易数据进行了核算和分析(图 9.1):虽然此期间我国与不发达的贸易伙伴国之间进行的各类贸易均处于不断攀升的趋势,但主要仍以与发达的贸易伙伴国进行的贸易为主导。其中,就最终品类的进口贸易而言,虽然与不发达的贸易伙伴国之间进行的贸易增长速度高于与发达的贸易伙伴国之间进行的贸易,但这一细分贸易形式主要仍以与发达的贸易伙伴国进行的贸易为主;就我国中间品类的进口贸易而言,随着与不发达贸易伙伴国之间进行的贸易规模的不断扩大,我国与两类不同经济发展程度的贸易伙伴国之间进行的仅用于国内生产使用的中间品类的进口贸易规模在差距上呈逐年减小之势,而2004年后与不发达的贸易伙伴国进行的仅用于出口生产使用的中间品类的进口贸易规模有赶超与发达的贸易伙伴国进行的同类贸易的趋势;同时,对于出口贸易来说,伴随与不发达的贸易伙伴国进行的贸易所占比重的快速攀升,最终品类和中间品类的出口贸易在发达的贸易伙伴国和不发达的贸易伙伴国所占比重差距逐年缩小,其中,最终品类出口贸易的变化较大,但这两类细分贸易形式仍以与发达伙伴国为主。由此可见,从国别视角分析我国贸易结构的变化后可知:这一期间我国与不同经济发展程度的贸易伙伴国之间进行的各类贸易在水平与变化趋势方面均存在较大差异。

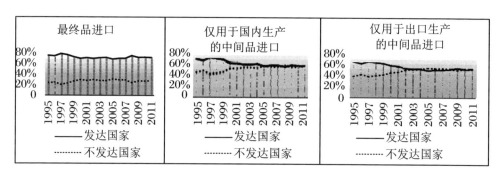

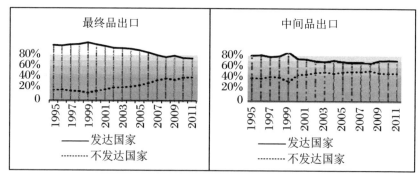

图9.1 我国与不同贸易伙伴国各类贸易的比重

同时,通过对世界投入产出数据库的社会经济账户中我国劳动力技能需求变化进行分析后发现,同期内我国对高技能劳动力的需求有比较明显的提高。相反,对中等技能劳动力的需求却有比较明显的下降趋势,特别是从 2001 年开始,这一趋势更加明显。从总体比重看,我国对技能型劳动力的需求主要仍以中等技能劳动力为主,且对其需求也远超对高技能劳动力的需求。

自 2001 年加入世界贸易组织以来,我国的对外贸易活力进一步增强,特别是随着全球化的深入,我国的贸易格局也进入了一个新局面。我国贸易的变化如何促使我国劳动力技能结构的变化呢?本书认为十分有必要从这一视角就各贸易类型对我国劳动力的影响差异进行深入分析。

第三节 模型设定和数据说明

本节主要是从国别视角考察各贸易类型对我国劳动力技能结构优化的影响,为此构建适宜的实证模型。

一、计量模型构建

本节以 Greenaway 和 Hine(1999)等关于贸易影响就业的理论模型为基础,首先,假设行业 i 在 t 期的生产函数为 C-D 生产形式,即 $Y_{it} = A_{it}^{\delta} K_{it}^{\alpha} L_{it}^{\beta}$,其中,$Y$、$A$、$L$、$K$ 分别表示产出、技术水平、劳动力投入和资本投入,δ、α 和 β 分别表示技术、资本、劳动的产出弹性。同时,假设劳动力和资本投入价格分别为 PL 和 PK,且均为外生变量,因而可构建成本函数 $C(L,K) = L \cdot P_L + K \cdot P_K$,那么,在一定的产出水平下,由成本最小化条件下可推导出最优的投入需求。构建函数 $F(\lambda, x) = P_x + \lambda(Y_0 - f(x))$,则投入水平变量的一阶条件应满足三个条件,即 $F_\lambda = Y_0 - Y_{it} = 0, F_L = P_L - \lambda \frac{\partial Y_{it}}{\partial L} = 0, F_K = P_K - \lambda \frac{\partial Y_{it}}{\partial K} = 0$。那么,在最优投入组合点 x^*,须满足 $P = \lambda Df(x^*)$,其中,$Df(x^*)$ 为梯度向量,且对所有 h 满足 $Ph = 0$ 时,存在 $h'^{D^2} f(x^*) h \leqslant 0$。因而,投入价格与边际产出比率存在:$\frac{P_L}{P_L} = \frac{P_K}{P_K} = \lambda$,其中,$Y_L = \frac{\partial f}{\partial L}, Y_k = \frac{\partial f}{\partial K}$,$\lambda$ 为最优状态下的产品边际成本。由此,上述生产函数存在

$$Y_{it} = A_{it}^{\delta} \left(\frac{\alpha}{\beta}\right)^{\alpha} \cdot \left(\frac{P_L}{P_K}\right)^{\alpha} \cdot L_{it}^{\alpha+\beta}$$

同时,有学者认为国际贸易流量的变动会在一定程度上影响国内行业的技术水平,且前者对后者的影响存在一定程度上的滞后效应(唐志,2007),因而,这里结合 Bournaki(2009)设定技术参数与贸易之间存在函数关系,即

$$A_{it} = \eta(\text{TR\_DEV}_{i,t-1}^{\xi} + \text{TR\_NDEV}_{i,t-1}^{\xi}) \quad (\eta > 0, \xi > 0)$$

其中,TR_DEV 和 TR_NDEV 分别代表与发达、不发达贸易伙伴国之间进行的贸易,将其代入上式,且对两边取对数后,可得行业的劳动力投入条件为

$$\ln L_{it} = \gamma_0 + \gamma_1 \ln \text{TR\_DEV}_{i,t-1} + \ln \text{TR\_NDEV}_{i,t-1} + \gamma_3 \ln P_L + \gamma_4 \ln P_K + \gamma_5 \ln Y_{it} + \varepsilon_{it}$$

由此式可知,与不同贸易伙伴国之间进行的贸易对行业的劳动力调整存在一定程度上的影响,且存在一定程度上的滞后效应。另外,微观企业在对劳动力结构的调整上,在一个时期内只可能向理想状态进行趋近性的部分调整,即存在 $L_{it}/L_{i,t-1} = \psi(L_{it}^*/L_{i,t-1})$,这里 $0 \ll \psi \ll 1$,L_{it} 表示行业的当期劳动力状况,$L_{i,t-1}$ 表示行业的前期劳动力状况,L^* 行业当期的理想劳动力状况。对这一趋进过程两边取对数,并将其代入上述行业的劳动力投入条件后得出:

$$\ln L_{it} = \psi\gamma_0 + \psi\gamma_1 \ln \text{TR\_DEV}_{i,t-1} + \psi\gamma_2 \ln \text{TR\_NDEV}_{i,t-1} + (1-\psi)\ln L_{i,t-1} + \psi\gamma_3 \ln P_L + \psi\gamma_4 \ln P_K + \psi\gamma_5 \ln Y_{it} + \mu_{it}$$

此外,考虑宏观经济环境发生的重大变化(1997 年亚洲金融危机、2001 年加入世界贸易组织和 2008 年金融危机)和汇率变化也会在一定程度上影响国内需求的变化(何玉梅,孙艳青,2011),从而引致行业在劳动力结构上的调整,因此,考虑在模型中加入时间虚拟变量 υ_t 和汇率变量 e_t;再者,这里采用学者常用的做法,即采用工资水平 w_{it} 代表劳动力投入价格、固定资本存量 K_{it} 代表资本投入价格的方法,同时,考虑到固定资本存量和行业规模之间存在高相关,因而考虑引入资本深化指标(K_{it}/Y_{it}),并在下节引入行业规模替换以检验结果的稳健性。最终,本研究的计量模型为

$$\ln L_{it} = \beta_0 + \beta_1 L_{i,t-1} + \beta_2 \ln \text{TR\_DEV}_{i,t-1} + \beta_3 \ln \text{TR\_NDEV}_{i,t-1} + \beta_4 \ln(K_{it}/Y_{it}) + \beta_5 \ln w_{it} + \beta_6 \ln e_t + \upsilon_t + \mu_{it}$$

二、数据选择与处理

本节所需的数据均来自 Wlod 数据库,为保证数据的可得性,事先剔除数据缺失严重的两个行业(C_{19} 和 C_{35})。具体来说,涉及变量的数据选择和处理方法如下:

被解释变量(劳动力技能结构 L_{it}),由于本节主要关注贸易对劳动力技能结构的影响,且由于各行业劳动力工时能够更为准确地反映各行业劳动力的就业情况,学者也常以劳动力工时代替劳动力就业情况进行研究(张志明,代鹏,崔日明,2016),这里也采取这一做法,即选取高技能劳动力与中等技术劳动力的工时比重作为劳动力技能结构的主要考察变量,这里的中、高技能劳动力的划分方式均参照 Wlod 数据库中社会经济账户里的划分方式。

解释变量中,与不同贸易伙伴国之间进行的贸易变量(TR_DEV_{it} 和 TR_NDEV_{it})依前文的划分方式,且为保证可比性,在实证过程中均采用各类贸易额与

行业总产值的比重来表示;行业的资本深化水平(K_{it}/Y_{it}),采用各行业在同一时期的固定资本存量与总产值的比值表示,且固定资本均采用永续盘存法估算的固定资本形成总额,并以1995年为基期的固定资产平减指数进行平减后所得,行业总产值也以1995年为基期的行业总产出平减指数进行平减后所得;行业的工资水平w_{it},则采用Wlod数据库中社会经济账户里各行业的工资总额表示,且为保证数据间的可比性,依1995年为基期的消费者物价指数进行处理后所得;汇率(et)的数据则来源于世界银行网站,且这里采用直接汇率表达,即100美元可兑换的人民币来表示;最后,时间控制变量vt用以控制1997年、2001年和2008年的年度大事件对行业就业造成的影响,且采用虚拟变量的形式表示。

第四节 实 证 分 析

在估计方法的选取上,由于被解释变量(劳动力技能结构)的滞后项作为解释变量出现在模型的右边,显然这需要选择适宜的估计方法来克服动态面板模型中解释变量与随机扰动项相关问题的出现。因而,本节选取广义矩估计方法作为本部分模型的估计方法。

一、实证分析

由表9.1中第一行结果可知:劳动力技能结构的滞后变量的估计系数值均为正,且均通过了1%显著性水平检验,这说明:行业劳动力需求调整的确存在一定程度上的惯性。再结合第二行和第三行的结果可知:贸易的滞后变量的显著性基本通过显著性水平检验,这说明模型构建时选取贸易滞后期是适宜的,同时,这也表明贸易规模的变化对我国劳动力结构的影响也的确存在一定程度上的滞后效应,当贸易增长保持较好势头时,厂商通常会对未来持有乐观的预期,从而会扩大生产规模,进而调整其劳动力结构。反之,悲观的预期也会使得其在对劳动力的调整上存在相应的滞后效应;从这一变量估计结果的正负来看,我国与发达贸易伙伴之间进行的中间品类出口贸易(E2P_DEV)和最终品类进口贸易(I2C_DEV)的估计系数均为正,与之进行的最终品类出口贸易(E2C_DEV)、仅用于国内生产的中间品类进口贸易(NI2P_DEV)和仅用于出口生产的中间品类进口贸易(NI2E_DEV)的估计系数均为负,且基本上通过显著性水平的检验;同时,我国与不发达贸易伙伴之间进行的仅用于出口生产的中间品类进口贸易(NI2E_NDEV)估计系数为正,与之进行的最终品类出口贸易(E2C_NDEV)的估计系数为负,且完全一致地通过显著性检验,而与之进行的中间品类出口贸易(E2P_NDEV)、最终品类进口贸易(I2C_NDEV)、仅用于国内生产的中间品类进口贸易(NI2P_NDEV)估计系数均为正,但并未完全一致地通过显著性检验。此外,从影响程度上看,就中间品类出口贸易和最终品类进口贸易而言,发达贸易伙伴国所起的带动作用要明显高于不发达贸易伙伴国的带动作用。结果表明:在对我国劳动力技能结构的影响上,与发展程度不同的贸易伙伴国之间进行的贸易所带来的影响的确存在一定程度上的差异,且并非仅发达的贸易伙伴国存在带动作用,不发达贸易伙伴国的作用同样不容忽视。

表9.1 与不同贸易伙伴国的各类贸易对我国劳动力技能结构影响的回归结果

	最终品出口贸易	中间品出口贸易	最终品进口贸易	仅用于国内生产的中间品进口贸易	仅用于出口生产的中间品进口贸易
$L \cdot \ln L$	0.854***	0.863***	0.910***	0.852***	0.880***
发达伙伴国	−0.055***	0.006***	0.007**	−0.093***	−0.013**
不发达伙伴国	−0.013*	0.003**	0.004	0.044	0.023**
$\ln k/y$	0.295***	0.271**	0.274**	0.215	0.227*
$\ln w$	0.179***	0.213***	0.211***	0.187***	0.236***
$\ln e$	0.181***	0.181***	0.162***	0.167***	0.184***
1997	−0.005**	−0.009***	−0.005**	−0.005	−0.010***
2001	−0.042***	−0.041***	−0.037***	−0.038***	−0.042***
2008	0.063***	0.065***	0.067***	0.067***	0.078***
_cons	−1.622***	−1.674***	−1.455***	−0.336***	−0.500***
N	374	376	396	396	386
AR(1)	0.017	0.021	0.018	0.018	0.021
AR(2)	0.535	0.647	0.597	0.474	0.527
Sargan 检验	0.250	0.260	0.274	0.284	0.300
Wald 检验	0.000	0.000	0.000	0.000	0.000

注:"*""**""***"分别表示在10%、5%和1%的显著性水平下显著;AR(1)、AR(2)、Sargan 检验和 Wald 检验给出的均是相应统计量对应的 p 值。

此外,从估计结果来看,各控制变量的估计系数也均通过了显著性水平检验,这不仅说明计量模型的构建具有一定的合理性,同时,也说明行业的资本深化程度有助于提高行业高技能劳动力的相对需求(程盈莹,赵素萍,2016),而工资水平的提高也能够起到有效吸引高技能劳动力流入的作用,汇率则能通过影响国内的总产出和总需求的变化,从而影响国内劳动力的技能结构水平。再者,从亚洲金融危机和美国次贷危机的影响差异来看,前者由于东南亚国家货币大幅度贬值,降低了我国出口商品的国际竞争力,从而会对我国劳动力结构优化产生一定程度的负面影响,同时,这一时期我国贸易主要取决于外商直接投资,而欧盟及北美地区对我国投资的增加弥补了亚洲国家对我国投资的减少,这使得我国实际利用外资的变动并不大。而后者中我国的贸易主要取决于贸易伙伴国和成本,且相对于前者的影响来看,此次影响程度会更高,且对我国中低等技能劳动力相对需求的影响也会更显著。而2001年加入世界贸易组织后,虽然从量上增加了我国的对外贸易,但事实上由于我国的比较优势集中在劳动密集型产业,因而,其对我国高技能劳动力的带动作用非常有限。

为检验上述结果是否具有稳健性和有效性,这里采用替换估计方法(系统GMM)、替换控制变量(选取行业的发展规模替换原有的行业资本深化水平)、AR(1)检验、AR(2)检验、Sargan检验和Wald检验,且各结果也基本理想。此外,还采取逐步引入解释变量的方式,对模型的各估计结果进行对比,且发现上述结论仍能保持较好的一致性。

二、实证结果分析

我们对上述实证结果进行更进一步的分析,结果如下:

第一,我国与发达的贸易伙伴国之间进行的贸易并未完全能够起到优化我国高技能劳动力的作用。究其原因,本书认为:与发达贸易伙伴国之间进行的仅用于国内生产使得中间品进口贸易会带来对国内同类中间品市场空间的挤压,进而会从数量和质量上对国内劳动力市场造成不良影响;同时,因关键技术过分依赖发达国家,这使得国内企业的创新热情不高,不利于其高技能劳动力的提升;另外,我国在核心零部件技术上高度依赖进口这一局面导致我国被长期锁定在全球生产网络的低端加工组装环节,这一格局不利于高技能劳动力水平的提升;再者,处于被动满足来自全球生产链不断升级需求的状态会进一步加深我国低端"自我锁定"的窘境。这也不利于我国高技能劳动力水平的提高。

此外,消费者对最终品异质性上的无限追求加剧了国际市场异质性最终品的垄断程度,从而引致技术上的"马太效应",这会进一步从数量和质量上阻碍不具竞争优势国家的劳动力市场的发展。同时,最终消费品的广告策略会产生供需间"信息的不对称",由此催生"非理性"的购买行为,从而带给供给者"异质"性幻觉,进一步使其过度依赖营销手段,忽略技术上的改进和革新,从而对其高技能劳动力产生负向阻碍作用;此外,劳动密集型最终消费品的出口也难以对我国劳动力技能结构的优化起到显著的推动作用,而与发达贸易伙伴国之间进行的这一类贸易虽然属于知识和资本密集型行业,但实质上在我国多属于熟练劳动力的简单组装工作情况下,难以起到对国内高技能劳动力的带动作用。

第二,不能忽视不发达贸易伙伴国对我国劳动力技能结构存在的优化作用,虽然涉及的几类贸易并未完全一致地通过显著性检验,但仍可推断其对我国高技能劳动力不存在阻碍作用,甚至还有一定程度上的推动作用。究其原因,本书认为:随着全球化生产的不断深化和飞速发展,不发达国家越来越积极地参与到全球生产网络活动中,并在其中发挥着愈来愈重要的作用,而包括我国在内的不发达国家在参与全球生产活动中的角色也发生了转变,承接全球化生产的环节正逐步由劳动密集型向知识密集型转换。这使得我国与不发达贸易伙伴国之间开展的仅用于出口生产的中间品类进口贸易在一定程度上能够起到优化国内高技能劳动力的作用,且随着不发达国家在全球生产网络中地位的不断深化,由此所带来的这一外溢效应也会越来越明显,而这一结论在我国与不发达的贸易伙伴国之间进行的中间品类的出口贸易中也再次得到验证;其次,不发达贸易伙伴国在技术水平上的有限性使其对我国高技能劳动力的带动作用较为有限,如同其最终品类进口贸易和仅用于国内生产的中间品类进口贸易所呈现的结果那样,但随着不发达国家在技术含量较高的中间品供应链条上占据的席位越来越多,这一类型的贸易在一定程度上也能起到对我国劳动力技能结构优化的作用。

第三,依然需重视发达贸易伙伴国的带动作用,特别是中间品类出口贸易和最终品类进口贸易所起的带动作用。究其原因,中间品类出口贸易使得从事这一类出口贸易的企业能获得来自委托方对技术和管理经验上的指导和帮助,能起到提升相关劳动力知识存量和劳动技能的作用。同时,随着发达贸易伙伴国高水平多样化需求的变化,必然会倒逼上游供给企业通过提高劳动力技能结构,进而通过"关联效应"使整个行业的劳动力技能得以提升。一方面,来自国内外中间品承接市场的双重竞争压力,使得从事这一类贸易的国内企业积极提升自身的劳动力技能结构,力图在承接市场上取得竞争优势;另一方面,知识密集型最终消费品贸易形式的开展能够带来发达国家的竞争力量,从而倒逼国内同类企业积极优化劳动力技能结构,从而不断提升其核心竞争力,而来自发达贸易伙伴国的这一"倒逼"效应会高于不发达贸易伙伴国所带来的"倒逼"效应。

第五节 结论与建议

对外贸易在一定程度上能够影响一国劳动力结构的调整,而现存研究多集中在贸易总量对劳动力市场总量的影响上,忽略了不同贸易伙伴的影响差异,因而,本研究重点从贸易伙伴的视角分析不同类型贸易对我国劳动力技能结构的影响差异。通过研究发现:首先,与发达贸易伙伴国之间进行的贸易并未完全能够起到优化我国高技能劳动力的作用,其中与之进行的最终品类出口贸易、仅用于国内生产的中间品类进口贸易、仅用于出口生产的中间品类进口贸易未能起到积极的影响,甚至起到了一定程度上的阻碍效应;其次,不能忽视不发达贸易伙伴国对我国劳动力技能结构存在的优化作用,其中与之进行的仅用于出口生产的中间品类进口贸易起到了较为显著的促进作用,而与之进行的中间品类出口贸易、最终品类进口贸易和仅用于国内生产的中间品类进口贸易在对我国劳动力技能结构的优化上不存在阻碍作用,甚至存在一定程度上的推动作用;再者,需重视发达贸易伙伴国的带动作用,特别是其在中间品类出口贸易和最终品类进口贸易的显著带动作用。

劳动力技能结构上的不足是制约我国经济和贸易发展的重要因素,因而,本研究建议:一方面,需适度增加对技能型人才的投资,从而改善我国劳动力在技能结构上不足的现状;另一方面,建议对贸易伙伴国存在的作用给予一定的重视,通过优化贸易地理结构、充分利用不同贸易伙伴的潜在效应,有效实现贸易和劳动力结构的双向优化升级;最后,重视贸易对劳动力技能结构的影响机制,通过提升自身的比较优势,提升在全球贸易中的地位,从而有效带动国内劳动力技能结构的优化。

第十章 技能型人力资本积累、职业迁移与制造企业转型升级的系统动力学仿真分析

第一节 引 言

制造业转型升级的过程中,企业通过采用新工艺、新材料、新的生产方式和商业模式等,降低产品的生产成本、改进产品质量,缩短上市的周期。这不仅需要人在岗位中和在生产实践的过程中进行长时间的知识经验技能积累,还需要对知识经验技能进行改进提高,并且创造性地运用甚至创造出新的知识经验技能,在产品生产和知识经验技能创造过程中,企业需要人力资本深化也带来了人力资本的积累。现有研究和各国经济发展也表明制造业转型升级的关键是人力资本的积累。

技能型人力资本是制造企业人力资本类型结构配置的重要组成部分。工业4.0对劳动者素质提出了更高要求,但是过去数十年,人口红利是中国经济高速增长的重要推动力,对经济增长的贡献约为25%。长期以来加工贸易带来制造业"低端锁定",过度依赖劳动力低成本投入,内在忽视了劳动者技能培养与开发。随着出生率的降低,中国人口结构已发生根本变化。在"十三五"期间,"人口红利"对经济潜在增长率的贡献降低,而2020年之后,"人口红利"将逐步转变为"人口负债"。当前技能劳动者总量短缺,结构不合理,也成为制造业发展的瓶颈问题。

技能型人力资本积累是制造业转型升级的核心动力构成要件。技能型人力资本积累适应劳动分工、专业化趋势,具有溢出效应和局部均衡边际收益递增效应(邓强,2009),不仅可以促进制造业转型升级,还能解决收入分配等一系列相关问题,实现经济的长期增长。另外,人口流动、职业迁移也能带来人力资本积累,人力资本流动会提升区域人力资本存量、优化区域人力资本结构,并显著影响人口流入区域创新发展水平。

本章试图通过将技能型人力资本积累、职业迁移配置、企业创新能力与企业转型升级等概念纳入统一分析框架,根据技能型人力资本累积效应和职业迁移配置

效应,重点分析人力资本投入对创新动力以及企业绩效的影响。利用系统动力学的方法进行建模与仿真分析,以期为企业转型发展等提供一些建议。

第二节 文献综述与因果关系分析

一、文献综述

1. 技能型人力资本概念、形成途径与积累模式

① Schultz(1975)提出人力资本概念时并没有直接将人力资本分类,但区分了五类具有经济价值的人类能力,并以此作为划分人力资本层次的标准。Becker(1962)、Lucas(1990)、Johanes M. Pennings(1998)等也根据研究不同,划分成不同类型。国内学者李忠民(1999)在Schultz划分的基础上,区分了一般型、技能型、管理型和专家型4种不同类型的人力资本。李建民(1999)依据人力资本的形式差别,将人力资本分为教育资本、技术与知识资本、健康资本以及迁移与流动资本。此外,国内学者还区分同质性与异质性人力资本(丁栋虹,1993);通用性、专用性和准专用性人力资本(朱明伟,杨刚,2001);显性与隐性人力资本等。② 技能型人力资本形成途径主要观点有学校教育性开发、企业技能培训或产教结合的方式(杨伟国,2007;马振华,2007;艾明晓,2010)。③ 技能型人力资本积累模式是指人力资本积累过程中诸要素构成样式与运行方式。德日和英美在长期的发展过程中,形成了两种不同的发展路线。Green(2001)提出现代社会维持高技能发展路线的制度化框架;Philip Andrew Stevens(2005)认为技能人才的开发是一个系统工程,构建起一个政府、企业、职业教育的综合技术培训体系。

2. 职业迁移规律及其配置效应研究

① 人力资本投入是职业迁移的关键因素,增加投入能发展职业专长,提高工作效能,因而能得到经济回报与职位提升(Wayne et al.,1999)。教育水平反映人力资本的投入程度,职别和任期是人力资本投入的另一种形式,与职业迁移正相关(Mehra,2001;Powell et al.,1994)。② 职业变迁基本情况研究有的比较注重职业地位的取得(李若建,1991;陈婴婴,1995),有的强调宏观的职业结构改变(李若建,1999;田大洲 等,2013),有的比较区域流动的空间特征(黄翔,敖荣军,2009);梁文泉,陆铭(2015)研究不同技能劳动者的城市空间集聚和互补问题。③ 职业迁移与区域创新能力研究,李建萍,乔翠霞(2019)研究表明接收大量流动人口对区域创新能力的提升效应不大,甚至可能产生负效应,流动人口与FDI的交互作用显

著地提升了区域创新能力,但对东部和中部地区的创新能力影响显著,对西部地区的创新能力影响不显著。张利国等(2020)认为人口流动带来的人力资本积累,即流动人力资本会提升区域人力资本存量、优化区域人力资本结构,并显著影响人口流入区域创新发展水平。

3. 人力资本与产业发展、结构升级

① 人力资本积累带来人口质量提高可以促进经济的增长(Schultz,1961;Lucas,1988;Becker,Murphy,Tamura,1990;Canning,2007)。② 人力资本投资能够提高劳动生产率,进而促进产业发展。厉以宁、任远(2013)提出我国经济发展的三个新动力,即人力资本红利、资源红利和改革红利,而将人口红利转变为资本红利的关键就是要提高劳动生产率;蔡昉(2010)认为提高劳动者素质,促进技术进步和提高劳动生产率,是推动我国制造业升级,创造新比较优势的途径;黄乾(2008)采用中国制造业数据分析了全球化、技术进步与就业技能结构问题;何菊莲等(2015)对人力资本价值提升推动产业结构优化升级进行了实证分析。③ 人力资本通过技术进步共同推进制造业升级。张若雪(2010)使用省级面板数据和固定效应(FE)模型检验得出,产业升级关键需要依靠技术进步和人力资本的积累,并且企业自身技术进步和劳动力人力资本投入之间存在互补关系,劳动力人力资本投入对企业技术进步有显著的正影响,其贡献率为2.63%。官华平(2011)认为人力资本与技术进步之间存在双向因果关系,即技术进步提高了人力资本的收益水平进而有利于增加人力资本的投入,同样人力资本的积累又会提升技术进步和技术进步的收益率,是技术进步的推动力量,其通过运用mincer模型实证检验发现,较高的人力资本积累,只有同技术进步相匹配,才能更有利于产业转型升级的实现。李飞跃等(2012)通过实证研究得出,发展中国家只有遵循人力资本构成匹配于技术结构的原则,才能提高自身具有比较优势的要素的生产效率,促进产业升级和经济发展。薛继亮(2015)基于2001—2010年省级面板数据,利用尼尔森-菲尔普斯模型通过实证研究得出,中国技术进步的源泉来自人力资本。

二、因果关系分析

一方面,基于文献和理论分析,新古典主义、创新学派认为劳动者存量增加和素质提升是经济发展的重要因素,结构主义认为产业结构调整也同样可以促进经济发展;另一方面,经济发展总是伴随着技术进步,使新兴产业不断发展,由此又引发产业结构升级,并且创造新的就业机会。从人力资本理论来看,技能型人力资本深化是人对自身进行人力资本(即职业能力)投资的重要渠道,不仅提升人力资本的质量,而且增强劳动者职业迁移能力,直接推动经济发展;反过来,生产力进步和经济发展所带来的结果要求不断增加人力投入与之匹配,这种匹配包括劳动力数量和质量投入,当数量投入不足时,人力资本深化势必成为引致需求。因此,技能型人力资本积累、职业迁移配置与制造业转型升级三者之间存在互为因果、相互促进的互动循环关系。

第三节 建 模

一、研究方法

将企业技能型人力资本投入简化为两期,一是初始要素投入,即企业技能型人力资本存量;二是职业迁移要素配置,即技能型人力资本(净)流量。两期投入形成技能型人力资本投入的累积效应,与知识共享、创新能力和企业升级之间形成了多回路、多阶段、非线性的动态交互关系,并且由于技能型人力资本效能发挥路径中存在知识演化、创新能力提升等在实践中难以量化、数据不足等难题,技能型人力资本累积效应在实证研究中很难得到良好的结果,因此本节使用系统动力学方法,从微观企业层面,构建技能型人力资本投入促进企业转型升级关系的系统模型,应用 Vensim PLE 建立系统动力学流图,揭示技能型人力资本积累、职业迁移配置与制造业转型升级三者互动循环关系的机理与路径。

二、系统因果关系图

技能型人力资本投入促进企业转型升级系统由四个子系统构成,分别是技能型人力资本投入、知识经验共享、创新能力和企业绩效子系统构成,因果关系如图10.1 所示,其中技能型人力资本投入由两部分构成:初始要素投入和职业迁移要素配置,因此,技能型人力资本投入的总体效应是技能型人力资本存量效应和(净)流量效应的叠加结果;企业转型升级包括三个子系统,即知识经验共享、创新能力和企业绩效。技能型人力资本投入对企业创新绩效的影响呈现正反馈形态,具体表现为对技能型人力资本投入增加,且与其他类型资本适度的比例配置,如技术型、管理型等人力资本,共同促进企业内部技能人才显性和隐性知识经验共享,有效的知识经验转移与吸收,提高技能人才与其他类型人才的协同创新能力,从而提升企业整体技术创新绩效,促进企业转型升级。

另外,根据技能型人力资本投入的时期不同,技能型人力资本存量效应和(净)流量效应分别与知识经验共享、创新能力和企业绩效之间形成独立回路,仿真分析还区分初始技能型人力资本存量投入与职业迁移(净)流量配置的不同累积效应所产生的企业创新绩效差异。

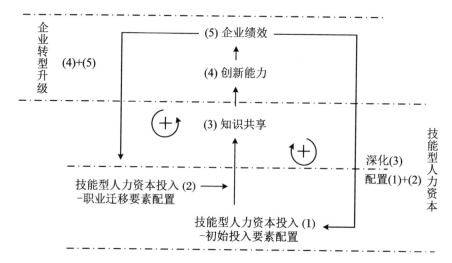

图 10.1 技能型人力资本深化、配置与制造企业转型升级系统的因果关系

三、系统流图及主要参数确定

技能型人力资本投入促进企业转型升级系统流图由 3 个存量、8 个决策变量、21 个辅助变量、4 个常量与 1 个随机变量构成,如图 10.2 所示。

该系统因果图所涉及的 4 个子系统(技能型人力资本累积效应、知识经验共享、创新能力、企业绩效)中加入核心研发能力这个辅助变量,使整个技能型人力资本投入仿真系统内部的元素形成"X"形的网状结构。在企业绩效方面,企业通过雇佣投入、培训投入与研发投入等,获得经营收入及创新收入,将企业绩效与行业平均绩效水平进行对比获得企业的相对绩效。在创新能力方面,技能人才的创新能力提升,一方面可以通过研发投入直接转化,另一方面可以通过企业内技能人才之间的知识经验共享间接转化,将创新能力与行业平均创新能力进行对比获得相对创新。相对绩效与相对创新共同决定核心研发能力并最终影响企业绩效,使整个系统形成一个封闭的传递网,增强仿真系统的真实性。

1. 技能型人力资本投入子系统

技能型人力资本投入系统包含两个变量:技能型人力资本投入强度和技能型人力资本累积效应,其中累积效应有包括非知识效应、知识效应及外溢效应等。

技能型人力资本提升企业绩效的非知识效应作用机制主要表现在如下几个方面:① 人力资本投资提高了市场主体配置资源的能力。对劳动者而言,这些能力可以提高劳动者素质,增加劳动者的时间价值,增强企业内部剩余索取权力,而最终也就体现在劳动者报酬的提高上。② 人力资本投资增长提高了人口质量。劳动者健康状况得到改善、寿命得以延长,人口质量及劳动效率随之提高。③ 人力资本投资提高了投资主体的时间价值。

第十章 技能型人力资本积累、职业迁移与制造企业转型升级的系统动力学仿真分析

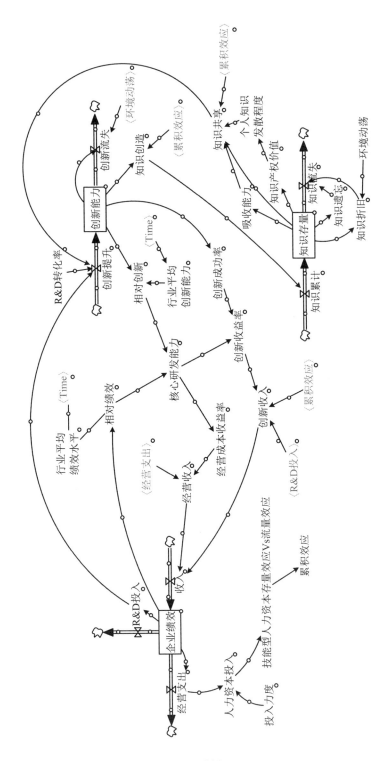

图10.2 技能型人力资本投入促进企业转型升级系统流图

技能型人力资本知识效应包括需求效应、收入效应和替代效应等。其中需求效应不仅能够促进物质资本的技术革命,提高物质资本投入的边际产出,而且能够促进社会生产从劳动密集型向技术密集型的转变,从而提高社会生产率;收入效应能够促进人力资本产权主体合理配置经济资源,提高资源配置效率,进而促进产出的增长;替代效应则能够克服或缓解经济发展中自然资源与物质资本的稀缺与不足,进而能够保持社会经济的持续增长。另外,替代效应也表现在知识进步可以引发新的物质资本的需求以及知识结构的转变带来对新的劳动技能的要求等。

技能型人力资本具有外部效应,并且这种外部效应对经济增长的意义是多元性的。首先,人力资本投资所形成的专业知识能够使其他要素投入产生递增收益,进而使整个社会经济的规模收益递增。其次,人力资本投资所形成的知识和能力不仅能够提升投资者自身的生产效率,而且能够影响投资者周围的人,促使他们提高生产效率。最后,人力资本投资在加快社会技术与信息传播、提高人力资源市场运作效率、改善劳动者健康状况、提高社会和谐程度、降低社会犯罪率等方面具有积极作用。

技能型人力资本投入强度与人力资本累积效应的关系可用下列函数表示:

(1) 技能型人力资本投入强度 = ln(累积效应)。根据边际效用递减规律,人力资本投资同样存在边际递减效应。投资效果达到某一峰值后,对收益的促进作用逐渐下降,在人力资本投资效应曲线上表现为对数形态。即累积效应会开始随着人力资本投入的增加而不断增大,但经过一段时间后,曲线趋近于平稳状态。因此,借用累积效应的对数函数表示技能型人力资本投入强度。

再根据技能型人力资本初始要素投入和职业迁移要素配置两种情况,分别仿真分析技能型人力资本存量效应和(净)流量效应。

(2) 技能型人力资本存量效应 = WITH LOOKUP(人力资本初始投入,([(0,0) - (10,1)],(1.4,0.3),(2.8,0.4),(3.8,0.54),(4.8,0.65),(5.8,0.72),(7.5,0.76),(8.8,0.77),(10,0.78)))。曲线图(如图10.3所示)主要参考依据如下:

① 知识经验饱和:一个人在某段时间内所吸收知识经验的程度是有限的,随着时间的增长,大脑吸收新知的能力越来越慢,就像吸满水的海绵,其难以吸收更多的知识经验并且会产生疲劳心理。

② 投入成本:人力资本投入力度大会改变企业资本结构,也增加投资风险,加上产品的市场风险等,从而影响企业总体效益,降低边际产出(图10.3)。

③ 技能型人力资本流量效应 = WITH LOOKUP(人力资本流动配置,([(0,0) - (10,1)],(0.3,0.4),(0.7,0.5),(1.5,0.65),(2.5,0.78),(3.6,0.7),(4.8,0.65),(6.5,0.6),(8.8,0.55),(10,0.5)))。技能型人力资本流量效应曲线呈倒

U形分布。曲线图(如图10.4所示)主要参考依据如下：企业人力资源流动维持员工队伍的新陈代谢,保持企业组织的效率与活力。但人力资源流动率过大,影响组织的稳定和员工的工作情绪,劳资关系存在问题,导致企业生产效率低。因此,在动态管理中,需要考虑人力资源流入、流出以及内部水平调动和垂直晋升所带来的岗位补员的得与失,即雇佣成本、培训和调动成本等因素,以保持合理的流动比率。

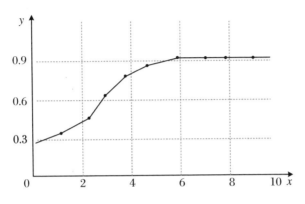

图10.3 技能型人力资本存量效应

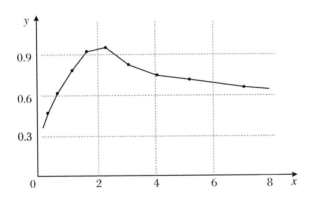

图10.4 技能型人力资本流量效应

2. 知识经验共享子系统

在企业中知识和经验只有被员工传播和使用才能充分体现它的价值,良好的知识经验共享不仅有助于知识经验的转移,还有助于知识的创造。在知识经验共享过程中,知识经验源的主观转移意愿是决定知识经验转移效率的决定性因素,特别是技能人才这种知识经验源具有独特的知识经验专有权和独占权,基于经济人假设,技能人才一般不情愿甚至拒绝将知识经验与外界共享,模拟表现为个人知识经验发散程度随知识产权价值的增大而减小。

(1) 知识经验产权价值 = 知识经验存量×1.5。

(2) 个人知识经验发散程度 = WITH LOOKUP(知识经验产权价值,([(0,0)-(2000,1)],(9,0.84),(145,0.71),(400,0.56),(620,0.43),(900,0.34),(1330,0.3),(1600,0.27),(2000,0.24)))。

(3) 吸收能力 = WITH LOOKUP(知识经验存量,([(0,0)-(1500,1)],(2,0.15),(25,0.27),(60,0.4),(100,0.5),(200,0.6),(400,0.78),(650,0.9),(800,0.84),(1000,0.7),(1500,0.6)))。吸收能力主要表现为技能人才对新知识经验的接受度,其大小由许多因素决定,如个人学习能力、知识经验转移环境等。知识经验接收者在刚接触新知识经验时吸收率较大,经过一段时间,当知识经验势能达到一定量时,吸收率逐渐变小,即吸收能力达到顶峰后开始下降。

(4) 知识经验共享 = 吸收能力×工作努力程度×个人知识经验发散程度×知识经验存量。知识经验折旧主要受环境变革影响,环境变化越大,知识经验折旧越大。其中,环境动荡是外生变量,具有随机性特性。

(5) 环境动荡 = RANDOM UNIFORM(-1,1,0.5)。

(6) 知识经验折旧 = IF THEN ELSE[ABS(环境动荡)≥0.5, e×知识经验存量,0]。当环境动荡较大,即其绝对值大于等于0.5时,系数 e 为环境动荡时的知识经验折旧率($e>0$);当环境动荡较小时,知识经验不发生折旧。

(7) 知识经验遗忘 = STEP(0.2×知识经验存量,0.5)。使用阶跃函数模拟技能人才知识经验的遗忘过程,设定从第六个月开始出现知识经验遗忘,遗忘系数为0.2。

(8) 知识经验流失 = 知识经验折旧 + 知识经验遗忘。

3. 创新能力子系统

创新能力的提升包括研发投入及知识经验共享两个途径,其中研发投入包括研发与投产新产品的支出,而知识管理是企业维持、创新和不断发展的基础和前提,合理利用企业内部环境促进技能人才间的知识经验共享,有利于降低培训投入及管理费用。

(1) 创新提升 = STEP(研发投入×研发转化率,0.5) + 知识经验共享。

(2) 知识经验累积 = STEP(培训投入×培训投入转化率,0.5) + 知识创造。使用阶跃函数模拟从投入研发投资到创新提升及投入培训费用到形成知识经验累积转化的时间延迟过程,设定从第六个月开始转化。其中,知识创造 = 创新能力×工作努力程度。

(3) 创新流失 = IF THEN ELSE[ABS(环境动荡)≥0.5, f×创新能力, g×创新能力]。

创新能力的流失也受到环境动荡的影响,系数 f、g 分别为环境动荡较大与较小时的创新能力流失率($f>g$)。

本书根据企业所处行业的相对绩效与创新水平,衡量企业技能人才核心研发能力,并以此作为企业收益率的计算依据,用1、2、3、4代表核心研发能力程度由弱到强。当企业的绩效和创新能力均高于行业评价水平时,说明技能人才及整个企业的核心研发能力较强,能有效地开发新产品并占据市场。

(4) 核心研发能力 = IF THEN ELSE[相对创新<1:AND:相对绩效<1,1,IF THEN ELSE(相对绩效<1:AND:相对创新>=1,2,IF THEN ELSE(相对绩效>=1:AND:相对创新<1,3,4))]。

(5) 创新成功率 = WITH LOOKUP[创新能力,([(50,0)-(600,1)],(50,0.07),(150,0.28),(260,0.45),(350,0.55),(500,0.6),(600,0.64))]。

4. 企业绩效子系统

企业绩效是经营收入与成本的差值。企业根据人力资本配置效率将绩效分配到研发及培训学习等活动中,以提高核心研发能力,从而提高企业的经营收入,形成一个良性循环。

(1) 创新收益率由创新成功率与核心研发能力决定,具体公式如下所示:

= IF THEN ELSE(创新成功率$\geq \mu_1, a_1, b_1$),核心研发能力 = 1;
= IF THEN ELSE(创新成功率$\geq \mu_2, a_2, b_2$),核心研发能力 = 2;
= IF THEN ELSE(创新成功率$\geq \mu_3, a_3, b_3$),核心研发能力 = 3;
= IF THEN ELSE(创新成功率$\geq \mu_4, a_4, b_4$),核心研发能力 = 4。

其中,μ_i 表示核心研发能力为 i 时创新成功率的阈值,当创新成功率大于等于该阈值时,创新收益率为 a_i,当低于阈值时,创新收益率为 b_i,且 $a_i > b_i$。

(2) 经营成本收益率 = IF THEN ELSE[核心研发能力 = 1, c_1, IF THEN ELSE(核心研发能力 = 2, c_2, IF THEN ELSE(核心研发能力 = 3, c_3, c_4))]。

其中,c_i 为不考虑产品淘汰时,生产经营的平均成本收益率,随着核心研发能力的跃迁而提高,即 i 越大,c_i 越大。

(3) 收入 = 经营收入 + 创新收入 = 经营支出×(1 + 经营成本收益率) + (培训投入 + 研发投入)×(1 + 创新收益率)。

(4) 企业绩效 = 收入 - 经营支出 + 研发投入 + 培训投入 + 留存收益 = 收入 - d_1×企业绩效 + d_2×企业绩效 + d_3×企业绩效 + d_4×企业绩效,其中,$d_i (i=1,2,3,4)$ 分别是企业经营支出、研发、培训和留存收益的投资比例,且 $\sum_{i=1}^{4} d_i = 1$。

第四节 模型仿真及结果分析

根据《中智 2020 年制造业薪酬趋势指南》的研究成果,2017—2019 年,制造行业整体人事费用率略有上涨,从 12.4%增长至 12.9%。其中,国防军工、机械设备企业人事费用率三年均高于行业整体,2019 年分别为 18.0%和 15.4%;基础原料型制造业钢铁和有色金属人事费用率处于末位,2019 年分别为 4.7%和 7.5%。人事费用率是指人工成本总额与营业收入的比值,其中人工成本总额指的是企业在人工成本方面投入总量,主要包含职工工资总额,社会保险费用、职工福利费用、职工教育经费、劳动保护费用、职工住房费用和其他人工成本支出,可视为人力资本投入程度指标。因此,结合制造企业技能型员工人工成本低于其他类型员工等因素,本书取 8%作为技能型人力资本初始投入水平模拟值,并考察其他投入水平情况。

从《中智咨询 2020 年人力资本数据调研成果发布:制造业专场》信息来看,制造业 2017—2019 年员工主动离职率分别为 19.3%、22.6%和 17.8%,其中一线员工主动离职率更高,2019 年一线员工主动离职率为 28.6%。假定企业规模不变,其人力资源流动率、新进率、离职率基本相同或在一个接近的区间内波动。因此,本节将技能型人力资本流动配置比例设定为 25%,并考察其他配置比例情况。

此外,本书将仿真年限定为 10 年,即 2020—2030 年,其中 2020 年为基年,2021 年为人力资本初始投入的第一年,仿真步长为 1,单位为 YEAR。企业绩效初始值为 500(单位:十万元),创新能力及知识经验存量均处于行业平均水平,初始值为 50。仿真企业当前的投资决策时:将企业绩效的 2%用于技能人才日常的培训投入,10%用于研发,78%用于生产经营活动(包括激励成本及其他经营支出),剩余的 10%作为留存收益,即 $d_1=0.78$、$d_2=0.1$、$d_3=0.02$。

一、技能型人力资本投入对主要因素影响的初步探索

为了分析技能型人力资本投入后各主要因素的变化,对投入强度进行系统模拟。根据中智咨询 2020 年人力资本数据调研成果发布数据,取 8%作为模拟正常水平值进行初步模拟。选取的投入强度参数值如表 10.1 所示,其中 Current 1 表示没有初始投入,技能型人力资本存量为 0;Current 2 表示技能型人力资本行业平均模拟投入水平,强度为 8%。

表 10.1　投入力度参数值

模拟曲线	Current 1	Current 2
投入力度	0	8%

图 10.5 分别表示技能型人力资本初始投入比重为 8% 时企业绩效、核心研发能力、创新能力、知识经验存量的仿真模拟结果。

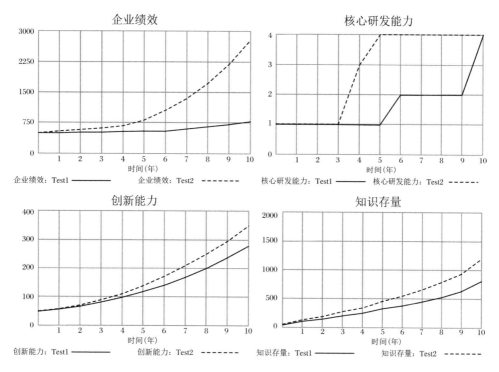

图 10.5　人力资本投入与否的模拟结果

从图中可以明显看出,随着技能型人力资本投入力度加大,企业知识经验存量、创新能力、核心研究能力开始逐渐提升,直至 2024 年到达行业较高水平,企业人力资本投入效应存在时滞性,在 3~4 年的时间里逐渐实现。

二、技能型人力资本初始要素投入对企业创新绩效影响的数值模拟

为进一步探究异技能型人力资本初始要素投入对企业创新绩效的影响,本小节通过改变模型中技能型人力资本初始要素投入的比例,多次模拟并对结果进行分析。

基于《中智 2020 年制造业薪酬趋势指南》的统计分析,将 8%作为技能型人力资本初始投入水平平均值,另选 9 个数据,如表 10.2 所示,其中 Test1、Test2、Test3、Test4、Test5、Test6、Test7、Test8、Test9、Test10 的投入比例参数值依次增大,表示企业对技能型人力资本投入力度由小到大。

不同比例的技能型人力资本初始要素投入对知识存量、核心研发能力、创新能力、企业绩效影响的数值模拟结果如图 10.6 所示。

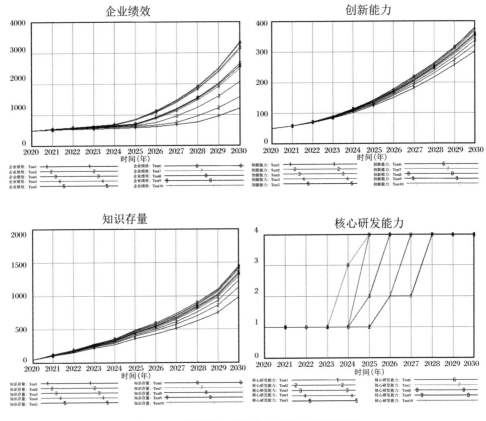

图 10.6　技能型人力资本存量效应模拟结果

表 10.2 是不同比例的技能型人力资本初始要素投入对企业 2021—2030 年绩效影响的模拟值比较。

通过图 10.6 及表 10.2 的数据可以看出:① 随着技能型人力资本初始投入力度的增大,企业创新绩效提升程度也随之增加。表明技能型人力资本初始投入对企业创新绩效有正向作用;② Test7、Test8、Test9、Test10 的企业创新绩效增幅减缓,说明投入力度达到一定程度,企业创新绩效将不再产生显著变化,逐步达到饱和状态。

表 10.2 投入力度参数值及效应模拟值比较

模拟曲线 / 配置比例 / 年份	Test1 0	Test2 2%	Test3 3%	Test4 4%	Test5 5%	Test6 6%	Test7 8%	Test8 10%	Test9 20%	Test10 30%
2020	500	500	500	500	500	500	500	500	500	500
2021	515.06	522.35	525.55	528.76	531.43	533.26	535.85	537.07	539.75	541.03
2022	530.81	545.99	552.93	559.96	565.45	569.51	574.65	577.38	583.01	585.65
2023	547.29	571.04	582.32	593.89	602.34	609.14	616.69	621.29	630.14	634.21
2024	564.56	597.61	613.92	630.68	642.46	652.30	662.32	669.04	681.36	686.79
2025	585.06	628.98	651.61	674.48	690.56	703.53	818.25	828.31	847.03	854.79
2026	606.69	662.54	740.19	869.96	894.80	913.42	1066.60	1080.71	1109.21	1119.40
2027	673.84	746.88	951.58	1127.45	1162.35	1188.93	1391.81	1412.29	1452.81	1465.41
2028	752.89	952.72	1228.54	1464.65	1513.95	1550.27	1819.22	1848.05	1901.89	1918.38
2029	949.73	1220.68	1593.34	1907.89	1974.54	2023.89	2380.82	2420.51	2489.78	2511.36
2030	1204.14	1572.01	2071.01	2488.40	2578.74	2646.96	3118.31	3170.29	3317.69	3346.46

图 10.7 是技能型人力资本初始投入与迁移配置对企业绩效影响的模拟值对比情况。可以看出,将 8% 作为技能型人力资本初始投入水平值的情况下,企业年度创新绩效增长率初期增长较快,中期增速放缓,最终并趋于稳定状态,呈现 S 形曲线特征。总体来说,企业技能型人力资本初始投入力度大会促进知识创造和知识经验共享,提升创新能力和核心研发能力,最终使得企业创新绩效增加,形成良性循环;但随着投入比例增大,知识经验存量将达到一个饱和状态,企业创新绩效增长缓慢。

图 10.7　技能型人力资本初始投入与迁移配置对企业绩效影响的模拟值对比图

三、技能型人力资本职业迁移要素配置对企业创新绩效影响的数值模拟

根据《中智咨询 2020 年人力资本数据调研成果发布：制造业专场》统计,将重点考察技能型人力资本流动配置比例为 25% 的情况。同样另选 9 个数据,如表 10.3 所示,其中 Test1、Test2、Test3、Test4、Test5、Test6、Test7、Test8、Test9、Test10 的流动比例参数值依次增大,表示企业技能型人力资本迁移配置比例由小到大。

不同迁移要素配置比例对知识存量、核心研发能力、创新能力和企业创新绩效影响的数值模拟结果如图 10.8 所示。

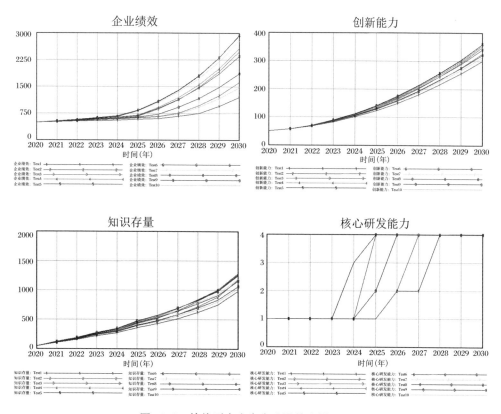

图 10.8 技能型人力资本流量效应模拟结果

表 10.3 是不同比例的技能型人力资本迁移要素配置对企业 2021—2030 年绩效影响的模拟值比较。

通过图 10.8 和表 10.3 数据,总体上可以看出:① Test1、Test2、Test3、Test4 的企业绩效依次增大,说明随着迁移要素配置比例的增大,企业绩效提升程度也在增加。进一步表明适度的迁移要素配置对企业绩效有正向作用。② Test6、Test7、Test8 的企业绩效相等,说明迁移要素配置比例达到一定程度,企业绩效呈稳定状态。③ Test8、Test9、Test10 的企业绩效依次减少,说明随着迁移要素配置比例进一步增大,企业绩效反而减少,表明此阶段迁移要素配置对企业绩效有负向作用。

图 10.7 是技能型人力资本两种配置对企业绩效影响的模拟值对比情况,在技能型人力资本初始投入水平值为 8% 的情况下,技能型人力资本初始投入对企业年度绩效的影响呈现 S 形曲线。前文已有论述,适度的人力资源流动率有利于保持企业组织的效率与活力,如果将技能型人力资本迁移配置比例设定为 25%,那么从时间序列来看,对企业的绩效效应表现为增长率先上升并稳定于某个值,而后呈下降的倒 U 形趋势。仿真表明,从短期来看,通过适度的人力资源管理流动,可

表 10.3 迁移要素配置比例参数值及效应模拟值比较

模拟曲线 配置比例 年份	Test1 0	Test2 5%	Test3 10%	Test4 15%	Test5 20%	Test6 25%	Test7 30%	Test8 35%	Test9 40%	Test10 50%
2020	500	500	500	500	500	500	500	500	500	500
2021	515.06	522.52	528.11	532.83	535.67	538.51	539.30	534.82	527.01	523.01
2022	530.81	546.58	558.79	568.61	574.97	581.40	580.17	571.31	554.83	546.69
2023	547.29	572.34	592.40	607.72	618.43	629.40	622.44	609.53	583.42	571.01
2024	564.56	599.97	629.36	650.59	666.71	680.13	665.91	649.44	612.72	595.96
2025	585.06	632.95	673.99	702.38	828.19	842.59	817.68	695.25	646.09	624.49
2026	606.69	668.75	870.49	913.89	1079.79	1091.31	1054.27	895.40	727.93	653.89
2027	673.84	756.53	1130.52	1195.78	1397.07	1407.04	1352.64	1147.32	925.03	732.03
2028	752.89	969.47	1478.97	1551.68	1799.11	1805.21	1727.06	1463.09	1171.29	925.26
2029	949.73	1251.13	1924.07	2002.69	2305.11	2304.87	2196.18	1859.10	1479.36	1166.83
2030	1204.14	1623.21	2486.59	2572.27	2939.23	2930.89	2783.06	2353.94	1865.59	1471.46

以维持企业新陈代谢的活力，提升企业竞争力，企业员工流动率并不是越低越好，而是应该在企业稳定及成员胜任之间取得平衡。但从中长期来看，不利于知识经验的积累以及知识的结构化与组织传承，带来人力资本深化不足，并最终影响企业绩效。

第五节 结 论

技能型人力资本是制造企业人力资本类型结构配置的重要组成部分，技能型人力资本的积累是制造业转型升级的核心动力，具有溢出效应和边际收益递增效应，另外职业迁移也能带来人力资本积累，优化企业人力资本结构，并影响企业创新发展水平。本章将企业技能型人力资本投入简化为两期：一是初始要素投入，即企业技能型人力资本存量；二是职业迁移要素配置，即技能型人力资本（净）流量。通过将技能型人力资本积累、职业迁移配置、企业创新能力与企业转型升级等概念纳入统一分析框架，根据技能型人力资本累积效应和职业迁移配置效应，重点探讨人力资本要素配置对创新动力以及企业绩效的影响。利用系统动力学的方法进行建模与仿真分析，得出以下结论：

（1）基于现有的调查研究成果，将8%作为技能型人力资本初始投入水平值的情况下，企业年度创新绩效增长率先升后降，并趋于稳定，呈S形曲线。企业技能型人力资本初始投入力度大会促进知识创造和知识经验共享，提升创新能力和核心研发能力，最终使得企业创新绩效增加，形成良性循环；但随着投入比例增大，知识经验存量将达到一个饱和状态，企业创新绩效增长缓慢。

（2）同样基于现有的调查研究成果，将技能型人力资本迁移配置比例设定为25%，从时间序列来看，企业年度创新绩效先升后降，呈倒U形曲线。从短期看适度的人力资源管理流动可以维持企业新陈代谢的活力，从中长期来看，不利于知识经验的积累以及知识的结构化与组织传承，人力资本深化不足，最终影响企业绩效。人力资本流动配置应该在企业稳定及成员胜任之间取得平衡。

（3）初始技能型人力资本存量投入与职业迁移（净）流量配置的不同累积效应对企业创新绩效的影响存在差异，除人力资本流动配置比例高和中长期效应为非正反馈形态，其他情况下，技能型人力资本投入对企业创新绩效的影响均呈现正反馈形态，具体表现为对技能型人力资本投入度增加，且与其他类型资本适度的比例配置，如技术型、管理型等人力资本，共同促进企业内部技能人才知识共享、知识转移与吸收，提高技能人才与其他类型人才的协同创新能力，从而提升企业整体技术创新绩效，促进企业转型升级。

第十一章 技能型人力资本与制造业升级耦合关系的省际差异分析

第一节 引 言

制造业是实体经济的主体,以信息技术、人工智能、生物技术等为代表的科学技术与制造业融合发展,推动了制造业生产方式和企业形态发生根本性变革,支撑制造业向形态更高级、分工更优化、结构更合理的阶段演进。同时,也对劳动者素质提出更高要求。因此,优化制造业升级和提高技能型人力资本配置效率是制造业转型升级的重要方法。

清华大学、复旦大学等《中国劳动力市场技能缺口研究》(2016)报告指出,企业普遍存在人才短缺的问题,不同产权类型、不同规模企业在人才竞争上存在差异,导致人才短缺情况的不同;劳动力市场技能型劳动力供求缺口日益增加,带来技能回报不断上升;制造业对人才需求呈现区域聚集效应,且由于不同地区的人才需求存在差异,人才短缺也因此呈现区域异质性;随着制造业升级和产品附加值提升,劳动力市场对现代服务业中的专业人才的需求将呈现上升趋势。现有研究认为,当前技能短缺,伴随着科技进步,使得技能型人力资本内生深化成为可能,人力资本深化提高人力使用技术的能力,且通过劳动力要素优化配置,推进生产力发展;与此相应,生产力进步和经济发展所带来的结果也要求不断增加人力投入与之匹配,这种匹配包括劳动力数量和质量投入,当投入不足时,技能型人力资本深化势必成为引致需求。

对技能型人力资本与制造业升级两者之间互动循环关系的研究主要集中在人力资本与制造业升级互动关系领域。一方面,人力资本对制造业结构的优化升级和调整有驱动作用,张国强(2011)等认为人力资本水平提升及结构优化将会加速我国产业结构转型与升级,对我国及东部地区的产业结构升级有显著促进作用,由于产业异质性特征,人力资本对不同产业的影响存在差异,对工业影响大于农业和服务业。汪秀(2012)等认为人力资本是产业结构转化的推动力量,产业结构的优化决定了人力资本的数量、结构和类型的需求结构,人力资本和产业结构的协调发展共同推动着经济增长。王健和李佳(2013)等通过构建人力资本影响产业结构升级的三大机制:技术进步、收入增加和城市化,对人力资本推动产业结构升级的作用机制进行明晰,认为人力资本对产业结构升级具有显著的促进作用,并且中等学历人力资本对产业结构升级的影响远大于高等学历人力资本。白婧(2020)等通过研究人力资本对产业结构升级的跨国层面和省际层面影响的分析,认为人力资本积累不仅对产业结构高级化发展有直接的促进作用,而且还可以通过提高劳动生产率和提升创新水平间接促进产业结构转型升级,其影响机制对国际和省级面板数据同样成立。

另一方面,产业结构又对人力资本有引致作用。张其春(2006)等指出,区域人力资本对产业结构调整具有动力作用,产业结构优化对人力资本投资与配置具有反作用。产业结构的优化升级会提高人力资本利用的广度、深度、效率和效益,促进经济增长和居民可支配收入增加,从而提高人力资本投资能力。赵芳(2015)等认为产业结构升级会推动人力资本投资强度与结构不断调整,一方面促进人力资本分布结构调整与优化;另一方面长期显著地提升就业能力与平均收入,缩小城乡收入差距。

在人力资本与产业结构匹配程度的测算上,较多学者采用耦合匹配模型来分析。耦合指的是两个及以上子系统或两种运动形式彼此影响并联合的现象,是一种相互依赖、协调与促进的动态关联关系。在探究相关社会经济问题上,耦合协调度模型被广泛运用,如张桂文(2014)等运用耦合度模型,通过计算灰色关联系数,分析人力资本存量与产业结构演进的耦合度和相关度,提高人力资本与产业结构演进的耦合程度,对促进中国产业结构转型升级具有至关重要的作用。此外,不同学者的研究内容各有侧重,方法也有所不同,如扶涛(2020)等运用层次分析法建立匹配度函数,分析人力资本与制造业产业升级匹配度,认为我国人力资本与制造业产业升级匹配度总体并不理想,但匹配效应总体呈提升态势,并呈现出阶段非对称性特征。欧阳峣(2010)等运用灰色关联分析来建立耦合度模型,验证异质性人力资本和产业结构之间的动态关系,认为它们之间的交互耦合作用较强,异质性人力资本与多元化的产业结构的耦合为产业结构的优化升级提供了有力的支撑,而产业结构优化反过来能够增强人力资本投资的激励,两者之间的良性互动有助于促进经济快速发展。唐代盛(2019)等运用耦合度模型,对我国省际数据进行分析,认为人力资本和产业结构的协调发展能够有效地提高劳动力收入。两者的协调发展对我国东部地区劳动力收入影响最大,对中西部地区的影响并不显著,且能够有效地缩小性别、城乡以及技能工资差距,对提高劳动力市场运行效率有持续的推动作用。

综上所述,人力资本与产业结构的互动关系以及匹配度测算等方面研究成果丰富,但少有文献研究技能型人力资本与制造业升级的匹配关系,以及对制造业结构合理化、高级化的影响,特别是基于省际间的比较研究。本章采用耦合协调度模型,测度并比较分析省际间技能型人力资本与制造业升级的协调关系。

第二节 耦合测度方法

一、模型构建

技能型人力资本体系与制造业升级体系各自由若干部分组成且相互依赖,具有多方面的特征,两个系统间关联互动过程称之为"技能型人力资本-制造业升级"耦合过程。耦合协调测度可以刻画出系统间的互动关系和演进情况。某个子系统或者某个要素有可能以破坏或牺牲其他系统或要素为条件来换取自身的发展,单看这个系统或要素的发展是片面的,并不能全面体现整个环境的发展状态,所以用多元、全面的数据来体现整个系统的发展尤为重要。协调是两个及以上的系统或要素之间的良性关系,两者之间配合得当、共同发展进步是一种良性循环。发展与协调进行交叉,不允许牺牲任何一个系统或要素,而是要求整体的发展,追求全局的优化,这能更加全面地体现多个系统和要素之间的关系。

借鉴廖重斌(1999)做法,建立技能型人力资本与制造业升级的耦合度模型。

首先建立功效函数。功效函数 x_{ij} 的计算公式为

$$x_{ij} = \begin{cases} (X_{ij} - \beta_{ij})/(\alpha_{ij} - \beta_{ij}), & x_{ij} \text{功效具有正向功效} \\ (\alpha_{ij} - X_{ij})/(\alpha_{ij} - \beta_{ij}), & x_{ij} \text{功效具有负向功效} \end{cases} \quad (10.1)$$

其中,$X_{ij}(i=1,2;j=1,2,\cdots,n)$ 为第 i 子系统的第 j 指标即序参量,$i=1$ 表示技能型人力资本子系统,$i=2$ 表示制造业升级子系统;α_{ij}、β_{ij} 是序参量的上、下限值,即序参量的最大值和最小值上下浮动10%。标准化的功效系数 x_{ij} 为序参量 X_{ij} 对系统的功效贡献值,反映达到目标的满意程度,且 $x_{ij} \in [0,1]$,0 为最不满意,1 为最满意。

其次计算综合序参量。综合序参量 U_i 的计算公式为

$$U_i = \sum_{j=1}^{n} \mu_{ij} x_{ij} \quad (10.2)$$

其中,

$$\sum_{j=1}^{n} \mu_{ij} = 1, \quad i = 1,2$$

U_1、U_2 分别代表技能型人力资本系统与制造业升级的综合序参量,x_{ij} 为序参量 j 对子系统 i 的功效,μ_{ij} 为序参量对应的权重,综合序参量通过线性加权求和得到。

接着计算序参量的权重。确定权重的方法可以分为主观赋权法和客观赋权法

两大类。主观赋权法依赖个体的主观偏好,所构建的权数缺乏稳定性。客观赋权法受主观因素影响较小,包括变异系数法、熵值法、多目标优化法、复相关系数法、主成分分析法、灰色关联度法等。为了避免主观层面的影响,考虑各个方法的优缺点及本节数据的特点,采用熵值赋权法确定各个序参量的权重,具体计算过程如下。

在每个子系统中,对指标做比重变换:

$$s_{ij} = \frac{x_{ij}}{\sum_{j=1}^{m} x_{ij}}, \quad i = 1,2,\cdots,n, \quad j = 1,2,\cdots,m \tag{10.3}$$

计算子系统内第 j 指标的熵值:

$$h_j = -k \sum_{i=1}^{n} s_{ij} \ln s_{ij}, \quad k = \frac{1}{\ln(n)} \tag{10.4}$$

计算熵值的信息效用价值:

$$d_j = 1 - h_j, \quad j = 1,2,\cdots,m \tag{10.5}$$

计算得到子系统内第 j 指标的熵权:

$$w_j = \frac{d_j}{\sum_{j=1}^{m} d_j} \tag{10.6}$$

然后建立协调度函数。协调度系数 C 的计算公式为

$$C = \left\{ \frac{U_1 \times U_2}{\left[\frac{U_1 + U_2}{2}\right]^2} \right\}^2 \tag{10.7}$$

系统协调度系数 $C \in [0,1]$,0 为不协调,1 为完全协调。

由于两个子系统之间的关系是交错动态变化的,仅仅依靠协调度难以全面反映两者之间的协调关系,因此,构造能够衡量人力资本和制造业升级匹配质量的指标,即耦合度指标。

最后构造耦合函数。耦合度系数 D 的计算公式为

$$D = \sqrt{C \times T} \tag{10.8}$$

$$T = \alpha U_1 + \beta U_2 \tag{10.9}$$

其中,T 为"技能型人力资本-制造业升级"的综合评价指数,$T \in [0,1]$,α,β 为待定参数,分别表示技能型人力资本和制造业升级两个子系统在整个系统运行中的重要程度,本节把两个子系统视为同等重要,因此取 $\alpha = \beta = 0.5$。

另外,为了更好衡量制造业转型升级的水平,本节从制造业结构合理化和高度化两个维度对其水平进行测度。不同经济发展水平的地区,其人才结构与制造业结构应当保持合理的比例,超出这个比例的部分称之为制造业结构偏离度。用结构偏离度衡量制造业合理化水平,制造业升级偏离度的公式定义为

$$制造业升级偏离度 = \frac{产业产值构成比}{产业人才构成比} - 1 \tag{10.10}$$

根据公式,如果偏离度 P 为 0,说明制造业结构与人才结构完全匹配;偏离度为正值,说明产值构成比大于专业人才构成比,即专业人才欠缺;偏离度为负值,说明人才构成比大于产值构成比,专业人才过剩,人力资源浪费。偏离度的绝对值 $|P|$ 越大,说明产值构成比和人才构成比之间的合理性越低,两者越不匹配。

制造业结构高度化反映的是根据经济发展的历史和逻辑序列从低水平状态向高水平状态顺次演进的动态过程(袁航等,2018)。将制造业结构高度化的内涵界定为

$$H_i = \sum_{j=1}^{m} \gamma_{ij} x_{ij} \quad (10.11)$$

其中,

$$\sum_{j=1}^{n} \gamma_{ij} = 1, \quad i = 1, 2, \cdots, n$$

x_{ij} 表示第 i 个省份第 j 个指标值 X_{ij} 归一化的功效系数。制造业结构高度化的综合序参量由其所包含的各个指标的功效系数线性加权得到,权重 γ_{ij} 由熵值赋权法确定。制造业结构高度化系数 H 越大,说明制造业结构的高度化水平越高。

二、耦合度模型指标体系

根据文献研究和各类统计年鉴数据的可获得性,分别构建技能型人力资本与制造业升级两个子系统的评价指标(表 11.1)。技能型人力资本系统包括四个一级指标,分别为人口、教育、卫生健康和技能等级水平;制造业升级系统包括两个一级指标,分别为结构指数和效益化指数。

表 11.1 "技能型人力资本-制造业升级"系统评价指标

子系统	一级指标	二级指标	计算方式	属性
技能型人力资本结构 U_1	人口	全省从业人数 X_{11}		正向
	教育	人均受教育年限 X_{12}		正向
		人才密度 X_{13}	获得技能等级证书的人数/全省从业人数	正向
	卫生健康	人口死亡 X_{14}		负向
		医疗费用 X_{15}	每千人拥有医疗床位数	正向
	技能等级水平	获得技能等级证书的人数 X_{16}		正向
制造业升级 U_2	结构指数	产值比值 X_{21}	制造业产值/工业产值	正向
		从业人数比值 X_{22}	制造业从业人数/工业从业人数	正向
	效益化指数	劳动生产率 X_{23}	制造业产值/制造业从业人数	正向

三、制造业升级指标体系

根据指标数据的可获得性以及衡量指标的合理性,用产值构成比和技能型人才构成比来计算制造业结构偏离度,解释制造业结构合理化程度;用研发人员数和经费、专利授权数、技术市场成交额以及劳动生产率等指标综合衡量制造业升级高级化程度,各指标详见表11.2。

表11.2 制造业升级评价指标

制造业升级衡量维度	指 标
结构合理化	制造业产值构成比
	制造业人才构成比
结构高度化	研发人员平均数
	研发人均经费
	人均专利授权数
	人均技术市场成交额
	制造业劳动生产率

第三节 技能型人力资本与制造业升级耦合协调性测度

一、数据来源及说明

基于研究目的和已构建的指标体系以及数据的可比性、可得性和完整性原则,选取各省2007—2018年时间序列数据来实证研究技能型人力资本与制造业升级的耦合协调关系。相关数据来源于历年《中国统计年鉴》《中国工业统计年鉴》《中国卫生健康统计年鉴》《中国劳动统计年鉴》以及各省统计年鉴。少数省份个别数据缺失,采用均值化方法及二次指数平滑法补全缺失数据。

二、评价指标权重的确定

根据熵值赋权法的原理,通过公式(10.3)至式(10.6)的计算,可以分别得到"技能型人力资本-制造业升级"系统评价指标历年权重,如表11.3所示;制造业结构高度化指标历年权重,如表11.4所示。

表 11.3 "技能型人力资本-制造业升级"系统评价指标历年权重

年份	全省从业人数	人均受教育年限	人口死亡率	每千人拥有的医疗床位数	获得技能等级证书的人数	人才密度	制造业产值比值	制造业人数比值	制造业劳动生产率
2007	0.1956	0.0293	0.0333	0.1956	0.2505	0.2956	0.3397	0.3335	0.3269
2008	0.2550	0.0372	0.0538	0.2005	0.2442	0.2092	0.3787	0.3080	0.3133
2009	0.2579	0.0362	0.0600	0.2158	0.2611	0.1690	0.2839	0.3228	0.3933
2010	0.2638	0.0357	0.0699	0.1975	0.2764	0.1567	0.3056	0.3594	0.3350
2011	0.2634	0.0348	0.0741	0.1932	0.2842	0.1503	0.2321	0.3803	0.3876
2012	0.2936	0.0437	0.0984	0.0624	0.3371	0.1647	0.2756	0.3271	0.3973
2013	0.2693	0.0334	0.0717	0.0886	0.3082	0.2288	0.2656	0.3434	0.3911
2014	0.2782	0.0342	0.0816	0.0968	0.3595	0.1498	0.2303	0.2988	0.4709
2015	0.2882	0.0402	0.0873	0.0946	0.3419	0.1478	0.2103	0.2842	0.5055
2016	0.2308	0.0326	0.0761	0.0837	0.3474	0.2293	0.2328	0.3039	0.4633
2017	0.2397	0.0353	0.0730	0.0828	0.3538	0.2154	0.2351	0.2930	0.4719
2018	0.2789	0.0413	0.0714	0.0837	0.3726	0.1521	0.2401	0.2629	0.4970

表 11.4 制造业结构高度化指标历年权重

年份	研发人员平均数	研发人均经费	人均专利授权数	人均技术市场成交额	制造业劳动生产率
2008	0.0916	0.1367	0.2319	0.4949	0.0449
2009	0.0946	0.1324	0.2228	0.5010	0.0492
2010	0.1053	0.1304	0.2092	0.5071	0.0480
2011	0.1281	0.1461	0.2142	0.4755	0.0360
2012	0.1370	0.1472	0.2120	0.4693	0.0345
2013	0.1345	0.1517	0.1944	0.4837	0.0358
2014	0.1353	0.1484	0.1992	0.4788	0.0382
2015	0.1422	0.1581	0.2045	0.4582	0.0370
2016	0.1562	0.1420	0.2014	0.4645	0.0359
2017	0.1454	0.1377	0.2064	0.4636	0.0469
2018	0.1729	0.1553	0.2083	0.4074	0.0561

三、耦合度计算结果

确定每个省各指标权重后,利用公式(10.2)分别计算出技能型人力资本和制造业升级子系统的综合序参量 U_1 和 U_2,最后由式(10.7)、式(10.8)分别计算得到我国"技能型人力资本-制造业升级"系统的协调度 C 和耦合度 D。各省份平均耦合指数如表11.5所示,其中,协调发展等级及其划分标准参考廖重斌(1999)。

表11.5　2007—2018年各省技能型人力资本-制造业升级平均耦合度指数及等级

耦 合 水 平	区　　　域
良好协调发展	江苏(0.8064)
中级协调发展	山东(0.7583)、广东(0.7507)
初级协调发展	四川(0.6962)、浙江(0.6829)、河南(0.6656)、湖北(0.6613)、上海(0.6531)、湖南(0.6424)、河北(0.6308)、北京(0.6284)、安徽(0.6256)、福建(0.6065)、
勉强协调发展	陕西(0.5982)、重庆(0.5942)、辽宁(0.5863)、云南(0.5858)、江西(0.5690)、广西(0.5556)、天津(0.5481)、新疆(0.5407)、黑龙江(0.5331)、内蒙古(0.5270)
濒临失调衰退	甘肃(0.4973)、吉林(0.4843)、贵州(0.4469)、宁夏(0.4177)
轻度失调衰退	山西(0.3963)、青海(0.3663)、海南(0.3077)
中度失调衰退	西藏(0.2949)

可以看出,2007—2018年我国技能型人力资本与制造业升级平均耦合程度一般,全国的平均耦合指数为0.5707,处于勉强协调发展水平。地区间差异较大,东部地区耦合度水平普遍高于西部地区。其中,江苏的耦合水平最高,处于良好协调发展状态;山东、广东紧随其后,处于中级协调发展状态,耦合度比较低的四个地区分别是山西、青海、海南和西藏,处于失调衰退的状态。较大一部分省份处于勉强协调状态或者濒临失调状态。

第四节 技能型人力资本与制造业升级耦合测度的结果分析

一、技能型人力资本系统与制造业升级系统的综合评价

根据已计算子系统评价指标历年权重、公式(10.2)及表11.3至表11.4,可以得到2007—2018年各省技能型人力资本与制造业升级子系统综合序参量 U_i。

对于技能型人力资本系统综合序参量 U_1,选取曲线比较有代表性北京、上海、江苏、河南、四川和西藏等省区,将其技能型人力资本综合序参量的曲线绘制在图11.1中。就全国各省份曲线而言,北京、上海、天津的综合指标在逐年下降,其中北京下降幅度最大(0.65到0.18),主要由于发展定位等因素,都出现了制造业外迁的情况,工业结构正在由传统的产业向现代服务业和高新技术产业为引擎的产业格局转变,因此技能型人力资本有所减少;江苏的综合指标一直较高且逐年上升(0.49到0.74),这与江苏的制造业大省定位相符合;浙江、广东、四川的综合指标逐年上升且变化幅度较大;山西、青海、海南、西藏等省区变化不大。

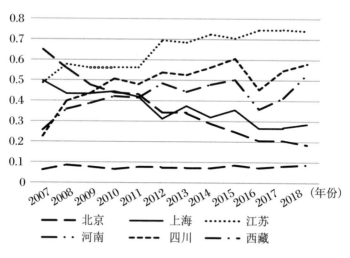

图11.1 技能型人力资本综合序参量图

对于制造业升级系统综合序参量 U_2,选取曲线比较有代表性北京、山西、内蒙古、浙江、海南和贵州等省份,将其制造业升级综合序参量的曲线绘制在图11.2中。总体来看,综合评价指标虽有波动,但大部分省份的曲线比较平稳,没有太大变化。其中,北京的综合评价指标一直较高,但是在2013年出现了明显的下跌;海

南在2010年到2016年下跌又回升,之后两年比较平稳,变化不大;内蒙古等省区在2008年到2012年之间波动明显,之后平稳;贵州等省份从长期来看,综合评价指标增幅明显;山西在2011年突然增加;江苏、浙江、福建、江西、河南、湖北等近一半的省份总体变化平稳,波动并不强烈。

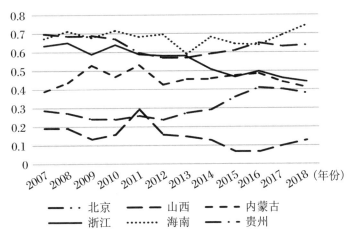

图11.2　制造业升级综合序参量

对技能型人力资本和制造业升级子系统交叉分析,大部分的省份都是$U_2>U_1$,即从2007年到2018年,制造业产业系统综合评价指标优于技能型人力资本综合评价指标;在众多省份之中,只有山西省是$U_1>U_2$,即技能型人力资本综合评价指标优于制造业产业系统综合评价指标;黑龙江省的两个评价指标在2009年和2010年之间出现了交叉,2009年以前是$U_1>U_2$,2009年以后变为$U_2>U_1$;江苏、山东、河南、广东都是从$U_2>U_1$变为$U_1>U_2$,江苏发生交叉的时间为2012年与2013年之间,山东与河南都是在2017年与2018年之间,广东发生交叉的时间为2008年与2009年之间;浙江与四川的两个系统评价指标曲线相互交错,$U_2>U_1$与$U_1>U_2$交替出现了两次,交叉都出现在2013年及以后的时间内。

二、各省份子系统发展类型分析

在耦合度模型关于协调发展的分类体系及其判别标准下,根据技能型人力资本和制造业升级子系统交叉发展状态,还可以得到各省份的子系统发展类型如表11.6所示。其中,U_1、U_2交替出现为波动发展型;$U_2>U_1$为技能型人力资本滞后型,且耦合度失调情况下为损益型;$U_1>U_2$为制造业升级滞后型或损益型。

对处于同一耦合度等级的省份,波动发展型省份的耦合度更高一些,其劳动生产率也更高一些,技能型人力资本与制造业产业体系没有哪一方一直处于劣势,其数据曲线相互交叉增长,带动耦合曲线波动增长,两者相互协调,促进双方共同发展,形成良性互动。但并不是所有省份都必须以此衡量发展状况,在对制造业升级方向与路线进行规划时,不应盲目照搬照抄其他产业或者其他省份制造业的升级经验,应该结合总体产业特征,识别价值链的主导环节,将其作为产业转型升级的指导基础。例如,山西、海南等省份,并不适合大规模地发展与改进制造业,其制造业相对薄弱是情理之中,其发展还是应当以本省特点为基础,选择适合的发展方向与产业,培养本省主导产业所需要的人才,以此来促进经济发展。

表11.6　各省份技能型人力资本和制造业升级子系统发展类型判别

耦合类型	子系统发展类型	区域
良好协调发展	波动发展型	江苏
中级协调发展	波动发展型	山东、广东
初级协调发展	波动发展型	四川、浙江、河南
	技能型人力资本滞后型	湖北、上海、湖南、河北、北京、安徽、福建
勉强协调发展	波动发展型	黑龙江
	技能型人力资本滞后型	陕西、重庆、辽宁、云南、江西、广西、天津、新疆、内蒙古
濒临失调衰退	技能型人力资本损益型	甘肃、吉林、贵州、宁夏
	制造业升级损益型	山西
轻度失调衰退	技能型人力资本损益型	青海、海南
中度失调衰退	技能型人力资本损益型	西藏

三、耦合协调度对制造业结构合理化、高度化的效应分析

制造业升级水平测度采用两个指标,即制造业结构合理化和高度化。制造业结构合理化用制造业-就业结构偏离度来衡量,根据结构偏离度计算公式(10.10),结构偏离度的绝对值大,说明制造业-就业结构不合理,偏离度的绝对值小,偏离度接近于0,说明制造业-就业结构合理;偏离度为正,表示人力资源欠缺,偏离度为负,表示人力资源过剩。制造业结构高度化是由表2中衡量的5个指标,通过熵值赋权法得到各指标历年权重,如表11.4所示,然后通过公式(10.11)得到各省份历年制造业结构高度化指数,高度化指数越高,说明这个省份的制造业在结构高度化方面表现得越好。

2007—2018年各省制造业结构偏离度如表11.7所示。偏离度始终为正的省份有辽宁、吉林、安徽、江西、山东、河南、湖南、海南、重庆、四川、云南、甘肃,说明这些地区长期处于技能劳动者欠缺状态;偏离度始终为负的省份有北京、上海、江苏、浙江、福建、广东、青海,说明这些地区长期技能劳动者富余;偏离度出现波动,即偏

离度的数值出现正负变化的省份有天津、河北、山西、内蒙古、黑龙江、湖北、广西、贵州、西藏、陕西、宁夏、新疆。结果表明,辽宁、吉林等省份的技能劳动者流失严重,山东、湖南、四川等省份在制造业转型升级这一进程中缺少足够数量的技能劳动者,江西、贵州等省份难以吸引技能劳动者,多重因素造成的人力资本缺乏,使得本省技能劳动者资源难以为制造业的转型升级提供充足的动力;江苏、浙江、广东等制造大省的技能劳动者资源丰裕,人力资本集聚与劳动者质量提高促进制造业升级转型升级和经济的快速发展,同时可以发现,青海也是人力资源过剩,这是由于青海的制造业发展不够良好,难以为劳动者提供充足的就业岗位与机会,许多劳动者处于闲置状态或者处于不合适的岗位。

表11.7 2007—2018年各省份制造业-就业结构偏离度

省份	2007	2008	2009	2010	2011	2012	2013	2014	2015	2016	2017	2018
北京	-0.10	-0.11	-0.12	-0.15	-0.12	-0.19	-0.19	-0.18	-0.16	-0.15	-0.16	-0.17
天津	-0.04	-0.05	-0.04	-0.08	-0.05	-0.08	-0.08	-0.08	-0.05	0.00	0.03	0.09
河北	0.02	0.01	-0.01	-0.03	0.00	-0.04	-0.02	-0.02	0.01	0.02	0.04	0.07
山西	0.17	0.11	0.02	-0.01	0.35	-0.02	0.04	0.04	0.05	0.09	0.07	0.15
内蒙古	0.00	0.01	0.05	0.02	0.14	-0.07	-0.02	-0.05	-0.03	0.01	0.02	0.05
辽宁	0.06	0.06	0.06	0.05	0.05	0.06	0.07	0.06	0.08	0.10	0.15	0.18
吉林	0.10	0.09	0.12	0.11	0.14	0.13	0.14	0.13	0.12	0.15	0.15	0.14
黑龙江	0.01	-0.03	0.13	0.12	0.13	0.12	0.17	0.22	0.29	0.35	0.11	0.12
上海	-0.02	-0.04	-0.04	-0.04	-0.04	-0.04	-0.02	-0.03	-0.03	-0.03	-0.03	-0.03
江苏	-0.02	-0.02	-0.02	-0.02	-0.02	-0.02	-0.02	-0.02	-0.02	-0.01	-0.03	
浙江	-0.05	-0.05	-0.06	-0.06	-0.06	-0.06	-0.06	-0.06	-0.06	-0.06	-0.07	-0.07
安徽	0.10	0.04	0.02	0.02	0.02	0.02	0.02	0.04	0.05	0.04	0.04	0.04
福建	-0.04	-0.04	-0.04	-0.04	-0.04	-0.04	-0.04	-0.04	-0.03	-0.03	-0.03	-0.02
江西	0.05	0.04	0.03	0.03	0.05	0.03	0.05	0.02	0.02	0.02	0.01	0.00
山东	0.01	0.01	0.02	0.02	0.03	0.02	0.03	0.03	0.04	0.04	0.04	0.02
河南	0.03	0.04	0.02	0.02	0.04	0.01	0.02	0.02	0.02	0.03	0.04	0.03
湖北	-0.03	-0.03	-0.02	-0.03	0.00	-0.01	0.01	0.01	0.00	0.01	0.01	0.01
湖南	0.05	0.06	0.06	0.05	0.06	0.04	0.05	0.05	0.02	0.04	0.03	0.02
广东	-0.06	-0.06	-0.05	-0.05	-0.06	-0.06	-0.05	-0.05	-0.05	-0.05	-0.04	-0.04
广西	-0.02	-0.01	-0.01	0.00	0.01	0.01	0.01	0.01	0.01	0.03	0.04	
海南	0.20	0.05	0.06	0.06	0.07	0.04	0.03	0.06	0.07	0.06	0.02	0.04

续表

省份	2007	2008	2009	2010	2011	2012	2013	2014	2015	2016	2017	2018
重庆	0.07	0.07	0.08	0.07	0.09	0.06	0.07	0.06	0.05	0.04	0.00	0.00
四川	0.07	0.06	0.06	0.04	0.05	0.01	0.04	0.01	0.01	0.03	0.05	0.04
贵州	-0.01	0.06	0.05	0.09	0.30	0.17	0.24	0.20	0.19	0.20	0.25	0.31
云南	0.17	0.14	0.14	0.15	0.17	0.10	0.10	0.08	0.06	0.06	0.07	0.09
西藏	0.09	-0.04	0.05	-0.02	0.01	0.04	0.15	0.20	0.13	0.10	0.16	0.13
陕西	-0.07	-0.11	-0.07	-0.08	0.01	-0.07	-0.04	-0.06	0.03	0.04	0.04	0.03
甘肃	0.11	0.11	0.14	0.14	0.14	0.12	0.15	0.22	0.27	0.27	0.28	0.24
青海	-0.17	-0.15	-0.18	-0.16	-0.06	-0.10	-0.08	-0.07	-0.03	-0.02	-0.06	-0.10
宁夏	0.03	0.04	-0.01	0.01	-0.02	-0.07	-0.02	-0.02	0.01	0.00	-0.01	0.01
新疆	-0.05	-0.03	0.07	0.09	0.11	0.07	0.07	0.03	0.07	0.10	0.08	0.03

2008—2018年各省份制造业结构高度化指数如表11.8所示。由于统计数据获取问题,在测算制造业结构高度化时剔除了西藏以及全部省份2007年数据。北京制造业结构高度化指数一直高居首位,江苏、浙江、广东的增幅较大,贵州、云南、新疆等省区制造业结构高度化指数一直较低且没有太大波动。

表11.8 2008—2018年各省份制造业结构高度化指数

省份	2008	2009	2010	2011	2012	2013	2014	2015	2016	2017	2018
北京	0.76	0.73	0.74	0.76	0.74	0.78	0.77	0.75	0.76	0.76	0.72
天津	0.37	0.32	0.32	0.37	0.41	0.43	0.44	0.48	0.46	0.37	0.40
河北	0.06	0.06	0.06	0.06	0.06	0.06	0.06	0.07	0.07	0.08	0.09
山西	0.09	0.07	0.07	0.07	0.06	0.07	0.06	0.04	0.04	0.05	0.06
内蒙古	0.08	0.08	0.09	0.08	0.09	0.08	0.07	0.07	0.08	0.07	0.07
辽宁	0.17	0.15	0.15	0.14	0.14	0.14	0.12	0.10	0.10	0.13	0.16
吉林	0.07	0.08	0.09	0.07	0.08	0.08	0.07	0.07	0.08	0.09	0.06
黑龙江	0.09	0.08	0.09	0.09	0.09	0.09	0.07	0.07	0.07	0.05	0.04
上海	0.61	0.59	0.56	0.57	0.52	0.49	0.40	0.41	0.42	0.43	0.47
江苏	0.23	0.26	0.30	0.39	0.43	0.42	0.38	0.40	0.40	0.39	0.44
浙江	0.24	0.22	0.24	0.31	0.34	0.36	0.33	0.35	0.35	0.34	0.41
安徽	0.05	0.05	0.06	0.07	0.09	0.09	0.09	0.09	0.10	0.11	0.12
福建	0.09	0.08	0.10	0.12	0.13	0.14	0.14	0.14	0.15	0.16	0.20

续表

省份	2008	2009	2010	2011	2012	2013	2014	2015	2016	2017	2018
江西	0.04	0.04	0.05	0.04	0.04	0.05	0.05	0.06	0.07	0.09	0.12
山东	0.14	0.13	0.14	0.15	0.16	0.17	0.17	0.18	0.18	0.19	0.19
河南	0.06	0.05	0.06	0.05	0.05	0.06	0.06	0.06	0.06	0.07	0.07
湖北	0.07	0.07	0.08	0.09	0.10	0.11	0.12	0.13	0.14	0.15	0.16
湖南	0.17	0.15	0.17	0.18	0.20	0.20	0.19	0.20	0.20	0.22	0.24
广东	0.25	0.22	0.24	0.26	0.28	0.28	0.26	0.28	0.29	0.32	0.41
广西	0.02	0.02	0.02	0.02	0.03	0.03	0.03	0.03	0.03	0.04	0.03
海南	0.04	0.04	0.05	0.03	0.03	0.03	0.04	0.03	0.03	0.04	0.05
重庆	0.10	0.09	0.10	0.10	0.11	0.12	0.13	0.14	0.15	0.15	0.18
四川	0.06	0.06	0.06	0.05	0.06	0.06	0.06	0.07	0.07	0.08	0.10
贵州	0.02	0.02	0.02	0.02	0.02	0.03	0.03	0.03	0.03	0.05	0.06
云南	0.03	0.03	0.03	0.02	0.02	0.02	0.02	0.02	0.02	0.04	0.05
陕西	0.07	0.07	0.08	0.09	0.11	0.12	0.14	0.15	0.16	0.16	0.16
甘肃	0.05	0.04	0.05	0.04	0.05	0.06	0.06	0.06	0.06	0.07	0.07
青海	0.03	0.03	0.04	0.03	0.03	0.03	0.03	0.03	0.04	0.04	0.04
宁夏	0.04	0.04	0.03	0.03	0.03	0.03	0.03	0.03	0.04	0.06	0.08
新疆	0.06	0.05	0.06	0.04	0.04	0.04	0.04	0.03	0.03	0.04	0.04

2008—2018年各省份制造业结构偏离度绝对值$|P|$的均值与制造业结构高度化指数H的均值如图11.3所示。从图11.3可以看出,北京制造业结构高度化指数的均值最高(0.7523),其次是上海(0.4982),接着是天津(0.3966)、江苏(0.3659)、浙江(0.3174)、广东(0.2815);制造业结构高度化指数均值最低的是云南(0.0266),其次是广西(0.0273)和贵州(0.0270)。制造业结构偏离度的均值最高是甘肃(0.1889),接着是贵州(0.1883)、黑龙江(0.1616)、北京(0.1535)、吉林(0.1259);制造业结构偏离度最低的是湖北(0.0115),其次是广西(0.0134)、江苏(0.0183)。

制造业结构高度化以结构合理化为基础,脱离结构合理化的高度化是脆弱不健康的高度化。制造业发展趋向合理化的过程中,结构效益不断提升,从而推动制造业结构高度化发展,合理化和高度化是构成制造业结构不断优化和转型升级的两个基点。北京虽然制造业结构高度化指数较高,但是同时其制造业结构偏离度也较高,结构合理化程度低;天津、上海、江苏、浙江、广东这几个省份的制造业结构高度化指数较高,并且制造业结构偏离度较小,制造业升级基础好,说明这几个省份的制造业发展态势很好;但是吉林、黑龙江、贵州、云南、甘肃、青海这几个省份,不仅制造业结构高度化指数较低,而且制造业升级偏离度较大,说明这几个省份制造业发展不尽合理,应当及时调整产业策略和人才政策。

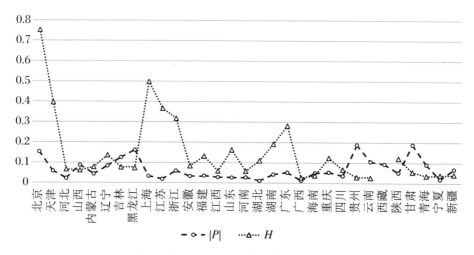

图 11.3　2008—2018 年各省份制造业升级合理化与高度化指数

为检验技能型人力资本与制造业升级协调发展的耦合效应,通过相关性分析,对耦合协调度与制造业升级合理化、高度化关系进行了检验,在置信度 $\alpha=0.01$ 时,耦合协调度 D 与制造业结构偏离度 P、制造业结构高度化指数 H 的相关系数分别为 $-0.260,0.375$,即耦合度越高,制造业结构偏离度越小,制造业升级越有基础;耦合度越高,制造业结构高度化指数越高,制造业升级态势越好。如江苏省耦合水平较高,制造业结构高度化指数也较高,同时制造业结构偏离度较低,制造业升级顺畅;又如甘肃省耦合水平较低,制造业结构高度化指数也较低,同时制造业结构偏离度较高,升级基础较弱。制造业结构与人力资源结构相匹配时,两者相互协调,会共同促进制造业良性发展,从而更快地推动制造业转型升级。

第五节　结论与建议

技能型人力资本是制造业优化升级的推动力量,制造业升级决定了技能型人力资本的数量、结构和类型的需求结构,技能型人力资本和制造业升级的耦合协调发展共同推动着经济增长。本章通过构建耦合度模型,对两个系统之间的协调发展性进行了测度,并且检验耦合协调度对制造业结构合理化、高级化的影响效应。研究发现:① 全国的平均耦合水平不高,处于勉强协调发展水平,且地区间差异较大,东部地区耦合度普遍高于西部地区。② 大部分省份长期处于制造业发展优于技能型人力资本发展状态,部分省份出现波动发展。总体来看,波动发展型省份的耦合度更高,其劳动生产率也更高,制造业发展更好。③ 从长期来看,制造业结构高度化以合理化为基础,部分省份在趋向合理化的过程中,结构效益不断提升,从而推动制造业结构高度化发展。④ 耦合度与制造业结构偏离度成负相关关系,与制造业结构高度化成正相关关系,耦合度较好的省份,制造业升级效果好,产业发展质量高。

技能型人力资本与制造业升级互动循环发展,需要根据各省份技能型人力资本等要素禀赋制定与其相适应的产业政策,特别是多数省份制造业发展优于人力资本发展状况,需要政府、企业和学校科学分工协作,制定适宜的技能型人力资本投资政策。完善以企业为主体、职业院校为基础,学校教育与企业培养紧密联系、政府推动与社会支持相结合的高技能人才培养培训体系。同时就总体而言,技能型人力资本与产业结构的耦合协调程度不高,需要在注重技能型人力资本水平提升与制造业结构升级的同时,更要注重两者的协调发展,避免错配从而制约产业技术创新及劳动生产率的提升。另外,促进劳动力要素、技术要素等市场流动,优化资源配置,发挥技能型人力资本与制造业升级耦合协调的空间扩散效应,逐步缩小地区差距。

第十二章 技能型人力资本深化与制造业转型升级互动发展的政策建议

第一节 制造业转型升级对技能型人力资本的需求分析——以"江苏制造2025"为例

江苏省发布《中国制造2025江苏省行动纲要》《省政府关于更大力度实施技术改造推进制造业向中高端迈进的意见》《江苏省"十四五"人力资源和社会保障发展规划》等文件,切实贯彻党的十九大和十九届二中、三中、四中、五中全会精神,全面贯彻习近平新时代中国特色社会主义思想,明确提出聚焦新一代信息技术、高端装备、新材料等15个重点领域和主攻方向,推动优势和战略产业发展。重点产业和战略性新兴产业的发展离不开技能型人才的助力,对技能型人才的需求也在日趋增长。工业4.0时代对劳动者素质提出更高的要求,如何实施技能型人才能力培养已成为战略性新兴产业面临的一大挑战。重点产业和战略性新兴产业主要涉及制造业,本身虽拥有较丰富的劳动力资源,但技能型人才的短缺仍是一大突出问题。因此,进行重点产业和战略性新兴产业技能型人才培养的需求预测,并据此提出切实可行的技能型人才培养的政策建议,以促进重点产业和战略性新兴产业发展和制造业结构转型升级,成为当务之急。

一、江苏先进制造企业技能人才现状的分析

"十三五"期间,江苏省大力发展职业教育和培训,劳动者整体素质得到提高,如表12.1所示。至2020年,高技能人才总量达455万人,每万劳动力中高技能人才数达930人,技能人才队伍结构较合理。聚焦实施"技能中国行动",完善以企业为主体、以职业院校(技工院校)为基础,学校教育与企业培养紧密联系、政府推动与社会支持相结合的技能人才培训培养体系。适应数字经济发展要求,提升全民数字技能。完善职业资格评价、职业技能等级认定、专项能力考核等多元化技能人才评价方式,构建多层次职业标准体系。

表12.1 "十三五"期间江苏省职业技能培训与技能人才队伍建设情况

年度	技能培训(人次)				技能人才队伍(万人)				技工院校毕业
	岗位技能	就业技能	创业技能	新时代农民工	新增高技能人才	技能鉴定、等级认定	其中		
							取证人数	高级工取证占比	
2020	659.04	95.61	23.32	42.4	25.77	95.96	84.12	24.8%	8.06
2019	218.31	61.84	23.77	23.63	36.01	84.62	73.1	29.9%	7.82
2018	236.18	59.23	24.12	23.5	34.28	90.23	77.68	44.1%	6.62
2017	147.47	64.48	31.78	25.15	31.66	126.45	109.07	28.6%	—
2016	143.59	67	26.9	14.91	33.32	158.8	130.56	25.5%	7.5

数据来源:2016—2020年江苏省人力资源和社会保障事业发展统计公报。

从调研情况来看,江苏省高技能人才在技能劳动者中占比达28.87%,在全国居于前列。但西方发达国家高技能人才占比一般为40%左右,上海市到2020年高技能人才占比将从目前29.18%增长到46%。与发达国家和先进城市相比,江苏省劳动力素质仍有较大提升空间,需进一步加强以企业岗位技能提升培训为重点的职业培训,不断改善劳动力总体素质结构,适应江苏省产业转型升级需求。

在课题组2018年抽样调查中,江苏省技能劳动者基本特征及素质结构情况如表12.2所示。在调研样本中,先进制造企业中40岁以下的技能劳动者占比92%,青壮年劳动力是这些企业生产、制造及运营的主力军,有利于先进制造企业的未来发展;男性技能劳动者多于女性,这可能与职业特殊性和传统观念有关;拥有中级及以上职业等级的各类工种技能人才占比仅为20%,高级工和技师仅占比8%,技能型人力资本质量有待提高,企业技能劳动者的职业等级结构呈现"金字塔"型,高职业等级的技能人才的短缺将不利于先进制造企业的长期发展;本科及以上学历的技能劳动者仅占比30%,技能劳动者的素质结构不合理。

表12.2 江苏省技能劳动者基本特征及素质结构

	类别	占比
年龄	20岁以下	22%
	20~30岁	43%
	30~40岁	27%
	40~50岁	7%
	50岁以上	1%
性别	男性	58%
	女性	42%

续表

类　　别		占比
职业等级	初级工	17%
	中级工	12%
	高级工	7%
	技师	1%
	无职业资格等级	63%
学历	小学及以下	0
	初中	27%
	高中/职中/中专	24%
	大专	19%
	本科及以上	30%

注：该表仅表示有效数据的结果，技师包含初级技师和高级技师。

二、技能劳动者职业-产业结构的匹配度分析及结构性需求预测

根据"结构红利假说"，产业结构与就业结构之间存在一种相互影响、相互制约的密切关系。一方面就业结构取决于相关的产业结构，产业结构演进、升级会对劳动者素质提出新的要求，通过排挤和吸纳劳动力的双重效应，引起劳动力在各产业间分布比重的变化，导致就业结构的变迁；另一方面，劳动力供给结构对产业结构亦具有相当的影响力，是产业结构升级和变动的基础，劳动力素质直接影响产业结构的演进速度和高级化程度。

产业结构与劳动者职业结构的协调性可以通过"结构偏差系数"来测算匹配度问题，即分产业或行业生产总值占总体生产总值的比重与所在产业或行业劳动者从业人数占总体就业人数的比重的比值，再减去1后得到的系数。

1. 江苏三次产业与就业结构匹配度分析

课题组根据2019年统计数据分析了三次产业的结构偏差系数，以及制造业、服务业内部结构偏差系数，又通过差异指数衡量产业结构与劳动者职业结构的协调性。结果表明：第二产业差异指数为-0.32，匹配度饱和，但内部结构上存在较大的职业迁移空间，第三产业差异指数为0.49，可吸纳更多从业人员（表12.3）。

结构偏差系数是用各产业的产值比重除以相对应的就1业比重的商减去1，用来衡量各产业结构偏离程度。结构偏差系数的含义表明，结构偏差系数为正时，就业构成百分比满后于产值构成百分比，劳动生产率较高，存在很大的就业空间；相反，结构偏差系数为负值时，表明该产业存在剩余劳动力；如果为0，表明就业结构和产业结构处于均衡状态。通过对结构信差系数的分析，可以得出不同产业吸收

劳动力的情况,考察拉动城镇化发展的主要产业动力。

表12.3 2019年江苏三次产业与就业结构偏差系数

行 业	2019年	GDP占比	从业人数(万人)	从业人员比重	结构偏差系数
地区生产总值	99631.52	100.00%	4745.2	100.00%	0.00
第一产业	4296.28	4.31%	734.51	15.48%	-0.72
第二产业	44270.51	44.43%	2011.96	42.40%	0.05
第三产业	51064.73	51.25%	1998.73	42.12%	0.22

第二产业内制造业结构偏差系数大,有较大的迁移空间,第三产业内金融、房地产、居民服务业和其他服务业结构偏差系数大(表12.4)。

表12.4 2019年江苏国民经济行业与就业结构偏差系数

国民经济行业	地区生产总值(亿元)	占比	从业人数(万人)	比重	结构偏差系数
农、林、牧、渔业	4610.84	4.6%	2.71	0.2%	21.75
采矿业	395.61	0.4%	4.03	0.3%	0.31
制造业	35491.67	35.6%	453.74	34.1%	0.05
电力、热力、燃气及水的生产和供应业	1938.04	1.9%	14.29	1.1%	0.81
建筑业	6493.54	6.5%	270.07	20.3%	-0.68
批发和零售业	10901.27	10.9%	60.48	4.5%	1.41
交通运输、仓储和邮政业	3157.21	3.2%	48.34	3.6%	-0.13
住宿和餐饮业	1540.21	1.5%	19.17	1.4%	0.07
信息传输、软件和信息技术服务业	2593.53	2.6%	32.43	2.4%	0.07
金融业	7529.61	7.6%	38.89	2.9%	1.59
房地产业	8057.76	8.1%	29.1	2.2%	2.70
租赁和商务服务业	2980.91	3.0%	46.14	3.5%	-0.14
科学研究和技术服务业	2212.91	2.2%	27.27	2.0%	0.09
水利、环境和公共设施管理业	646.01	0.6%	13.23	1.0%	-0.35
居民服务、修理和其他服务业	1121.06	1.1%	4.95	0.4%	2.03
教育	2908.01	2.9%	110.35	8.3%	-0.65
卫生和社会工作	1842.58	1.8%	59.37	4.5%	-0.58
文化、体育和娱乐业	594.23	0.6%	9.23	0.7%	-0.14
公共管理、社会保障和社会组织	4616.52	4.6%	88.55	6.6%	-0.30

2. 江苏制造业细分行业结构与就业结构分布差异指数

产业结构与劳动者就业结构的协调性,通常也可以通过差异指数法来衡量。

具体算法是：$DI = \frac{1}{2}\sum|\text{分行业 GDP 占比} - \text{分行业从业人数占比}|$，其中 DI 是差异指数，所有分行业 GDP 占比与分行业从业人数占比的绝对差的加总，再除以2，即为差异指数。如果产业结构与劳动者就业结构的协调，分布是相同的，那么指数为 0；如果完全不同，则指数为 1。2018 年江苏制造业细分行业结构与就业结构分布差异指数如表 12.5 所示。

表 12.5　2018 年江苏制造业细分行业结构与就业结构分布差异指数

制造细分行业	营业收入（亿元）	占比	从业人员（人）	比重	营业收入占比与从业人员比重绝对差	就业产业偏离指数
制造业	146744.64	100.00%	14392547	100.00%	0.00%	
农副食品加工业	3428.84	2.34%	211003	1.47%	0.87%	
食品制造业	963.70	0.66%	128311	0.89%	0.23%	
酒、饮料和精制茶制造业	1090.62	0.74%	84247	0.59%	0.16%	
烟草制品业	794.60	0.54%	6631	0.05%	0.50%	
纺织业	7562.24	5.15%	1101381	7.65%	2.50%	
纺织服装、服饰业	4011.79	2.73%	929760	6.46%	3.73%	
皮革、毛皮、羽毛及其制品和制鞋业	725.81	0.49%	144973	1.01%	0.51%	$DI = \frac{1}{2}\sum|\text{分行业 GDP 占比} - \text{分行业从业人数占比}| = 0.1859$
木材加工和木、竹、藤、棕、草制品业	1451.64	0.99%	229064	1.59%	0.60%	
家具制造业	656.52	0.45%	159284	1.11%	0.66%	
造纸和纸制品业	1825.32	1.24%	168043	1.17%	0.08%	
印刷和记录媒介复制业	1150.35	0.78%	200240	1.39%	0.61%	
文教、工美、体育和娱乐用品制造业	2403.29	1.64%	391705	2.72%	1.08%	
石油、煤炭及其他燃料加工业	2217.65	1.51%	33465	0.23%	1.28%	
化学原料和化学制品制造业	12213.16	8.32%	519068	3.61%	4.72%	

续表

制造细分行业	营业收入（亿元）	占比	从业人员（人）	比重	营业收入占比与从业人员比重绝对差	就业产业偏离指数
医药制造业	3522.30	2.40%	231037	1.61%	0.80%	
化学纤维制造业	3005.92	2.05%	167224	1.16%	0.89%	
橡胶和塑料制品业	4385.81	2.99%	645111	4.48%	1.49%	
非金属矿物制品业	5037.71	3.43%	527868	3.67%	0.23%	
黑色金属冶炼和压延加工业	9652.63	6.58%	273269	1.90%	4.68%	
有色金属冶炼和压延加工业	4542.68	3.10%	167049	1.16%	1.93%	
金属制品业	8150.65	5.55%	1012730	7.04%	1.48%	
通用设备制造业	11093.36	7.56%	1500102	10.42%	2.86%	
专用设备制造业	8488.62	5.78%	1080046	7.50%	1.72%	$DI=\frac{1}{2}\sum\|$分行业GDP占比－分行业从业人数占比$\|=0.1859$
汽车制造业	8321.48	5.67%	666185	4.63%	1.04%	
铁路、船舶、航空航天及其他运输设备制造业	3026.04	2.06%	342341	2.38%	0.32%	
电气机械和器材制造业	15363.84	10.47%	1273370	8.85%	1.62%	
计算机、通信和其他电子设备制造业	18221.99	12.42%	1785515	12.41%	0.01%	
仪器仪表制造业	2628.57	1.79%	258691	1.80%	0.01%	
其他制造业	415.40	0.28%	89249	0.62%	0.34%	
废弃资源综合利用业	250.84	0.17%	21644	0.15%	0.02%	
金属制品、机械和设备修理业	141.23	0.10%	43941	0.31%	0.21%	

根据2018年江苏省第四次经济普查资料，运用差异指数法计算，要使制造业细分行业结构与劳动者就业结构的完全协调，那么劳动者从业人员必须有18.59%的人要作职业迁移（表12.5）。因此，可以说当前制造业细分行业结构和就业结构

还存在较为严重的偏差现象。

从"十三五"期间新兴产业技能劳动者增长态势来看,技能人才已成为高新企业发展的迫切需求。新能源、生物技术和新医药产业、新一代信息技术和软件产业、新能源汽车产业等年均产值增长率都在100%以上,与之相对应,新兴产业技能人才年增长率也达到11%,而目前江苏省新兴产业高技能人才仅占全省高技能人才总量的1.7%,劳动力素质结构与产业结构较大反差,要求尽快建立一套与产业发展相适应的职业培训体系。

三、江苏省三次产业、制造业及新兴产业技能人才需求趋势分析

未来5年是江苏经济社会实现重大转型发展的关键时期,高端先进制造业、十大新兴战略产业以及现代服务业的发展,急需一大批技能精湛和技艺高超的技能人才队伍作支撑。党的十九大报告明确提出建立更公平的收入分配格局,实现更高质量的就业水平,更合理的人力结构(特别是技能劳动者的规模和结构),建立更发达的人力资源开发体系和更完善的社会服务体系(教育培训和社会服务均等化)。

2018年3月底和2021年3月底,江苏省拥有劳动力人口规模分别为5816万人和5952万人,劳动力人口所占比重分别为72.28%和73.21%,分别高于同期长三角水平(72.03%和72.87%)和全国水平(69.02%和70.45%),说明江苏省人口相对全国而言,具有更多的产业属性。期末较期初,江苏省劳动力规模增幅为2.34%,分别低于长三角同期的2.41%和全国同期的3.11%;人口中劳动力人口比例变动为0.93个百分点,高于长三角的0.84个百分点,但是低于全国的1.43个百分点;同时江苏省劳动力占长三角和全国的比重分别下滑0.03个百分点和0.05个百分点。说明尽管江苏省劳动力保持增长态势,但相对长三角和全国有放缓迹象,在新发展阶段这可能反映了经济增长方式的转变——减少对劳动力数量增长的依赖,更多地依靠劳动投入质量的提升。在劳动力数量保持平稳的情况下,人力资源开发的重点要将争取"人口红利"转为争取"劳动者素质红利""劳动者职业结构红利",进一步提升人口素质,优化人才结构和布局、加大人力资本投入力度,为创新型省份建设提供强大人才支持,经济发展将更多地依赖人口素质和劳动者技能的提高。

"十四五"期间,江苏省聚焦实施"技能中国行动",完善以企业为主体、职业院校(技工院校)为基础,学校教育与企业培养紧密联系、政府推动与社会支持相结合的技能人才培训培养体系。特别是适应数字经济发展要求,提升全民数字技能。建立健全高技能人才引进培育和激励保障机制,培养江苏大工匠60名、江苏工匠600名,引进一批高技能领军人才,评选企业首席技师500名,建设省级高技能人才专项公共实训基地50个、省级技能大师工作室100个。鼓励苏州、无锡等地建

设创业大学、创客学院和工匠学院,打造高技能人才培养基地。

第二节 技能型人力资本投资促进制造业发展的国际经验借鉴

从总体情况来看,二战之后,特别是20世纪70年代以后,在发达国家的经济社会发展进入工业化中后期之后,终身学习的理念得到社会的广泛认同,从政府到企业、其他各类社会组织乃至公民个人,都高度重视职业培训,将其视为与正规学历教育同等重要的、关系经济社会可持续发展全局的重大事业加以参与和推广,并已形成渗透到公民社会生活的各个层面和覆盖全体劳动者整个职业生涯的相对成熟的制度体系。许多国家在理念、法规制度建设、运作模式方面的实践经验值得我们认真分析和借鉴。

一、典型国家技能型人才培养模式的历史沿革与经验

1. 德国

德国的学徒制起源于13世纪,在工业革命的影响下,开始诞生独立于企业的职业培训体系,1938年起德国开始正式实行普通义务职业教育制度,而目前德国职业教育办学形式可分为三类:双元制教育、普通职业学校教育、企业外培训机构教育,其中双元制教育所占比重在60%以上,是最主要的方式。

(1)"双元制"的基本内容

双元制,是指职业培训的两个场所:一元是指职业学校,传授与职业有关的专业知识;另一元是企业等校外实训场所,让学生在企业里接受职业技能方面的培训。德国规定,凡初中毕业不再升学读书的学生就业前必须接受两年半至三年的双元制职业教育。德国双元制学制主要分为三个阶段:

① 中等教育阶段:这一阶段的办学模式可分为由企业主办和由学校主办两类,两者的入学要求都是完成中等教育,培养任务都是通过校企合作教育传授进行职业活动必需的职业技能、知识和职业行动能力,并获得一些相应的职业经验。但在教育经费来源上会有所区别,前者会要求企业提供更多的资金支持。

② 本科教育阶段:德国高校由各州学校法管辖,本科阶段办学模式主要有职业院校主办和由应用科技大学主办两种形式。培养任务是培养高层次应用型职业人才,如工程师和管理型人才。在教学大纲上也都是学校理论学习与企业实践知识并重。但在学习年限和教育经费来源上会有所区别,前者的学习年限较短,并且需要企业承担一部分经费。

③ 硕士研究生教育阶段:应用科技大学提供这一阶段的教育是本科职业教育的延伸,通常是学校根据企业需求定制人才。培养任务是打造高层次科技人才,强调申请专业需要一定时间的实践以及技术技能的培养。

可见,所谓的双元,一般体现在企业和职业学校两大教育主题、学生和学徒双重受训身份、职业教育法和学校法双重法律依据、联邦政府和州文教部双重主管单位、理论课与实训课两类课程、企业和国家双重经费来源、企业技能和学校理论的双重考试、毕业证书和技能证书的两类证书等。培养目标的合二为一和教育过程的一分为二具有很强的双元特性。

(2) 突出特点

德国的双元制职业教育具有以下特点:

① 法律保障。早在1938年德国就在《义务教育法》中将职业教育纳入义务教育的范畴。之后又通过《联邦职业教育法》《职业学院法》确立和保障了双元制的教育地位和教育质量。

② 理论与实践紧密结合,公民素质和职业技能同步培养。德国职业学校的目标包括三个层面的内容:专业素质、个人素质和社会素质。

③ 学校、企业和职业市场服务机构三方合作。通过直接沟通职业培训和就业市场,很大程度上解决了教育和就业的信息不对称问题,让职业教育更加具有针对性。

④ 广泛参与性。选择"双元制"职业教育的学生比例较高,根据2018年德国联邦教育与研究部出台的报告,2017年接受"双元制"职业教育的学生比例为51.7%。可见"双元制"职业教育至今在德国仍为主流选择,是德国职业教育最突出的特征。

⑤ 政府对职业的有力财政支持。由于中等职业教育是义务教育,政府每年承担巨大的财政支出。并且之后阶段的双元制教育也离不开公共财政资金的支持。

(3) 新发展

① 打通职业教育和普通教育壁垒。进入21世纪后,由于经济全球化、高等教育国际化以及科研导向为主的国际大学排名等的影响,为适应经济创新发展,德国逐步改变二战后高校均衡发展的方针,打造世界一流的卓越研究型大学,培养高层次应用型人才。从2014年起,部分州开始赋予应用科技大学博士学位授予权,应用科技大学与综合型大学联合培养应用型博士。这意味着职业教育培养下的学生也能获得普通教育的学生相同高度的学习平台,实现从中等教育到应用型本科到应用型硕士博士的完整学制,形成完备的普通教育与职业教育并行且相互贯通的学制体系。

② 推进成人在职教育。由于产业结构和就业结构的变化,职业教育不仅要长

期存在,更要持续发展,因此职前教育和职后教育被认为是同等重要的,两者应紧密衔接,实现终身教育。因此在《关于职业教育现代化与结构调整的十大方略——意见与实施建议》中提到开拓职业教育二次机会,推进成人职业再教育,通过增设个人和企业补贴、强化职业定位、拟定相关法律等措施,实现对不同群体的因材施教。

因此,德国的技能人才培养模式在宏观上构成政府、教育机构、行业协会、企业的纵向管理体系,在体系内部构成理论、实践、应用三合一的分流教育体系,在培训层次上构成学校教育、成人教育和在职培训三元体系,在培训-就业上形成学校、企业、市场三元一体体系。

德国系统的职业教育模式享誉世界,被很多学者认为是德国经济腾飞的重要武器,为德国培养了一大批具有较高操作技能的技能型人才,对其他国家具有很大的借鉴意义。

2. 日本

日本自1899年颁布第一部职业教育法令,在随后的一个多世纪里,随着产业结构变化和职业教育发展需要,陆续推出了诸多相关法律,形成了企业教育和职教机构两者并行的职业教育体系。

(1) 职业教育体系基本内容

① 企业教育:这是日本职业教育的一大特色,企业负有培养与开发劳动者技能的责任与义务,在日本《职业能力开发促进法》有明确规定。许多中大型企业设置了内部教育的部门,有企业还有自己的企业大学,并成为企业终身教育的一个重要机构。而综合实力较弱的公司会倾向于邀请第三方培训机构协助完成培训任务。企业培训一般分为新员工教育、骨干员工训练、经营者训练、监督者训练、技工训练和技师训练六类。在企业教育中,职业培训、继续教育和转岗培训等,与企业内部实际工作平滑连接成一个整体。除了技能训练之外,还包括经营教育、职业道德、职业精神教育等,形成了"training on job"的独特制度。

② 职业教育机构:职业教育学校可分为高等专门学校、短期大学、专门学校和其他高中后职业技术培训机构,可以服务于不同需求、不同层次的被培训者。公立学校经费来源主要依靠政府拨款,私立的职业院校经费则主要依靠学费,并接受一定的国家补助。日本职业教育积极倡导和鼓励民间团体与个人捐款,同时也采取法规手段规定企业和产业部门承担一部分教育经费。种类多样的职业院校通常规模不大,因此办学方式十分灵活,课程设置的现实针对性很强。在技术快速发展的21世纪,每年新开设专业与20世纪80年代相比增加了600%,而废止的旧专业也增加到近400个。

（2）突出特点

① 以产业结构调整为导向：企业教育在培训时能够根据企业需求灵活培训，而职教机构通过每年培训岗位的及时更新，来适应产业发展的变化。

② 终身学习观念注入：日本的企业教育拥有完整的体系和培训等级制度，贯穿员工的整个职业生涯，结合日本企业传统的终身雇佣制，使得员工的个人持续成长与企业的不断发展相融合。

③ 产学合作：一方面，企业为职教机构提供部分教育资金，用以鼓励学生和优化教育，职教机构也接收企业选派的员工参与进修和培训；另一方面，企业人员可以受聘成为职教机构的实操老师，进行讲学和指导，学校老师也兼任企业岗位，辅助企业研发创新。这种交互行为促进了产学合作，推动科研成果向实际生产能力的转化。

（3）新发展

① 职业教育国际化加深：为了培养国际型职业技术人才，职业教育业需要扩大国际交流与合作。首先，专业设置紧盯国际发展前沿，包括专业课程瞄准高精尖行业、高校联合远程授课和增设外语教学和国际事务条例相关课程等国际理解教育内容等。其次，推进国际化办学。这也包括了"引进来"和"走出去"。"引进来"是要把国家化标准教育引进来，增强学生的国际通用性，更符合国际市场的需求；"走出去"是要进行日本式教育的海外推广，将本国的高专制度向亚洲和中东国家推广。最后，学生和教职员双向派遣。日本政府组织教师进修，是世界上较早实施国际理解教育的国家之一，通过现场实习、进修，养成了教师尤其是青年教师对有关国际化的诸多课题进行研究和解决的能力，对国际理解教育的理论研究以及实践探索，引起了很多国家研究者的注意。日本政府的两个留学计划也推动了职业院校与海外教育机构签订交流协定，鼓励学生海外进修。

② 建立和普及职业段位制度：为培养能够推动新经济增长的人才，日本将职业能力评价和开发相结合并体系化，政府在企业和全社会推行"职业能力提升战略"，在其中明确提出在借鉴应该职业资格制度的基础上，集合日本现有的职业资格制度，建立和普及职业段位制度。

能力评价等级原则上分为 7 个等级（表 12.6），根据具体需要和特点，各专业还可将等级进行细分。在具体评价上，主要通过以下几种方法组合评价：学习得到认定的培训课程、依据取得的资格给出转换性评价意见，以及由考评员给出实践技能评价意见。

职业段位制度的引进是对日本现行职业资格制度的补充和完善，使得专业能力评价标准的通用性、透明性和可比性得到提升，是终身学习观念的制度践行，也是推动职业教育与国际接轨的坚实基础。

表 12.6 日本职业段位等级及标准

等级		基本能力描述
第一级	初级水平	接受一定的教育和训练,具备初级培训后应有的能力
第二级	中级水平	能在具体指导下,完成一定水平的工作
第三级		即使没有指导,也能够独立完成工作
第四级	专业水平	除能够独立完成一项工作,还能在团队内发挥领导作用;根据需要给他人指示、指导;具备高度专业化技能
第五级		除了专业技能外,还具备与某一行业、专业相关的更加高级的专业技能,即以其独特的技能(创新性)得到了客户等的认可与好评
第六级		成绩显著的专业水平
第七级		代表该领域最先进专业技术水平

3. 英国

英国的学徒制自 12 世纪诞生以来经历了数次改革,1993 年 11 月,英国政府开启了"现代学徒制度"计划,并在此后多次对计划进行变革和完善,逐步确立了比较完善的现代学徒制度,目前,已经形成了包括中级学徒制、高级学徒制和高等学徒制在内的完整的学徒制体系。覆盖了 280 多个职业的约 1500 个工作岗位,为英国输出了大量不同技能水平的技能劳动者。

(1)现代学徒制的基本内容

英国的现代学徒制度旨在为 16~24 岁的青年人提供一种以工作为基础的学习路线,并且建立了职业资格证书制度。

① 基本情况:国家层面上,由国家学徒服务中心主要负责学徒制计划的资金和操作,促进相关培训,保证培训的质量,并收集性能数据。行业层面,由行业技能委员会主要负责学徒制框架的开发。企业层面,由雇主和培训机构则负责学徒的培训工作。

现代学徒制主要内容有:一是分层次的培养目标,分为学徒制、高级学徒制和高等学徒制三个层次;二是设置多样化的课程体系,包括关键技能课程、国家职业资格(NVQ)课程和技术证书课程;三是工作和学习交替的教学管理,整个学徒期一般为 4~5 年,第一年脱产到继续教育学院或"产业训练委员会"的训练中心学习,随后几年,教学空间由校内延伸到校外,参与主体多元化。

② 职业资格:学徒制培训很少受到英国政府的干预,主要依靠市场来指导培训机构和企业的职业教育发展方向。各行业的学徒制度没有统一的培训框架,标准开发以雇主为主导,雇主拥有绝对的主导权,因为雇主最有资格确定新的学徒标准,也了解技能差距在哪里,以及哪种类型的培训对企业有意义。为了对这样灵活的职业培训进行认证,英国实行多套平行的职业资格证书体系,主要有国家职业资

格制度(NVQs)、普通国家职业资格体系(GNVQs)、国家资格体系(NQF)和资格与学分体系(QCF)。完备的职业资格认证体系能够负责培训效果的评估和审核，适应不同专业和教育形式的学习者，贴近雇主要求和市场需求。

(2) 突出特点

① 市场化：职业培训任务基本由教育机构、行会和企业完成，职业资格鉴定机构的主体也是行业协会和教育机构等，就业服务也主要民间机构来运作，政府只承担监管和指导，因此运作市场化。现代学徒制下的培训方向主要是由雇主企业决定，教学内容和形式比较灵活，并且对市场的感知比较灵敏，可以根据就业市场需求进行及时调整，因此培训内容是市场导向。

② 课程体系多样，全面提升能力：课程主要包括三个层面：关键技能课程、英国国家职业资格课程和技术证书课程。三个层面的课程各有侧重，并且教学方式也有所不同，能够满足不同层次的技能型人才的培训需求。

③ 评价体系灵活：应该的行业培训针对不同需求和层次的受训者提供不同的培训模式，受训者也可以灵活选择自己需要学习的模块，学习结束后可以考取想要的资格证书。认证和评价体系十分灵活。

(3) 新发展

2012年，英国发布《理查德学徒制评论》，重新定义学徒制，聚焦雇主需求方面的改革，英国政府据此推出多项改革，核心在于让雇主主导学徒制的方向和发展。

① 开拓者项目：开拓者项目由雇主和专业机构牵头，标志着新学徒制下政府真正放权、以雇主为主导、市场为导向。这一项目需要雇主和专业机构联合制定职业资格标准，要求小企业积极参与，并对未能完成标准制定的开拓者进行淘汰。目前这一计划已涉及350余个职业资格标准和数百万个新学徒岗位。

② 资格标准和评价标准重制：新学徒制的职业资格标准由雇主来制订，成为雇主的职责。2013年10月实施由雇主主导开发学徒制标准及相应评估方案的"开拓者项目"。雇主依据《英格兰学徒制标准规范》对行业相关资格、基本技能（如英文、GCSE及其他）、学徒雇员权利与义务等诸多内容进行制定。为了防止学徒水平良莠不齐，雇主也受到法律约束，提供与学徒制标准不符的岗位或技能培训，会被取消招收和培训学徒资格。学徒制的内涵也更新为：新起点、高质量、严要求。

③ 经费资助改革：英国政府于2016年宣布将征收学徒制税，目的在于激励企业参与学徒制，2017年4月正式实施，依据成本分摊原则，不同规模企业采取不同的经费分担政策，雇主可以通过PAYE机制缴纳学徒制税。将雇主的纳税与资助挂钩，也对参与学徒制的中小雇主进行保护和鼓励。

4. 美国

美国实行的是单轨制学制，即中学阶段的职业教育融合在普通教育中，中学之后的职业教育则主要由社区学校承担。经过一个多世纪的发展，社区学校已经逐渐发展为兼具技术教育、转学教育、成人教育等多种办学功能的教育机构,是美国教育体系的重要组成部分。

(1) 社区学校的基本内容

在美国,校企合作常常被称为合作教育(CEP),按合作层次可分为社区学院下以学生为本的职业技能教育与培训合作以及高等本科学校下推动科技进步为主的科研合作。社区学校通常是前一类合作教育计划的主题和核心。

① 办学特色:社区学校作为美国职业教育的核心办学主体,特色鲜明。首先,生源复杂:社区学校的生源包括刚毕业的中学生、在职人员、失业人员等,以社区为单位。其次,学费低廉,交通便利。再次,社区学校通常会与企业合作,将企业实际人才需求融入教学中,专业设置十分灵活。最后,由于生源的复杂性和校企合作的特质,专业设置和授课方式灵活多样,理论和实操并重。

② 校企合作:为了强调企业在合作中的重要地位,社区学院设有合作教育部,专门负责合作教育事宜,其成员主要由具有教学经验的教师和具有广泛社会联系的项目协调人构成,后者则在合作教育中发挥着至关重要的枢纽作用,联结学校、企业、学生,提供咨询与指导,协调三者之间的关系等。学校通过合同培训实现与企业共同办学的目的,在此过程中企业也将用人标准渗透到合作教育的各个环节。合作教育具有多种实现形式,包括共度轮换制、半工半读制和劳动实习制等。

③ 经费和制度保障:经费方面,除了企业投入一定资金,政府也多次加大对社区学校的经费支持力度。参与合作教育的企业更能得到税收减免、财政补贴等利好。制度方面,自1944年起,美国陆续颁布了《军人权利法案》《职业教育法案》《从学校到职场机会法案》《卡尔·巧金斯生涯和技术教育促进法》等相关法律,支持和保障合作教育的顺利开展。

(2) 突出特点

① 职业教育接轨普通教育:在毕业生在进入社区学校前,职业教育就以课程、项目的方式分散至各个阶段的教育系统。而进入社区学校后,学生也可以选择通过学分制的渠道升入大学或者直接就业。因此,社区学校既能培养专科层次的技能型人才,又能为培养应用型本科人才和硕士、博士这样的高层次人才奠定基础。

② 开放性:这主要体现在两点:一是连接其他教育体系的开放性。完备学分认可和转移系统下,同一层次、不同教育机构相互认可学分,不同层次的教育机构认可学分为升学依据,合作教育中的工作经验可转化为学分。二是受教育人群的开放性。社区大学的进入资格不限制年龄和受教育程度,科目和学习方式也可以根据需要和爱好决定。

③ 能力本位教育:虽然教学方式灵活开放,但是依旧强调能力目标的达成。以能力为基础(competency based education)的职业教育模式是当今一种较为先进的职业教育模式,美国职业技术教育借鉴了这种模式。CBE职教模式整合了教

育部门与工业部门、商业组织、就业部门、雇主组织的资源,特别是工商业企业除了直接向学校提供资金外,还通过建立职业教育理事会、职业教育咨询委员会等机构来参与教育的管理和决策。明确培养目标,按照岗位的需要确定从事这一职业所应具备的能力,由学校组织相关教学人员,根据各项能力要求,构成教学模块,制定教学大纲,实施培训教育。强调以岗位群所需职业能力的培养为核心,改进职教内容,实现技能员工素质优化。

(3) 新发展

近年来,美国教育部倡导树立新型职业生涯与专业技术教育(career and technical education,简称 CTE)体系,反映了美国职业教育发展理念与功能的变革。例如,IBM 公司首创的 6 年一贯制校企共治技能人才培养路径,逐步成为这种新型体系的主流办学模式,主要做法是学生在美国 k-12 教育的第 9 年进入社区学院学习,6 年时间完成中高等教育层面的知识学习与技能培养,获得高中毕业证书、副学士学位证书以及职业资格证书。美国政府以此敦促基金会、知识精英机构、社区学院社团组织和政府部门在职业技术教育方面形成一体化共识。

此外,美国政府拨款政策也进一步促进新型校企合作模式的形成。2012 年《帕金斯法案》改革的一项重要内容就是职业院校必须和企业、行业工会组织等劳动就业领域相结合才有资格获得政府财政拨款。该法案注重以结果为导向,优化投入效果。构建基于职业教育人才培养过程数据的体系,整合多种形式评估,使用适当的测量工具来测量学生的学术、行业标准和与就业有关的技术知识和技能成就,提供法律依据。美国政府在 2015 年提出了两年制社区学院免学费计划,之后又颁布了《2016 综合拨款法案》,这些举措都强化了政府的角色定位,体现了政府利用强有力的政策手段和经济手段推动 CTE 体系的改革。

二、典型国家培养模式的差异比较

1. 不同点

(1) 主导对象不同:在英国新学徒制,企业处于培训的主导地位。在英国新学徒制改革后,企业联合行业协会将全权把握教学大纲的制定、教学课程的设置以及职业资格标准的设立等内容,政府只是担任规则制定和监管的角色。而日本、德国和美国在职业教育中的主导地位都稍逊于英国。在日本企业教育中,实力雄厚的大公司会设立专门的企业大学或培训部门,而实力较弱的公司则会选择第三方教育机构。而对日本职教机构、德国双元制教育以及美国的 CTE 体系,企业虽然没有绝对的主导地位,但都是重要的参与者和合作者。

(2) 教育对象不同:虽然在后期的改革中,教育对象有所拓展,但德国享誉世界的双元制和英国历史悠久的学徒制都是主要为青年人提供一种以技能学习为基础的学习和获取职业资格证书的路线。日本的企业教育贯穿员工的整个职业生涯。而美国的社区学校招收的学生范围最为广泛,只要有学习的需求和兴趣,社区居民都能参加便宜便捷的社区学校教育。

(3) 职业教育与普通教育接轨程度不同:在德国和美国,职业教育与普通教育的接轨程度较好,德国双元制学制能够支撑学生从完成中等教育、本科教育,一直到获得应用科技大学博士学位;美国社区学校的学分转换机制也使得学生在之后能够进入大学深造。而英国和日本的职业教育则比较缺少与普通教育的对接。

2. 相同点

(1) 完善的法律和评估体系:成功的技能型人才培养模式离不开政府的保障。在技能型人才培养的过程中,政府无论作为投资者、协调者、监督者或管理者,都有不同程度的参与,这种介入不仅为人才培养提供了资金保障,还为其提供了法律和政策上的约束和支持。虽然英国、美国、德国、日本各自的培养模式中政府所处的地位不同,但是都有针对人才培养的专门法律,这些法律对职业培训的开展方式、课程设置、资金来源和行业、企业、职业院校的权利义务等都作了明确的规定,使培养模式更系统化、规范化。

各个国家都使用与培养模式相适应的能力评价标准,明确的评估标准和等级划分能够鼓励技能型人才不断学习,实现技术能力与职业资格的连接和转化,也便于行业协会、企业单位对人才培养过程进行监督并评估,保障了人才培养质量。

(2) 以市场为导向设置专业课程:无论是德国的双元制、英国的新学徒制、日本的企业教育还是美国的社区学校,人才培养过程中的专业及课程设置均表现出明显的市场性,专业设置紧密结合社会发展实际,应用型较强。课程设置都强调了行业和企业的参与,充分考虑市场的需求,对不适用的专业进行淘汰,对现有专业增加新的技能内容,及时进行专业及课程设置的调整。以美国为例,飓风灾害后,社区学校迅速推出大量实用技能培训,从房屋修护到心理康复护理,这种快速反应体现了专业课程设置是由市场导向的。

(3) 校企合作:各个国家的职业培训都在不断地提高并完善高校与企业之间的合作程度及质量。在德国,作为双元制的一元,企业充分参与学院的实操培训;在日本,企业教育的企业的主导作用不言而喻,身兼职业院校的教师和企业的专业技术人员双重身份也不在少数;美国社区学院和企业联合办学,企业将用人标准渗透到合作教育的各个环节,培养出来的学生直接定向到该企业中就业;而在英国,企业将直接担负和参与到学徒们整个职业培训期的所有工作。

(4) 以能力为本的教育模式:能力本位的教育模式产生于加拿大和美国,即依据市场需求对某一职业岗位所需能力划分为不同程度的目标,按照从易到难的顺序作为教学标准,并使学生逐步达到这些标准。能力本位的教育模式以企业需求为导向,要求企业与学校的充分配合,使得培养出来的学生掌握实用技能,可以快速融入企业生产运作。企业对职业教育的积极参与和学校对行业需求的考察,加强人才培养的针对性及实用性。以能力为核心,以需求为导向,这是各国职业教育的培养目标和改革方向。

(5)职业教育融入终身教育:随着信息时代的到来和科学技术的飞速发展,终身学习的观念被不断强化。各国都在通过丰富和改革,推动职业培训朝着终身化的方向发展。德国双元制和英国的新学徒制本来更倾向于青年学生,但是在最新的发展方向上德国提到了成人职业再教育的重要性,英国多套平行的职业资格证书体系也在推动人们不断给更新知识和技术。而日本和美国原有的职教模式就强调了终身学习的概念。日本政府颁布《终身学习振兴法》,对实现终身学习的机制和途径做出了规定;美国国会通过了《2000年目标:美国教育法》,对儿童的终身学习能力及教师的继续教育能力提出了要求,为成年人提供更多的接受继续教育的机会。

三、对我国的借鉴意义

纵观上述国家的经验,主要有以下成功经验:

(1)政府适度引导。从各国的现有成功经验可以看出,虽然政府参与度不同,但是都在各个国家的职业教育体系中扮演着重要的角色:加强对职业教育的宏观规划;推进相关法律和制度,保障教育体系的规范化;确立适应本国培养模式的职业资格证书制度,加强对职业教育、终身教育、教育平等思想的宣传和介绍;给予经济补贴和优惠政策,鼓励行业、企业、职业院校积极合作,共同参加职业教育。

(2)加强市场化运作。以市场需求为导向,实行市场化运作是上述国家职业培训的鲜明特征。在教学大纲制定、课程设置甚至资格认证方面,市场化程度都很高。市场化运作下,行业、企业、学校、学生的参与度都会提高,能够调动多方参与者的积极性,市场化保障了培训成果的实用性,提高人才培养和企业需求的契合度,提高职业教育的整体培训水平。

(3)整合培养资源,加强职教普教连接。成功的职业教育模式都离不开所有参与方的通力合作,政府行使监督管理和职责,行业制定灵活实用的评价体系和标准,企业和学校加强合作,课程设置方面理论与实践结合,专业设置方面紧跟现实需求,师资建设方面学校导师和企业导师共同指导。

培养资源整合,教育结果也需加强连接。德国拉长双元制学制和美国的学分转换制度都致力于打破职业教育和普通教育的壁垒。因此,将职业教育和普通教育打通,实现彼此的承认和补充衔接,能够拓宽技能型劳动者学习和发展的空间,提供更多职业发展的选择机会。

第三节　技能型人力资本深化与制造业转型升级良性互动的建议与措施

技能型人力资本是支撑中国制造、中国创造的重要基础,对推动经济高质量发展具有重要作用。党的十九大提出,必须坚定走人才强国之路,突出产业人才特别是高技能人才开发,进一步改善高技能人才发展环境,大力加强技工教育和职业培训,努力培养一支规模宏大、门类齐全、素质优良的高技能人才队伍。习近平总书记在致全国首届职业技能大赛的贺信中指出,各级党委和政府要高度重视技能人才工作,大力弘扬劳模精神、劳动精神、工匠精神,激励更多劳动者特别是青年一代走技能成才、技能报国之路,培养更多高技能人才和大国工匠,为全面建设社会主义现代化国家提供有力人才保障。

据统计,截至2020年底,全国技能劳动者超过2亿人,其中高技能人才约5800万人,占技能人才的近30%。2021年7月,人力资源和社会保障部印发《"技能中国行动"实施方案》,提出"十四五"时期,新增技能人才4000万人以上,技能人才占就业人员比例达到30%,东部省份高技能人才占技能人才比重达到35%,中西部省份高技能人才占技能人才比例在现有基础上提高2~3个百分点。但是随着我国制造业企业优化升级,特别是数字化转型加快,技能人才队伍建设仍存在一些突出问题:在总量上,技能人才长期供不应求,高技能人才供给能力不足。技能劳动者的求人倍率一直在1.5以上,高级技工的求人倍率甚至达到2以上。在结构上,高技能人才发展与产业的匹配度存在差距,高端新兴产业技能人才、技能领军人才短缺。在投入上,技工教育、高技能人才培养、农业农村和中小微企业技能人才队伍建设投入不足。在培养上,规模总量大,但在培训的层次、质量、时间、补贴标准、成果转化等方面与新形势、新要求还有差距。在环境上,"重使用轻培养"的现象较为普遍,企业技能薪酬机制尚未完善,技术工人各项待遇有待提高。在体制机制上,现有政策对企业及社会资源投入技工教育的引导作用不足,技工院校和企业融合发展不够深入。这些问题不仅影响了技能人才队伍建设,更制约了制造产业优化转型和新动能新优势的培育。

因此,加快技能人才培养,提升劳动者素质和技能,优化人力资源配置效率,对缓解结构性技能人才缺口、推动制造业转型升级和促进社会公平正义等方面具有重要意义。

一、消除先赋性障碍,推动技能型人力资本深化

技能型人力资本深化的核心是提高人口质量,教育投资是人力投资的主要部

分;职业再教育是形成人力资本的另一重要途径,它依据人的身心发展规律传授系统的技术知识,训练科学的劳动技能,有计划、循序渐进地开发个体的职业潜能,促进劳动者在职业岗位上提高劳动生产率,与基础教育相比更具针对性,更易实现人力资本转化。

从目前来看,制约技能型人力资本积累和公平有序流动的体制机制障碍依然不少,其中最主要的就是先赋性障碍和结构性障碍。先赋性障碍是指人们与生俱来的,如家庭经济、社会地位以及所处的生存环境等。在经济条件较差的家庭,父母受教育水平低,从而不能给予更多的家庭经济资本、人力资本乃至社会资本支持,从而会影响社会流动机会和能力。消除先赋性障碍就是防止出现大规模的向下流动,增加向上流动、水平流动的机会。习近平总书记在党的十九大报告中指出:"破除妨碍劳动力、人才社会性流动的体制机制弊端,使人人都有通过辛勤劳动实现自身发展的机会。"这是对当前社会阶层日趋固化、社会纵向流动性明显弱化而提出来的,具有很强的现实针对性和目的性,对形成合理、公正、顺畅的社会纵向流动,提高人力资源配置效率,增强社会活力,促进社会公平正义有深远影响和意义。

人社部印发《"技能中国行动"实施方案》,提出健全终身职业技能培训制度。建立健全覆盖城乡全体劳动者、贯穿劳动者学习工作终身、适应就业创业和人才成长需要以及高质量发展需求的终身职业技能培训制度。研究表明技能型人力资本深化是一项综合的系统工程,产业大军技能形成体系要求多方合作、相互作用。为此,提出推动技能型人力资本深化的个人、企业、学校、政府和社会"五位一体"联动培养的发动机推进模式:个人是燃料和氧气,企业是燃烧室,学校是输油管和气门,政府是火花塞,社会是连杆和活塞。在"发动机模式"中,政府作为启动装置,出台相关政策,引领技能型人才培养工作的开展;个人在政策指导下,经学校"输送"到企业"缸体",在实践中提升技能;社会承接串联,并发挥基础性作用。联动培养模式旨在破除阻碍社会流动的制度障碍,增加技能型人力资本向上流动的机会以及确保其公平、合理。同时,人、企、校、政、社"五位一体"合力形成"发动机模式",为制造产业发展源源不断地提供人才供动力。

二、打破结构性障碍,实现技能型人力资本转化

社会流动体现在两个方面,除了垂直流动,还有水平流动。垂直流动指改变社会地位的流动,包括向上流动和向下流动;水平流动是指不改变社会地位的流动,包括行业之间、区域之间、部门之间的变动。结构性障碍主要指公共服务供给体制、户籍制度、劳动体制、技术体制、人事薪酬体制、教育体制和兜底机制等障碍,对社会流动产生制约作用。

如城市迁移是实现人力资本转化的重要途径,但长期以来,大部分技能劳动者在其就业的大城市落户仍有障碍,没有户籍就无法享受教育、就业、医疗卫生等基

本公共服务,造成地区人才不平衡和人力资本需求与供给的不对称,也构成一些分配不公,影响内需驱动型经济发展,也不利于劳动力素质的提高。2020年3月,中共中央、国务院发布《关于构建更加完善的要素市场化配置体制机制的意见》,对推进要素市场化配置改革进行总体部署。打破迁移障碍,让更多的人得以更大地发挥自身生产能力,社会生产力也将因此大大提高。

三、跨越"竞争力陷阱",人力资本红利驱动转型升级

人力资本积累与资本深化对制造业结构升级均具有显著的推动作用,已有研究表明,从作用强度来看,人力资本积累对制造业结构升级的作用强度要高于资本深化。

在经济发展初期,我国由于人力资本的优势表现为大量廉价劳动力的存在,加上企业以"模仿创新"模式进行的技术与工艺改造,同时设备引进又大量集中于劳动密集型行业,企业生产规模的扩大,并没有带来高技能工人比例的显著提高,反而对于低技能劳动力的需求提高得更为明显。企业简单依靠资本和劳动投入的外延式扩张,形成"低端锁定"和"技能短缺"现象。制造业转型升级存在路径依赖,过度依赖已有模式,可能导致制造业结构发展被锁定在某一水平上,陷入"竞争力陷阱"。

发达国家的经验表明,及时发展先进的科学与技术,以及对高新技术的有效应用是保障经济持续增长的唯一方案。"没有大批科学研究人员、专业人员、熟练技工,就谈不上科技领域的新突破,也就不会出现新的资源红利"。固有的外延式的规模扩张只会带来对低技能劳动力需求的不断增加,企业技术进步才会引起对高技能劳动力需求的大量增加。跨越"竞争力陷阱",需要增加对技能的投资,改善劳动力供给中的技能结构,形成第二次人口红利,即人力资本红利。形成人力资本红利是驱动制造业转型升级的必需之举。

四、全要素协同作用,促进制造业合理化、高级化转变

从经济增长的角度来看,劳动力、资本和生产率等因素对经济增长都有贡献,如果产出增长率比要素投入增长率大,那么超出的增长率就是全要素生产率(total factor productivity),作为科技进步的指标,主要由生产创新、专业化、技术进步和组织创新等实现。技术进步是制造业转型升级的本质,应充分利用大数据、人工智能等技术,促进技术进步,促进各类要素重新配置,推动制造业高质量发展。

研究表明,当人力资本水平超过某一临界值后,资本深化对制造业结构升级的促进作用明显提升,即资本深化对制造业结构升级的影响存在人力资本门限效应(孙海波 等,2018)。在高人力资本区间内,资本深化对制造业结构升级的边际影响系数明显增大。因此,政府应将技能型人力资本水平推升到门限值之上,充分发挥技能型人力资本与物质资本的协同作用,促进产业结构向合理化、高级化的方向转变。

参 考 文 献

Abramovsky L, Battistin E, Fitzsimons E, et al, 2011. Providing employers with incentives to train low-skilled workers: evidence from the UK Employer Training Pilots[J]. Journal of Labor Economics,29(1):153-193.

Allen D G, Shanock L R, 2013. Perceived organizational support and embeddedness as key mechanisms connecting socialization tactics to commitment and turnover among new employees[J]. Journal of Organizational Behavior,34:350-369.

Allen D G, Shore L M, Griffeth R W, 2003. The role of perceived organizational support and supportive human resource practices in the turnover process[J]. Journal of Management,29(1):99-118.

Andersson B, Scandinavian, 2001. Evidence on Growth and Age Structure[J]. Regional Studies, 4:377-390.

Aquino K, Griffeth R W, 1999. An exploration of the antecedents and consequences of perceived organizational support: a longitudinal study [R]. Delaware: University of Delaware;Georgia:Georgia State University.

Areerat S,2011. Examining the effect of trust,procedural justice,perceived organiza-tional support, commitment,and job satisfaction in Royal Thai Police: the empirical investigation in social exchange perspective[J]. Journal of Academy of Business and Economics,11(3).

Armeli S, Eisenberger R, Fasolo P, et al, 1998. Perceived organizational support and police performance: The moderating influence of socioemotional needs[J]. Journal of Applied Psychology,83:288-297.

Aryee S, Tan K, 1992. Antecedents and outcomes of career commitment [J]. Journal of Vocational Behavior,40(92):288-305.

Asad N, Khan S, 2003. Relationship between job-stress and burnout: organizational support and creativity as predictor variables[J]. Pakistan Journal of Psychological Research, 18 (3): 139-150.

Avey J B, Reichard R J, Luthans F, et al, 2011. Meta-analysis of the impact of positive psychological capital on employee attitudes, behaviors, and performance [J]. Human Resource Development Quarterly,22(2):127-152.

Becker G S, 1962. Investment in human capital: a theoretical analysis[J]. Journal of Political Economy,70(5):9-49.

Becker G S, Barro R A,1985. Reformulation of the economic theory of fertility[R]. Discussion

Paper No 85-11. Chicago:Economics Research Center, NORC.

Beliaeva A, Beliaeva A, 1977. Training highly skilled workers[J]. Soviet Education, 19(12): 64-70.

Bell S J, Menguc B, 2002. The employee-organization relationship, organizational citizenship behaviors, and superior service quality[J]. Journal of Retailing, 78(2):131-146.

Bernard A B, Jensen J B, 2002. The deaths of manufacturing plants[C]. Tuck School of Business Working Paper.

Bernardin H J, Beatty R W, 1984. Performance appraisal: assessing human behavior at work[C]. Human Resource Management.

Billingsley B S, Cross L H, 1992. Predictors of commitment, job satisfaction, and intent to stay in teaching: A Comparison of General and Special Education[J]. Special Education, 25: 453-471.

Blau G J, 1985. The measurement and prediction of career commitment[J]. Journal of Occupational Psychology, 58:277-288.

Blau G, Lunz M, 1998. Testing the incremental effect of professional commitment on intent to leave one's profession beyond the effects of external, personal, and work-related variables [J]. Journal of Vocational Behavior, 52(2):260-269.

Blau P M, 1964. Exchange and powert in social life[M]. New York:Wiley.

Blumberg M, Pringle C D, 1982. The missing opportunity in organizational research: some implications for a theory of work performance[J]. Academy of Management Review, 7(4): 560-569.

Bogue, Donald J, Thompson, et al, 1949. Migration and distance[J]. American Sociological Review, 14(2):236-244.

Bontje M, Musterd S, Sleutjes B, 2017. Skills and cities: knowledge workers in Northwest-European cities[J]. International journal of knowledge-based development, 8(2):135-153.

Borman W C, Motowidlo S J, 1993. Expanding the criterion domain to include elements of contextual performance[M]. Personnel Selection, New York:Joss-Bass.

Bournakis I, 2009. Competitiveness productivity and trade: with special reference to greece[M]. Saarbriicker:Vdm Verlag.

Bowen D E, Ostroff C, 2004. Understanding HRM-firm performance linkages: the role of the "strength" of the HRM system[J]. Academy of Management Review, 29(2):203-221.

Boyatzis R E, 1982. The competent manager: a model for effective performance[M]. New York:John and Willy Sons Inc.

Brumbrach A, 1998. Performance management[M]. London:The Cromwell Press.

Brambilla I, Lederman D, Porto G, 2012. Exports, export destinations, and skills[J]. American Economic Review, 102(7):3406-3438.

Burstein A, Vogel J, 2010. International trade, technology, and the skill premium[C]. NBER Working Paper No.16459.

Campbell J P, et al, 1974. The measurement of organizational effectiveness: a review of relevant research and opinion[C]. DTIC Document.

Carmeli A, Freund A, 2004. Work commitment, job satisfaction, and job performance: an emprical investigation[J]. International Journal of Organization Theory and Behavior,7(3): 280-309.

Carson K, Carson D, 1998. Career commitment, competencies, and citizenship[J]. Journal of Career Assessment,6(2):195-208.

Caselli F, Coleman W J, 2006. The World Technology Frontier[J]. American Economic Review,96(3):499-522.

Castells M, Yuko A, 1994. Towards the informational society: employment structure in G -7 Countries 1920—1990[J]. International Labor Review(1).

Chapman J A, Lovell G, 2017. The competency model of hospitality service: why it doesn't deliver[J]. International Journal of Temporary Hospitality Management,18(1):78-88.

Charlotta M, Richard F, Jason R, 2012. The creative class, post-industrialism and the happiness of nations[J]. Cambridge Journal of Regions, Economy and Society,5(1).

Chen G, Ployhart R E, Thomas H C, et al, 2011. The power of momentum: a new model of dynamic relationships between job satisfaction change and turnover intentions[J]. Academy of Management Journal,54(1):159-181.

Cheung M F Y, Law M C C, 2008. Relationships of organizational justice and organizational identification: the mediating effects of perceived organizational support in Hong Kong[J]. Asia Pacific Business Review,14(2):213-231.

Chung Y B, 2002. Career decision-making self-efficacy and career commitment: gender and ethnic differences among college students[J]. Journal of Career Development, 28 (4): 277-284.

Clark T N, Lloyd R, et al, 2002. Amenities drive urban growth[J]. Journal of Urban Affairs,24 (5):493-515.

Cohen A, 1999. Relationships among five forms of commitment: An empirical assessment[J]. Journal of Organizational Behavior,20(3):285-308

Colarelli S M, Bishop R C, 1990. Career commitment: functions, correlates, and management [J]. Group and Organization Studies,15(15):158-176.

Cropanzano R, Howes J C, Grandey A A, et al, 1997. The relationship of organizational politics and support to work behaviors, attitudes, and stress[J]. Journal of Organizational Behavior, 22:159-180.

Bellnate D, 1979. The north-south differential and the migration of heterogeneous labor[J]. American Economic Review,69(1):166-75.

Greenaway D, Hine R C, Wright P, 1999. An empirical assessment of the impact of trade on employment in the United Kingdom[J]. European Journal of Political Economy, 15 (3): 485-500.

Jacobs D H C, Jane, 1962. The Death and Life of Great American Cities[J]. Town Planning Review,33(2).

Dastmalchian A P, Blyton, Adamson R, 2011. Industrial relations climate: Testing a construct[J]. Journal of Occupational Psychology, 62(1): 21-32.

Doeringer, Piore P B, Michael J, 1971. Internal labor markets and manpower analysis[J]. Industrial & Labor Relations Review, 25(6): 401-403.

Duke A B, Goodman J M, Treadway D C, et al, 2009. Perceived organizational support as a moderator of emotional labor/outcomes relationships[J]. Journal of Applied Social Psychology, 39(5): 1013-1034.

Dwyer P D, Welker R B, Friedberg A H, 2000. A research note concerning the dimensionality of the professional commitment scale[J]. Behavioral Research in Accounting, 12: 279-296.

Eisenberger R, Armeli S, Rexwinkel B, et al, 2001. Reciprocation of perceived organizational support[J]. Journal of Applied Psychology, 86: 42-51.

Eisenberger R, Huntington R, Hutchison S, et al, 1986. Perceived organizational support[J]. Journal of Applied Psychology, 71: 500-507.

Eisenberger R, Rhoades L, Cameron J, 1999. Does pay for performance increase or decrease perceived self-determination and intrinsic motivation? [J]. Journal of Personality and Social Psychology, 77: 1026-1040.

Elisenberger R, Fasolo P, Davis-LaMastro V, 1990. Perceived organizational support and employee diligence, commitment, and innovation[J]. Journal of Applied Psychology, 75: 51-59.

Engelien de Jong, 1999. The impact of motivation on the career commitment of Dutch literary translators[J]. Poetic, 26(5/6): 423-437.

Everett S L, 1966. A theory of migration[J]. Demography, 3(1).

Farber H S, 1994. The analysis of interfirm worker mobility[J]. Journal of Labor Economics, 12(4): 554-593.

Fletcher D, Maher J, 2013. Toward a competency-based understanding of the training and development of applied sport psychologists[J]. Sport, Exercise and Performance Psychology, 2(4): 265-280.

Fran O D, Richard S, 2010. Where does all the talent flow? Migration of young graduates and nongraduates, Canada 1996-2001[J]. Canadian Geographer / Le Géographe canadien, 54(3).

Freund A, Carmeli A, 2003. An empirical assessment: reconstructed model for five universal forms of work commitment[J]. Journal of Managerial Psychology, 18(7): 708-725.

Friedman D, 1991. Evolutionary Games in Economics[J]. Econometrica, 59(3): 637-666.

Fujiwara-Greve T, Greve H R, 2010. The Role of Expectation on Job Search and the Firm Size Effect on Wages[J]. Japanese Economic Review, 55(1): 56-85.

Gary S, Becker, 1962. Investment in human capital: a theoretical analysis[J]. The journal of political economy, 70(5): 9-49.

George J M, Brief A P, 1992. Feeling good-doing good: A conceptual analysis of the mood at work-organizational spontaneity relationship[J]. Psychological Bulletin, 112: 310-329.

George J M, Reed T F, Ballard K A, et al, 1993. Contact with AIDS patients as a source of work-related distress: Effects of organizational and social support[J]. Academy of Management Journal,36:157-171.

Goulet L R,Singh P,2002. Career commitment:a reexamination and an extension[J]. Journal of Vocational Behavior,61:73-91.

Green A,2002. Models of high skills in nation competition strategies[M]. Oxford: Oxford University Press:56.

Grigg,D B E G,1977. Ravenstein and the laws of migrationa?[J]. Jiurnal of Historical Geography,3(1).

Gupra P D,1978. A general method of decomposing a difference between two rates into several components[J]. Demography,15 (1):99-112.

Harris J R,Todaro M P,1970. Migration,unemployment and development:a two-sector analysis [J]. American Economic Review,60(1):126-142.

Hayton J C,McEvoy G M,2006. Competencies in practice:an interview with Hanneke C. Frese [J]. Human Resource Management,45:495-500.

Nonaka I,Hirotaka T,1996. The knowledge-creating company:How Japanese companies create the dynamics of innovation[J]. Long Range Planning,29(4):592.

Inside the black box of regional development-human capital,2008,the creative class and tolerance[J]. Journal of Economic Geography8(5).

Irving P G,Coleman D F,1997,Cooper C L. Further assessments of a three-component model of occupational commitment:generalizability and differences across occupations[J]. Applied Psychology,82:444-452.

Islam M M,1997. Attitude and consciousness of Japanese men and women towards a career commitment and continuity:the role of expected change in HRM policies[J]. International Journal of Human Resource Management,8(2):150-171.

Lee J,Kao H A,Yang S,2014. Service innovation and smart analytics for industry 4.0 and big data environment[J]. Procedia Cirp,16:3-8.

Pennings J M, Lee K, Witteloostuijin A V, 1998. Human capital, social capital and firm dissolution[J]. The Academy of Management Journal,41 (4):425-441.

Johns S,Vitartas P,Kilpatrick S,et al,2011. Mobile skilled workers:making the most of an untapped rural community resource[J]. Journal of Rural Studies,27(2):181-190.

Jr R E L,1999. On the mechanics of economic development[J]. Journal of Monetary Economics,22(1):3-42.

Katz D,1964. The Motivational basis of organizational behavior[J]. Behavioral Science,9(2): 131-146.

Katz H N,2015. Workers' education or education for the worker[J]. Social Service Review,52 (2):265-274.

Kitagawa E M,1955. Components of a difference between two rates[J]. Journal of the American Statistical Association,50(272):1168-1194.

Klassen R M,Ming M C,2011. The occupational commitment and intention to quit of practicing and pre-service teachers: Influence of self-efficacy, job stress, and teaching context[J]. Contemporary Educational Psychology,36(2):114-129.

Klein H J, Molloy J C, Brinsfield C T, 2012. Reconceptualizing workplace commitment to redress a stretched construct: revisiting assumptions and removing confounds[J]. Academy of Management Review,37(1):130-151.

Knight J, Yueh L, 2004. Job mobility of residents and migrants in urban China[J]. Journal of Comparative Economics,32(4):637-660.

Knowles. K G J C, Robertson. D J,1951. Differences between the wages of skilled and unskilled workers,1880—1950 [J]. Bulletin of the Oxford University Institute of Economics & Statistics,13(4):109-127.

Kottke J L, Sharafinski C E,1988. Measuring perceived supervisory and organizational support [J]. Educational and Psychological Measurement,48:1075-1079.

Kristof A L, 1996. Person-organization fit: an integrative review of its conceptualizations, measurement, and implications. Personnel Psychology,49(1):1-49.

Krugman P,1991. Increasing returns and economic geography[J]. Journal of Political Economy, 99(3):483-499.

Lamo A, Messina J, Wasmer E,2011. Are specific skills an obstacle to labor market adjustment? [J]. Labour Economics,18(2):0-256.

Lawler E E, 1994. From job-based to competency-based organizations [J]. Journal of Organizational Behavior,15:3-15.

Lee K, Carswell J J, Allen N J,2000. A meta-analytic review of occupational commitment: relations with person and work-related variables[J]. Journal of Applied Psychology,85(5): 799-811.

Lewis W A, 2010. Economic development with unlimited supplies of labour[J]. Manchester School,22(2):139-191.

Locke E A, 1969. What is job satisfaction? [J]. Organizational Behavior & Human Performance,4(4):309-336.

London M, 1983. Toward a theory of career motivation[J]. The Academy of Management Review,8(4):620-630.

Lowrey W, Becker L B, 2004. Commitment to journalistic work: do high school and college activities matter? [J]. Journalism and Mass Commtmication Quarterly,81(3):528-545.

Robert L E, 1990. Why doesn't capital flow from rich to poor countries? [J]. American Economic Review,80(2):92-96.

Machery E,2009. Doing Without Concepts[M]. Oxford: Oxford University Press:67-72.

Manning, Alan, Petrongolo, et al, 2011. How local are labor markets? evidence from a spatial job search model[C]. Centre for Economic Performance, LSE.

Mary E M,1992. Higher education in a world market[J]. Higher Education,24(4).

Mccall J J,1970. Economics of information and job search[J]. Quarterly Journal of Economics, 84(1):113-126.

McClelland D C, 1973. Testing for competence rather than for intelligence[J]. American Psychologist(28):1-14.

Mclagan P A,1980. Competency models[J]. Training and Development Journal:22-26.

Meyer J P,Allen N J,Smith C A,1993. Commitment to organizations and occupations:extension and test of a three-component model[J]. Journal of Applied Psychology,78(4):538-551.

Meyer J P,Smith C A,2000. HRM practices and organizational commitment:test of a mediation model[J]. Canadian Journal of Administrative Science,17(4):319-332.

Meyer J P, Stanley D J, Herscovitch L, et al, 2002. Affective, continuance, and normative commitment to the organization: A meta-analysis of antecedents, correlates, and consequences[J]. Journal of Vocational Behavior,61:20-52.

Michael P, 1958. Personal knowledge: towards a post-critical philosophy[M]. Chicago: The Unviersity of Chicago Press.

Jensen M C, 1993. The modern industrial revolution, exit, and the failure of internal control systems[J]. Journal of Finance,48(3):831-880.

Mincer J,1958. Investment in human capital and personal income distribution[J]. Journal of Political Economy,66(4):281-302.

Shoss M K,Eisenberger,Restubog,et al,2013. Blaming the organization for abusive supervision: the roles of perceived organizational support and supervisor's organiza-tional embodiment [J]. Journal of Applied Psychology,98(1):158-168.

Mordechai S, 1991. A comparative study of environmental amenity valuations [J]. Environmental & Resource Economics,1(2).

Morrow P C, 1983. Concept redundancy in organizational research: The case of work commitment[J]. The Academy of Management Review,8(3):486-500.

Mortensen D T,1977. Unemployment Insurance and Job Search Decisions[J]. Industrial & Labor Relations Review,30(4):505-517.

Mrayyan M, Al-Faouri I, 2008. Predictors of career commitment and job performance of Jordanian nurses[J]. Journal of Nursing Management,16(3):246-256.

Muratbekova,Touron M,2009. Why a multinational company introduces a competency-based leadership model: a two-theory approach[J]. International Journal of Human Resource Management,20(3):606-632.

Murphy K R, Shiarella A H, 1989. Is the relationship between cognitive ability and job performance stable over time[J]. Human Performance,2(3):183-200.

Bloom N,Draca M,Reenen J V,2016. Trade induce technical change? the impact of Chinese imports on innovation,IT and productivity[J]. Cepr Discussion Papers,83(1):1-13.

Neves P, Elisenberger R, 2012. Management communication and employee performance: the contribution of perceived organizational support[J]. Human Performance,25:452-464.

Newman A, Thanacoody R, Hui W, 2012. The effects of perceived organizational support, perceived supervisor support and intra-organizational network resources on turnover intentions[J]. Personnel Review,41(1):56-72.

Nonaka, Ikujiro, 2008. The knowledge-creating Company[C]. Harvard Business School Press Books.

Nye L G, Witt L A, 1993. Dimensionality and construct-validity of the perceptions of Organizational Politics Scale (POPS)[J]. Educational and Psychological Measurement, 53: 821-829.

Okurame D E, 2012. Linking work-family conflict to career commitment: the moderating effects of gender and mentoring among Nigerian civil servants[J]. Journal of Career Development, 39(5): 423-442.

Olesen C, White D, Lemmer I, 2007. Career models and culture change at Microsoft[J]. Organization Development Journal(25): 31-36.

Goldberg P K, Pavcnik N, 2007. Distributional effects of globalization in developing countries [J]. Journal of Economic Literature, 45(1): 39-82.

Patterson F, Tavabie A, Denney M L, et al, 2013. A new competency model for general practice: implications for selection, training, and careers[J]. British Journal of General Practice(5): 1-8.

Pennings J M, Lee K, Witteloostuijn A V, 2007. Human capital, social capital, and firm dissolution[J]. Academy of Management Journal, 41(4): 425-440.

Stevens P A, 2005. Skill shortages and firms' employment behavior[J]. Labor Economics(4): 231-249.

Podsakoff P M, MacKenzie S B, Lee J Y, et al, 2003. Common method biases in behavioral research: a critical review of the literature and recommended remedies[J]. Journal of Applied Psychology, 88(5): 879-903.

Porter M E, 1996. Competitive advantage, agglomeration economies, and regional policy[J]. International Regional Science Review, 19(1-2): 85-90.

Psacharopoulos G, Patrinos H, 1994. Returns to investment in education: a further update[C]// World Development. The World Bank: 1325-1343.

Baldwin R, Lopez-Gonzalez J, 2014. Supply-chain trade: a portrait of global patterns and several testable hypotheses[J]. World Economy, 38(11): 141-142.

Randall D M, Cote J A, 1991. Interrelationships of Work Commitment Constructs[J]. Work and Occupations, 18(18): 194-211.

Harris R B, Harris K J, Harvey P, 2007. A test of competing models of the relationships among perceptions of organizational politics, perceived organizational support, and individual outcomes[J]. The Journal of Social Psychology, 147(6), 631-655.

Raymond L, Hang-yue N, Foley S, 2006. Linking employees' justice perceptions to organizational commitment and intention to leave: The mediating role of perceived organizational support[J]. Journal of Occupational and Organizational Psychology, 79: 101-120.

Redmond E, 2013. Competency models at work: the value of perceived relevance and fair rewards for employee outcomes[J]. Human Resource Management, 52(5): 771-792.

Rhoades L, Eisenberger R, 2002. Perceived organizational support: a review of the literature [J]. Journal of Applied Psychology, 87(4):698-714.

Rhoades L, Eisenberger R, 2006. When supervisors feel supported: relationships with subordinates' perceived supervisor support, perceived organizational support and performance[J]. Journal of Applied Psychology, 91(3):689-695.

Richard E, Boyatzis, 1996. Consequences and rejuvenation of competency-based human resource and organization development[M]//Pasmore W, Woodman R. Research in organizational change and development. volume 9. Greenuich: JAL Press: 101-122.

Richard F, 2002. The economic geography of talent[J]. Annals of the Association of American Geographers, 92(4).

Robblee M, 1998. Confronting the threat of organizational downsizing: coping and health[D]. Ottawa: Carleton University.

Robert M, 1991. The work of nations: preparing ourselves for the 21st century capitalism[M]. New York: Knopf Publishing.

Roberts R K, Poudyal N C, Cho S, 2008. Spatial analysis of the amenity value of green open space[J]. Ecological economics, 66(2/3):403-416.

Salleh K M, Sulaiman N L, Gloeckner G W, 2015. The development of competency model perceived by Malaysian human resource practitioners' perspective[J]. Asian Social Science, 11(10):175-185.

Sanchez J I, Levine E L, 2009. What is (or should be) the difference between competency modeling and traditional job analysis? [J]. Human Resource Management Review, 19(2): 53-63.

Sandberg J, 2000. Understanding human competence at work: an interpretative approach[J]. Academy of Management Journal, 43(1):9-25.

Schultz T W, 1960. Capital formation by education[J]. Journal of Political Economy, 68(6):571-583.

Schultz T W, 1963. The economic value of education[M]. New York: Columbia University Press: 10-11.

Serafim O, Gwo-Hshiung T, 2006. Extended Vikor method in comparison with outranking methods[J]. European Journal of Operational Research, 178(2).

Serim H, Demirbağ O, Yozgat U, 2014. The effects of employees' perceptions of competency models on employability outcomes and organizational citizenship behavior and the moderating role of social exchange in this effect[J]. Social and Behavioral Sciences, 150:1101-1110.

Shore L M, Tetrick L E, Lynch P et al, 2006. Social and economic exchange: construct development and validation[J]. Journal of Applied Psychology, 36:837-867.

Shore L M, Wayne S J, 1993. Commitment and employee behavior: comparison of affective organizational commitment and continuance commitment with perceived organizational support [J]. Journal of Applied Psychology, 78:774-780.

Shore L M, Shore T H, 1995. Perceived organizational support and organizational justice. [C]//

Cropanzano R S, Kacmar K M. Organizational politics, justice, and support: managing the social climate of the workplace. Westport, CT: Quorum: 149-164.

Shore L M, Tetrick L E, 1991. A construct validity study of the Survey of Perceived Organizational Support[J]. Journal of Applied Psychology, 76: 637-643.

Shultz S, 1975. The value of the ability to deal with disequilibria[J]. Journal of Economic Literature (13): 28-38.

Singh V, Vinnicombe S, 2000. Gendered meanings of commitment from high technology engineering managers in the United Kingdom and Sweden[J]. Gender Work and Organization, 7(1): 1-19.

Smith J M, 1974. The theory of games and the evolution of animal conflicts[J]. Journal of Theoretical Biology, 47(1): 209-21.

Sonnentag S, 2002. Psychological management of individual performance[J]. Work Study, 49(1): 51-52.

Spencer L M, Spencer S M, 1993. Competence at work: models for superior performance[M]. New York: John and Willy Sons Inc.

Spencer L M, Spencer S M, 1993. Competence at Work: models for superior performance[M]. John Wiley & Sons, Inc: 222-226.

Stark O, Bloom D E, 1985. The New Economics of Labor Migration[J]. American Economic Review, 75(2): 173-178.

Steers R M, Mowday R, 1981. Employee turnover and post-decision accommodation processes[J]. Research in Organizational Behavior, 3(3): 235.

Storper M, Walker R, 2010. The theory of labour and the theory of location[J]. International Journal of Urban & Regional Research, 7(1): 1-43.

Taylor F W, 1911. The principles of scientific management[M]. New York: Harper.

Todaro M P, 1969. A model of labor migration and urban unemployment in less developed countries [J]. American Economic Review, 59(1): 138-148.

Ufuk A, Salomé B, Stefanie S, 2016. Taxation and the international mobility of inventors[J]. American Economic Review, 106(10).

Ullman E L, 1954. Amenities as a Factor in Regional Growth[J]. Geographical Review, 44(1): 119-132.

Urban amenities and agglomeration economies, 2011? The locational behaviour and economic success of dutch fashion design entrepreneurs[J]. Urban Studies, 48(7).

Ürü Sanı F O, Yozgat U, Cakarel T Y, 2016. How employees' perceptions of competency models affect job satisfaction? Mediating effect of social exchange[J]. Academy of Strategic Management Journal, 15(2): 36-46.

van Scotter J R, Motowidlo S J, 1996. Interpersonal facilitation and job dedication as separate facets of contextual performance[J]. Journal of Appied Psychology, 81(5): 525-531.

Viswesvaran C, Sanchez J I, Fisher J, 1999. The role of social support in the process of work stress: A meta-analysis[J]. Journal of Vocational Behavior, 54: 314-334.

Walsh J R, 1935. Capital concept applied to man[J]. Quarterly Journal of Economics, 49(2): 255-285.

Wan J, Kim J H, Hewings G J D, 2013. Inspecting regional economic structural changes through linking occupations and industries[J]. Environment & Planning, 45(3):614-633.

Wang H, Zhong C B, Farth J L, 2000. Perceived organizational support in the People's Republic of China:an exploratory study[J]. Asia Academy of Management.

Wayne A H, Charles K, Pamela, et al, 2003. Perceived organizational support as a mediator of the relationship between politics perceptions and work outcomes[J]. Jonrnal of Vocational Behavior, 63(4):438-456.

Wayne S J, Liden R C, Kraimer M, 1999. The role of human capital, motivation and supervisor sponsorship in predicting career Success(5).

Wayne S J, Shore L M, Liden R C, 1997. Perceived organizational support and leader-member exchange: A social exchange perspective. Academy of Management Journal, 40:82-111.

Werner S, Ward S G, 2004. Recent compensation research: An eclectic review[J]. Human Resource Management Review, 14(2):201-227.

Williamson O E, 1996. Economic organization: the case for candor[J]. The Academy of Management Review, 21(1):48-57.

Witt L A, Nye L G, 1992. Organizational goal congruence and job attitudes revisited [M]. Washington, DC: Federal Aviation Administration, Office of Aviation Medicine Publication:92-98.

Wyk R V, Boshoff A B, Hoole C, Owen J H, 2002. The prediction of intention to quit by means of biographic variables, work commitment, role strain and psychological climate[J]. Management Dynamics, 11(4):14-28.

Zand D E, Sorensen R E, 1975. Theory of change and the effective use of management science[J]. Administrative Science Quarterly, 20(4):532-545.

艾明晓,2010.技能型人力资本及其转化与积累路径探讨[J].改革与开放,25(6):116-116.

安亚伦,段世飞,2020.推拉理论在学生国际流动研究领域的发展与创新[J].北京师范大学学报(社会科学版)(4):25-35.

白婧,冯晓阳,2020.人力资本对产业结构高级化发展的实证检验[J].统计与决策,36(4).

白玉苓,2011.组织支持感对工作压力影响的实证研究[J].北京服装学院学报(自然科学版),31(3):59-70.

毕克新,王筱,高巍,2011.基于VIKOR法的科技型中小企业自主创新能力评价研究[J].科技进步与对策,28(1):113-119.

蔡昉,王美艳,曲玥,2009.中国工业重新配置与劳动力流动趋势[J].中国工业经济(8):5-16.

蔡昉,王美艳,曲玥,2009.中国工业重新配置与劳动力流动趋势[J].中国工业经济(8):5-15.

蔡昉,2010.人口转变、人口红利与刘易斯转折点[J].经济研究(4):4-12.

蔡昉,2020.如何开启第二次人口红利?[J].国际经济评论:9-24,4.

蔡永红,林崇德,2003.教师职务绩效-结构及其影响因素研究[J].比较教育研究(3):95.

车维汉,2004."雁行形态"理论研究评述[J].世界经济与政治论坛(3):88-92.

陈东健,陈敏华,2009.工作价值观、组织支持感对外企核心员工离职倾向的影响:以苏州地区为例[J].经济管理(11):96-105.

陈宏,李运福,2016.陕西省小学"特岗教师"岗前职业承诺分析[J].新西部(20):40-42.

陈建安,程爽,陈明艳,2017.从支持性人力资源实践到组织支持感的内在形成机制研究[J].管理学报,14(4):519-527.

陈晶晶,2015.面向创业型经济的职业教育发展策略探究-基于职业结构变迁的视角[J].中国职业技术教育,23(30):44-48.

陈葵晞,张一纯,2007.工作环境工作压力与激励绩效关联性研究[J].产业与科技论坛.

陈蕾,2018.我国城市人才吸引力评价的定量评估[J].商业经济(8):43-45.

陈凌,张原,2007.职业-产业就业结构变迁规律研究:来自中国1982—2000年数据的实证分析[J].技术经济,26(9):1-8.

陈凌,张原,2008.中国的产业结构-职业结构变动研究[M].北京:中国劳动社会保障出版社.

陈茜,马向平,贾承丰,等,2019.基于决策树ID3算法的人才留汉吸引政策研究[J].武汉理工大学学报(信息与管理工程版),41(2):148-153.

陈万明,沈婷,2012.高等教育结构与产业结构互动关系中的时滞性探究[J].黑龙江高教研究,30(1):73-76.

陈新明,萧鸣政,张睿超,2020.城市"抢人大战"的政策特征、效力测度及优化建议[J].中国人力资源开发,37(5):59-69.

陈志霞,陈传红,2010.组织支持感及支持性人力资源管理实践对员工工作绩效的影响[J].数理统计与管理,29(4):719-727.

谌晓舟,汪志红,2017.人才结构、流动性与中小型企业转型升级:以深圳龙岗为例[J].科技管理研究,37(6):78-84.

程盈莹,赵素萍,2016.垂直专业化分工对中国劳动力就业结构的影响:基于全球价值链的视角[J].经济经纬(2):131-136.

储成祥,高倩,毛慧琴,2013.个人与组织匹配对工作绩效影响的实证研究:以通信企业为例[J].北京邮电大学学报:社会科学版,15(5):55-64.

崔丹,吴殿廷,陈笑啸,2020.城市适宜性视角下创新型人才集聚影响因素研究评述[J].管理现代化(5):114-117.

邓强,2009.异质型人力资本报酬递增本质:兼与丁栋虹教授商榷[J].当代经济管理,31(8):68-72.

邓益民,沈虹,2012.组织公平与员工绩效:基于商业银行的实证分析[J].江海学刊(5):103-108.

杜鹏程,李敏,王成城,2017.差错反感文化对员工双元绩效的影响机制研究[J].经济管理,39(5):101-114.

杜鹏程,倪清,贾玉立,2014.压力促进还是抑制了创新:基于组织支持感的双元压力与创新行为关系研究[J].科技进步与对策,31(16):11-16.

杜泽林,蒋莹,2019.南京高校毕业生的区域流动现状与影响因素分析[J].教育现代化,6(45):281-284.

樊欢欢,2011.知识员工职业生涯管理、组织承诺与工作绩效的关系研究[D].武汉:华中师范大学.

樊景立,郑伯埙,1997.华人自评式绩效考核中的自谦偏差:题意、谦虚价值及自尊之影响[J].中华心理学刊,2(39):103-118.

范皑皑,丁小浩,2007.教育、工作自主性与工作满意度[J].清华大学教育研究,28(6):40-47.

封荔,张超凤,2018.基于熵值法的乐山市人才吸引力评价及提升对策分析[J].经济研究导刊(15):121-124.

冯亚明,2007.提高知识转移效率促进科技人才成长[J].技术与创新管理(3):7-10.
弗劳恩霍夫工业研究所,2015.未来生产:工业4.0[R].
扶涛,王方方,薛勇军,2020.人力资本与制造业升级匹配效应研究[J].统计与决策,36(6).
符健春,付萍,2008.人力资本与职业流动的关系研究:社会资本的角色[J].人类工效学,14(3):36-40.
葛翠霞,王烈,马洪林,2013.护士组织支持感与离职意愿关系[J].中国公共卫生,29(5):734-736.
耿洁,黄尧,2010.技能型人力资本专用化:工学结合中一个新的概念[J].中国高教研究,26(7):72-75.
郭丹,姚先国,杨若邻,等,2017.高技能人才创新素质:内容及结构[J].科学学研究,35(7):154-162.
郭洪林,甄峰,王帆,2016.我国高等教育人才流动及其影响因素研究[J].清华大学教育研究,37(1):69-77.
郭继强,郑程,姜俪,2014.论教育-就业结构与就业-产业结构的双联动[J].山东社会科学,28(2):71-76.
国务院,2010.国务院关于加快培育和发展战略性新兴产业的决定[J].中国科技产业(10):14-19.
韩衍顺,2017.企业高级技能人力资本探析[J].现代经济信息,32(22):69-69.
韩翼,2007.雇员工作绩效结构模型构建与实证研究[M].武汉:湖北人民出版社.
郝楠,江永红,2017.谁影响了中国劳动力就业极化?[J].经济与管理研究(5):75-85.
郝天聪,2017.我国高技能人才培养的误区及模式重构:基于高技能人才成长的视角[J].中国高教研究(7):100-105.
何柏良,杨蕾,2020.基于改进熵权法的城市人才吸引力评价研究[J].科技与创新(9):13-15.
何菊莲,胡娇,何健,2015.人力资本价值提升推动产业结构优化升级的实证分析:基于上海市与湖南省的比较研究[J].湖湘论坛,28(6).
侯爱军,夏恩君,陈丹丹,等,2015.基于供需视角的我国区域人才流动研究[J].科技进步与对策(9):141-145.
胡本田,曹欢,2020.长三角高质量一体化发展研究:基于人才吸引力视角[J].华东经济管理,34(10):1-10.
胡芳,刘志华,李树丞,2012.基于熵权法和VIKOR法的公共工程项目风险评价研究[J].湖南大学学报(自然科学版),39(4):83-86.
胡联,赵业馨,2020.城市人才吸引力影响因素分析及综合评价:以中国大陆二线城市为例[J].江苏海洋大学学报(人文社会科学版),18(4):125-132.
胡权,2015.德国工业4.0:我国制造业新的挑战与机遇[J].中国设备工程(1):20-23.
胡跃福,马贵舫,2020.新时代人才的竞争特征与中部地区引才聚才的战略选择[J].求索(4):190-196.
黄乾,2009.国际贸易、外国直接投资与制造业高技能劳动力需求[J].世界经济研究(1):40-46.
黄乾,2008.全球化、技术进步与就业技能结构:来自中国制造业的证据[J].劳动经济评论,00:187-200.
黄翔,敖荣军,2009.基于技能互补性的劳动力迁移与人力资本地区集中[J].经济地理,29(3):456-460.

第十二章　技能型人力资本深化与制造业转型升级互动发展的政策建议

黄勋敬,2007.赢在胜任力:基于胜任力的新型人力资源管理体系[M].北京:北京邮电大学出版社.
黄哲鹏,杨宗艳,2005.基于灰关联分析的知识员工胜任特征模型指标研究[J].科技和产业,5(2):25-28.
江苏省推进战略性新兴产业发展工作领导小组,2012.江苏省战略性新兴产业发展指南[Z].
江苏省人力资源和社会保障厅,2021.关于印发江苏省"十四五"技能人才发展规划的通知[Z].
江苏省人力资源和社会保障厅,2021.关于印发江苏省"十四五"人力资源和社会保障发展规划的通知[Z].
焦斌龙,孙晓芳,2013.劳动力异质性及其流动:兼论我国劳动力从自发流动向自主流动转变[J].当代经济研究(9):61-66.
孔峰,贾宇,贾杰,2008.基于VIKOR法的企业技术创新综合能力评价模型研究[J].技术经济(2):26-30.
李安,2020.技术创新模式与中国制造业转型升级研究[D].长春:吉林大学.
李彬,郑成功,2014.日本企业培养技能型人才特点与多元化模式[J].日本问题研究,28(3):8-18.
李斌,张瑶,2015.异质性人力资本与产业结构变动:基于省级动态面板的系统GMM估计[J].商业研究(5):11-16.
李光红,孙丽丽,李文喜,2013.演化博弈视角下人才集聚关键影响因素及发展路径研究[J].东岳论丛,34(11):141-144.
李宏伟,别应龙,2015.工匠精神的历史传承与当代培育[J].自然辩证法研究,31(8):54-59.
李嘉图,2013.政治经济学及赋税原理[M].北京:北京联合出版公司:81-85.
李健民,1999.人力资本通论[M].上海:上海三联书店,42.
李俊鹏,2019.技能大赛对教学改革和人才培养有效促进的实践[J].实验技术与管理,36(1):180-183.
李磊,尚玉钒,席酉民,等,2012.变革型领导与下属工作绩效及组织承诺:心理资本的中介作用[J].管理学报,9(5):685-691.
李蕾,2018.城市人才引进政策的潜在风险与优化策略[J].中国行政管理(9):154-155.
李丽梅,楼嘉军,2018.城市休闲舒适物与城市发展的协调度:以成都为例[J].首都经济贸易大学学报,20(1):80-88.
李萍,2014.高技能劳动力与出口决定:基于中国制造业企业数据的验证[J].财经论丛(3):3-9.
李强,2003.影响中国城乡流动人口的推力与拉力因素分析[J].中国社会科学(1):125-136.
李若建,1999.1990—1995年职业流动研究[J].管理世界(5):67-72.
李向光,2018.匠心荟萃　技能强国:2017年数控专业国家级技能大师工作室带头人第二期交流活动侧记[J].中国人才.
李燕萍,梁燕,2018.人才之争拼什么?:人才城市居留意愿与行为影响因素及作用机制视角[J].科技进步与对策,35(12):117-124.
李叶妍,王锐,2017.中国城市包容度与流动人口的社会融合[J].中国人口·资源与环境,27(1):146-154.
李哲,2015.我国战略性新兴产业发展现状研究[J].中国管理信息化,18(16):161-162.
李中斌,涂满章,赵聪,2018.我国城市人才争夺战的比较与思考[J].中国劳动关系学院学报,32(4):32-41.

李忠民,1999.人力资本:一个理论框架及其对中一些问题的解释[M].北京:经济科学出版社(12).

厉以宁,蒋承,2020.人力资本释放与深化改革[J].北京大学教育评论,18(1):2-8,188.

厉以宁.新红利机会[EB/OL].[2013-01-04].http://www.qstheory.cn/jj/jjggyfz/201301/t20130104_203121.htm.

梁青青,2017.知识型员工绩效影响因素的实证研究:基于职业生涯管理、组织承诺与敬业度的视角[J].技术经济与管理研究(5):65-69.

梁文泉,陆铭,2015.城市人力资本的分化:探索不同技能劳动者的互补和空间集聚[J].经济社会体制比较(3).

梁文群,牛冲槐,杨春艳,2016.基于异质性随机前沿模型的人力资本创新效应研究[J].科技进步与对策,33(15):145-150.

廖重斌,1999.环境与经济协调发展的定量评判及其分类体系:以珠江三角洲城市群为例[J].热带地理(2).

林季红,杨俊玲,2015.贸易伙伴与我国全要素生产率变动:基于I2C、NI2P、NI2E和E2C、E2P细分贸易数据的实证分析[J].国际贸易问题(11):83-95.

林静霞,何金廖,黄贤金,2020.城市舒适性视角下科研人才流动的城市偏好研究[J].地域研究与开发,39(1):59-64.

林晓言,石中和,罗燊,等,2015.高速铁路对城市人才吸引力的影响分析[J].北京交通大学学报(社会科学版),14(3):7-16.

凌文辁,杨海军,方俐洛,2006.企业员工的组织支持感[J].心理学报,38(2):281-287.

刘芳,2019.基于VIKOR方法的省域经济发展综合评价的实证研究[J].统计与管理(2):121-124.

刘福满,于飞,苏欣,2018.战略性新兴产业高技能人才培养的国际比较研究[J].税务与经济(3):50-53.

刘军,杨跑远,李鑫,2013.我国高新技术产业人力资本承载力评价实证研究[J].经济与管理评论(1):42-47.

刘莉,2019.南京市2018年人才吸引力报告[J].大众投资指南(11):272.

刘世瑞,2005.中小学教师职业承诺问卷的编制及适用研究[D].长沙:湖南师范大学.

刘天卓,余颖,2019.基于组合赋权和VIKOR的学术期刊综合评价研究[J].数学的实践与认识,49(1):311-320.

刘小平,2005.组织承诺综合形成模型的验证研究[J].科研管理,26(1):87-93.

刘晓燕,郝春东,陈健芷,等,2007.组织职业生涯管理对职业承诺和工作满意度的影响:职业延迟满足的中介作用[J].心理学报,39(4):715-722.

刘妍,2013.河南省各地市科技人才吸引力评价研究[D].开封:河南大学.

刘渝琳,熊婕,李嘉明,2014.劳动力异质性、资本深化与就业:技能偏态下对"用工荒"与就业难的审视[J].财经研究,40(6):95-108.

刘玉敏,李广平,2016.用工单位组织支持感对派遣员工离职倾向的影响:有调节的中介效应[J].管理评论,28(10):193-201.

刘在花,2011.社会支持在特殊教育学校教师工作家庭冲突与职业承诺之间的调节作用[J].中国特殊教育(2):9-13,24.

刘宗华,李艳萍,毛天平,2015.高承诺人力资源实践与员工绩效[J].软科学,29(10):92-100.

龙建,龙立荣,王南南,2002.431名护士职业承诺状况的调查分析[J].中华医院管理杂志,18(7):407-408.

龙立荣,方俐洛,2000.职业承诺的理论与测量[J].心理学动态,8(4):39-45.

龙立荣,李霞,2002.中小学教师的职业承诺研究[J].教育研究与实验(4):56-61.

龙立荣,毛忞歆,2007.自我职业生涯管理与职业生涯成功的关系研究[J].管理学报,4(3):312-317.

卢纪华,陈丽莉,赵希男,2013.组织支持感、职业承诺与知识型员工敬业度的关系研究[J].科学学与科学技术管理,34(1):147-153.

卢嘉,时勘,2001.工作满意度的评价结构和方法[J].中国人力资源开发(1):15-17.

卢志米,2014.产业结构升级背景下高技能人才培养的对策研究[J].中国高教研究(2):85-89.

陆启光,2020.现代技术技能人才特点形成机理分析[J].职教论坛,36(5):22-28.

伦蕊,2009.创新文化、科学精神与城市技术人才吸聚力[J].科学学研究,27(2):170-175.

罗军,陈建国,2014.中间产品贸易、技术进步与制造业劳动力就业[J].亚太经济(6):49-58.

罗小涛,2016.航空安全员职业承诺关联因素研究:基于工作应激、工作-家庭冲突视角[J].西南民族大学学报(人文社科版)(1):218-222.

罗勇,王亚,范祚军,2013.异质型人力资本、地区专业化与收入差距:基于新经济地理学视角[J].中国工业经济,30(2):31-43.

马海涛,2017.基于人才流动的城市网络关系构建[J].地理研究,36(1):161-170.

马凌,李丽梅,朱竑,2018.中国城市舒适物评价指标体系构建与实证[J].地理学报,73(4):755-770.

马凌,2015.城市舒适物视角下的城市发展:一个新的研究范式和政策框架[J].山东社会科学(2):13-20.

马振华,刘春生,2007.我国"十一五"时期高技能人才需求预测与人才积累对策研究[J].科技进步与对策,24(5):161-164.

迈克尔·波特,2014.竞争优势[M].陈丽芳,译.北京:中信出版社.

孟祥菊,2010.员工组织支持感与工作满意度、离职倾向关系研究:行业重组视角[J].工业技术经济,29(5):98-101.

民进中央课题组,2018.我国制造业技能人才短缺的原因分析及建议[J].教育与职业(12):41-42.

宁高平,王丽娟,2019.新时期技能人才培养培训机制研究[J].宏观经济管理(8):59-67.

欧阳峣,刘智勇,2010.发展中大国人力资本综合优势与经济增长:基于异质性与适应性视角的研究[J].中国工业经济(11).

潘荣江,2014"基地+联盟"高技能人才培养模式的研究与探索[J].中国高教研究(3):101-104,110.

裴宇晶,赵曙明,2015.知识型员工职业召唤、职业承诺与工作态度关系研究[J].管理科学,28(2):103-114.

彭璧玉,田艳芳,2007.组织生态学视角的职业动态学研究[J].华南师范大学学报(社会科学版),52(2):31-36.

齐丽云,汪克夷,张芳芳,等,2008.企业内部知识传播的系统动力学模型研究[J].管理科学,21(6):9-20.

乔龙阳,吴教育,2016.关于跨企业培训中心建设的实践与探索[J].探索与争鸣,10:67-71.
清华大学,复旦大学,摩根大通.中国劳动力市场技能缺口研究[EB/OL].(2016-11-21).http://www.econ.fudan.edu.cn/dofiles/all/20161121160023663.pdf.
任皓,温忠麟,陈启山,2013.心理资本对企业员工职业成功的影响:职业承诺的中介效应[J].心理科学,36(4):960-964.
荣海,2004.中国企业员工知觉到的组织支持的探索性分析[D].北京:北京大学.
沙莲香,1986.论社会心理学的理论基础和总体框架[J].中国社会科学(5):109-126.
邵文波,李坤望,王永进,2015.人力资本结构、技能匹配与比较优势[J].经济评论(1):26-39.
高艳,2015.新常态下人力资本与制造企业转型升级契合研究[J].《资本论》研究,11:111-117.
沈跃春,2008.安徽技能人才队伍建设存在的问题及其对策[J].华东经济管理,32(6):32-36.
盛晓君,2016.论职业结构与职业教育专业结构的关系以中等职业学校为例[J].职业教育研究,35(3):30-44.
师慧丽,2017.工业4.0时代技术技能型人才:内涵、能力与培养[J].职业技术教育,38(16):29-33.
时勘,王继承,李超平,2002.企业高层管理者胜任特征模型评价的研究[J].心理学报,34(3):306-311.
麦克沙恩,格里诺,2015.组织行为学[M].汤颖超,郭理,译.北京:中国人民大学出版社.
宋鸿,陈晓玲,2006.区域人才吸引力的定量评价与比较[J].中国人力资源开发(3):26-28.
宋砚秋,王倩,李慧嘉,等,2018.基于系统动力学的企业创新投资决策研究[J].系统工程理论与实践,38(12):3097-3108.
苏娇妮,孟华,刘娣,2017.我国省级政府高层次人才引进政策的吸引力评价[J].中国人力资源开发(1).
苏立宁,廖求宁,2019."长三角"经济区地方政府人才政策:差异与共性:基于2006—2017年的政策文本[J].华东经济管理,33(7):27-33.
苏文胜,2010.基于组织支持感知的事业单位组织承诺研究[J].软科学,24(4):71-75.
孙海波,刘忠璐,林秀梅,2018.人力资本积累、资本深化与中国产业结构升级[J].南京财经大学学报(1):56-68.
孙文浩,张益丰,2020.低房价有利于"抢人大战"城市科研人才集聚吗?[J].科学学研究,38(5):813-825.
谭小宏,秦启文,潘孝富,2007.企业员工组织支持感与工作满意度、离职意向的关系研究[J].心理科学,30(2):441-443.
汤海明,2019.成人教育社会公共众扶的机理与路径:基于技能型人力资本的视角[J].高等继续教育学报,32(5):31-36.
汤金宝,江可申,2017.中学教师组织支持感对工作压力的预测作用研究[J].数学的实践与认识,47(5):63-71.
唐代盛,冯慧超,2019.人力资本与产业结构耦合关系及其收入效应研究[J].当代经济管理,41(11).
唐东波,2012.垂直专业化贸易如何影响了中国的就业结构?[J].经济研究(8):118-131.
唐伶,2016.基于"中国制造2025"的技能人才培养研究[J].技术经济与管理研究(6):30-35.
唐志,2007.我国出口外溢效应的经验研究[J].数理统计与管理(5):765-771.

田野,2018.人力资本存量与员工胜任力的关系研究[D].西安:西安石油大学.
万玺,白栋,2011.国防科技人力资源胜任特征评估模型研究[J].科技管理研究(1):147-149.
汪建新,2013.中国出口商品结构之谜:一个垂直专业化解释视角[J].国际贸易问题(7):26-37.
汪秀,田喜洲,2012.人力资本和产业结构互动关系研究综述[J].重庆工商大学学报(社会科学版),29(2).
汪运波,肖建红,孙大山,2014.基于微观视角的人力资本存量评价体系研究[J].科技管理研究(15):44-49.
王超恩,符平,敬志勇,2013.农民工职业流动的代际差异及其影响因素[J].中国农村观察,200(5):2-9.
王德文,2007.人口低生育率阶段的劳动力供求变化与中国经济增长[J].中国人口科学(1):44-52.
王钢,等,2015.幼儿教师职业承诺对工作绩效的影响:职业幸福感的中介作用[J].心理发展与教育,31(6):753-760.
王继承,2004.胜任特征模型在我国大型企业领导选拔中的应用[R].国务院发展研究中心调查研究报告(1).
王健,李佳,2013.人力资本推动产业结构升级:我国二次人口红利获取之解[J].现代财经(天津财经大学学报),33(6).
王君兰,吕永卫,张帆,2013.基于结构方程模型的科技型人才聚集与城市科技创新能力关系研究:以太原市为例[J].科技管理研究,33(3):4-9.
王莉,2009.国有中型制造业中层管理者胜任特征模型的构建研究[J].心理学探新,29(3):89-94.
王玲,2013.高技能人才与技术技能型人才的区别及培养定位[J].职业技术教育,34(28):11-15.
王宁,2014.地方消费主义、城市舒适物与产业结构优化:从消费社会学视角看产业转型升级[J].社会学研究,29(4):24-48.
王鹏,时勘,1998.培训需求评价的研究概况[J].心理学动态,6(4):36-51.
王全纲,赵永乐,2017.全球高端人才流动和集聚的影响因素研究[J].科学管理研究,35(1):91-94.
王通讯,1997.推拉定律话人才[J].中国人才(8):4-5.
王文寅,张靖琳,2019.城市人才吸引力评价研究[J].河南科学,37(4):668-675.
王雯麓,朱定局,2019.基于层次分析法的人才吸引力评价模型研究[J].创新创业理论研究与实践,2(5):110-112.
王晓轩,2019.城市抢人大战的方案:公共支出吸引户籍人口流入[J].华东经济管理,33(12):171-178.
王洋,李翠霞,2006.西方人口流动理论经典模型分析[J].东北农业大学学报(社会科学版)(3):74-75.
王颖,王笑宇,2016.中国公务员的职场去留动机:职业承诺及其影响因素研究[J].中国行政管理(5):79-83.
王桢,等,2011.临床医学学科带头人胜任特征模型建构:量化与质化结合的方法[J].管理科学,23(5):70-77.
王振,2016.构建具有国际竞争力的人才吸引政策研究[J].国家行政学院学报(3):35-39.
王重鸣,陈民科,2002.管理胜任力特征分析:结构方程模型检验[J].心理科学,25(5):513-516.
温宁宁,2019.基于因子分析法的高新技术人才吸引力评价[J].合作经济与科技(10):90-92.

温忠麟,侯杰泰,张雷,2005.调节效应与中介效应的比较和应用[J].心理学报,37(2):268-274.
翁清雄,席酉民,2010.职业成长与离职倾向:职业承诺与感知机会的调节作用[J].南开管理评论,13(2):119-131.
吴继红,陈维政,2010.领导-成员关系对组织与员工间社会交换的调节作用研究[J].管理学报(3):363-372.
夏妍娜,赵胜,2015.工业4.0需要什么"人"[J].商业评论(3).
小盐隆士,2002.教育的经济分析[M].东京:日本评论社:35-37.
谢嗣胜,华雪,2018.紊流还是层流:技能型人才区域流动的进化博弈分析[J].工业技术经济,37(11):44-50.
徐富明,周治金,2007.中小学教师在职攻读教育硕士专业学位的职业承诺和离职倾向[J].高等教育研究(4):40-44.
徐军海,黄永春,邹晨,2020.长三角科技人才一体化发展的时空演变研究:基于社会网络分析法[J].南京社会科学(9):49-57.
徐倪妮,郭俊华,2019.科技人才流动的宏观影响因素研究[J].科学学研究,37(3):414-421.
徐晓锋,车宏生,陈慧,2004.组织支持理论及其对管理的启示[J].中国人力资源开发:20-22.
徐宜青,曾刚,王秋玉,2018.长三角城市群协同创新网络格局发展演变及优化策略[J].经济地理,38(11):133-140.
许崇正,2007.论人的全面发展与生产力发展的关系[J].社会科学辑刊(5):123-127.
许冬武,姜旭英,2016.基于岗位胜任力的农村医学人才培养与课程设计[J].高等工程教育研究(3):116-120.
许光建,2019."抢人大战":"强城"更需"强人"[J].人民论坛·学术前沿(2):78-85.
许欣,卢明华,刘汉初,2017.北京市行业和职业结构变动及其关系的研究[J].地域研究与开发,36(1):55-59.
薛同锐,周申,2017.后危机时代美国贸易保护对中国劳动就业的影响[J].亚太经济(1):85-92.
颜爱民,李歌,2016.企业社会责任对员工行为的跨层分析:外部荣誉感和组织支持感的中介作用[J].管理评论,28(1):121-129.
杨杰,方俐洛,凌文辁,2002.寻找真正意义的知识工作者[J].中国人才(8):30-31.
杨胜利,李嘉惠,2017.我国职业结构区域差异及影响因素研究[J].石家庄铁道大学学报(社会科学版),44(4):5-12.
杨爽,范秀荣,2010.产业结构升级中的人力资本适配性分析[J].生产力研究(4):205-207.
杨伟国,谢欢,代懋,陈玉杰,2012.就业能力概念:一个世纪的变迁史[J].东吴学术(4):70-79.
姚先国,周礼,来君,2005.技术进步、技能需求与就业结构:基于制造业微观数据的技能偏态假说检验[J].中国人口科学(5):47-53,95-96.
叶南客,黄南,2017.长三角城市群的国际竞争力及其未来方略[J].改革(3):53-64.
叶晓倩,陈伟,2019.我国城市对科技创新人才的综合吸引力研究:基于舒适物理论的评价指标体系构建与实证[J].科学学研究,37(8):1375-1384.
易丽丽,2016.经济发达国家如何吸引人才[J].决策(10):85-87.
殷红霞,宋会芳,2014.新生代农民工职业转换的影响因素分析:基于陕西省的调查数据[J].统计与信息论坛,29(6):98-102.

第十二章　技能型人力资本深化与制造业转型升级互动发展的政策建议

尹夏楠,朱莲美,鲍新中,2015.基于VIKOR方法的高新技术企业成长性评价[J].财会通讯(34):38-41.

于斌斌,2012.区域一体化、集群效应与高端人才集聚:基于推拉理论扩展的视角[J].经济体制改革(6):16-20.

于米,于桂兰,2012.技能型人才隐性人力资本的测定与价值研究:基于吉林省汽车制造业的实证分析[J].人口学刊(2):89-96,封3.

于志晶,刘海,岳金凤,等,2015.中国制造2025与技术技能人才培养[J].职业技术教育,36(21):10-24.

余琛,2009.知识型人才组织支持感、职业承诺和职业成功的关系[J].软科学,23(8):107-109,114.

俞林,张路遥,许敏,2016.新型城镇化进程中新生代农民工职业转换能力驱动因素[J].人口与经济,219(6):102-113.

喻修远,王凯伟,2019.城市人才争夺:问题生成、利弊博弈与化解策略[J].中国行政管理(3):88-92.

袁航,朱承亮,2018.国家高新区推动了中国产业结构转型升级吗[J].中国工业经济(8).

袁艺,2008.基于社会认知理论的企业成员知识分享行为研究[D].重庆:重庆大学.

翟思涵,叶嘉程,袁临风,等,2019.城市人才吸引力水平的量化评价[J].数学建模及其应用,8(2):36-49.

詹小慧,杨东涛,栾贞增,2016.基于组织支持感调节效应的工作价值观对员工建言影响研究[J].管理学报,13(9):1330-1338.

张桂文,孙亚南,2014.人力资本与产业结构演进耦合关系的实证研究[J].中国人口科学(6).

张国强,温军,汤向俊,2011.中国人力资本、人力资本结构与产业结构升级[J].中国人口·资源与环境,21(10).

张靖琳,2019.城市人才吸引力评价研究[D].太原:中北大学.

张军成,凌文铨,2014.组织政治知觉对离职倾向的影响:组织支持感被中介的调节效应模型[J].华东经济管理,28(4):109-114.

张立新,2016.完善职业培训制度提高劳动者技能[J].中国人力资源社会保障(1):16-17.

张其春,郗永勤,2006.区域人力资本与产业结构调整的互动关系[J].现代经济探讨(8).

张瑞君,李小荣,许年行,2013.货币薪酬能激励高管承担风险吗[J].经济理论与经济管理(8):84-100.

张书风,朱永跃,杨卫星,等,2018.制造业服务化背景下技能人才胜任力模型构建与评价[J].科技进步与对策,35(8).

张所地,胡丽娜,周莉清,2019.都市圈中心城市人才集聚测度及影响因素研究[J].科技进步与对策,36(20):54-61.

张炜,景维民,王玉婧,2017.什么决定了一线城市对人才的吸引力?:基于随机森林法对影响要素的检验分析[J].科技管理研究,37(22):99-108.

张晓旭,吕彩云,2012.创新型人力资源流动与评价机制研究[J].科学管理研究,30(4):92-95.

张志明,代鹏,崔日明,2016.中国增加值出口贸易的就业效应及其影响因素研究[J].数量经济技术经济研究(5):103-121.

赵波,徐昳,2015.江苏快递企业员工组织支持感、工作嵌入与工作绩效的相关性研究[J].江苏社会科学(3):266-272.

赵芳,杨晓锋,2015.产业结构、人力资本分布结构与收入差距[J].华东经济管理,29(1).

赵慧军,席燕平,2017.情绪劳动与员工离职意愿:情绪耗竭与组织支持感的作用[J].经济与管理研究,38(2):80-86.

赵延昇,李曼,2012.企业80后知识型员工工作倦怠与离职倾向之间的关系研究:以组织支持感为调节变量[J].上海管理科学,34(3):75-79.

赵志涛,2001.人才流动中的非经济因素分析[J].科技进步与对策(8):110-111.

浙江省委党校课题组,姚连营,2018.杭州城市人才吸引力及其提升策略:基于杭州987名高学历青年人才的问卷调查[J].浙江经济(16):52-53.

郑莉,2004.比较社会交换理论与理性选择理论的异同:以布劳、科尔曼为例[J].学术交流(1):108-113.

郑姝莉,2014.制度舒适物与高新技术人才竞争:基于人才吸引策略的分析[J].人文杂志(9):106-113.

中国教育科学研究院课题组,2016.完善先进制造业重点领域人才培养体系研究[J].教育研究,1:5-16.

仲理峰,王震,李梅,等,2013.变革型领导、心理资本对员工工作绩效的影响研究[J].管理学报,10(4):536-544.

周京奎,2009.城市舒适性与住宅价格、工资波动的区域性差异:对1999—2006中国城市面板数据的实证分析[J].财经研究,35(9):80-91.

周其仁,1996.市场里的企业:一个人力资本与非人力资本的特别合约[J].经济研究(6):71-80.

周申,杨传伟,2006.国际贸易与我国就业:不同贸易伙伴影响差异的经验研究[J].世界经济研究(3):49-53.

周霞,曹桂玲,2016.组织支持感与组织承诺:基于职业成长与组织公平的研究[J].工业技术经济(11):121-128.

周映伶,2019.中国人才流动意愿及影响因素分析:基于2016年全国流动人口动态监测调查数据[J].当代经济(4):140-145.